MELISSA DALEY

Mollys Weihnachtswunder

GOLDMANN
Lesen erleben

Buch

In den malerischen Cotswolds haben Katze Molly und ihr süßer Nachwuchs bei der Cafébesitzerin Debbie ein liebevolles Zuhause gefunden. An kalten Tagen lockt das Café mit heißem Tee und leckerem Kuchen, und alle freuen sich auf ein gemütliches Weihnachtsfest. Doch dann taucht Debbies quirlige Schwester Linda auf. Während sie zu Debbies Entsetzen das Geschäft durcheinanderbringt, jagt ihr Kläffer Beau die Katzen durchs Haus. Molly, die schon einmal auf der Straße leben musste, sieht ihr Zuhause in Gefahr. Und als auch noch eines ihrer Kätzchen verschwindet, kann nur noch ein Weihnachtswunder alle wieder vereinen …

Weitere Informationen zu Melissa Daley
sowie zu lieferbaren Titeln der Autorin
finden Sie am Ende des Buches.

Melissa Daley

Mollys Weihnachtswunder

Roman

Aus dem Englischen
von Anna Julia Strüh

GOLDMANN

Die englische Originalausgabe erschien 2016
unter dem Titel »Christmas at the Cat Café«
bei Macmillan, an imprint of Pan Macmillan, London.

Dieses Buch ist auch als E-Book erhältlich.

MIX
Papier aus verantwortungsvollen Quellen
FSC® C014496

Verlagsgruppe Random House FSC® N001967

3. Auflage
Deutsche Erstveröffentlichung Oktober 2018

Umschlaggestaltung: UNO Werbeagentur, München
Umschlagmotiv: FinePic®, München
Illustrationen im Innenteil: Ray and Corinne Burrows (Beehive Illustration)
Redaktion: Ilse Wagner
KS · Herstellung: ik
Satz: Buch-Werkstatt GmbH, Bad Aibling
Druck und Bindung: GGP Media GmbH, Pößneck
Printed in Germany
ISBN: 978-3-442-48780-6
www.goldmann-verlag.de

Besuchen Sie den Goldmann Verlag im Netz

Für meine Schwester Emma

»Gibt es ein größeres Geschenk
als die Liebe einer Katze?«

Charles Dickens, *Cat Stories and Poems*

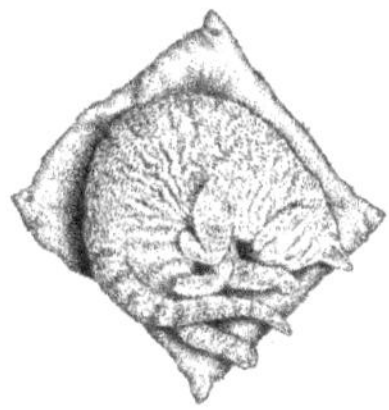

1

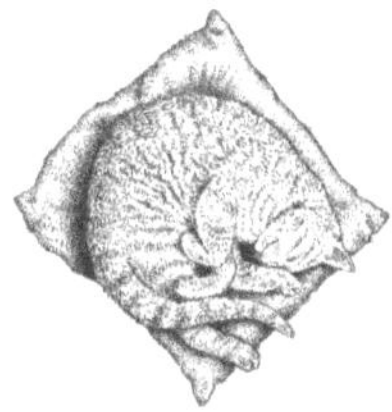

Die honigfarbenen Gebäude, die den Marktplatz umsäumten, schimmerten im strahlend hellen Herbstlicht. Ich saß im gesprenkelten Schatten einer Ulme, sah zu, wie Scharen von Touristen und Einkaufsbummlern die Kopfsteinstraßen entlangschlenderten, und sog die Atmosphäre florierender Geschäftigkeit in mich auf.

Eine kühle Brise zerzauste mir das Fell, und ich atmete tief ein, genoss den Geruch heruntergefallener Blätter, der sich mit den verlockenden Düften von Fleisch und Käse aus dem Feinkostladen hinter mir mischte. Die Glocke des Kirchturms hatte gerade fünf Uhr geschlagen, und ich wusste, dass sich der Tumult auf dem Marktplatz bald legen würde, wenn die Läden schlossen und die Besucher sich auf den Weg nach Hause machten. Ich gähnte, sprang von der Bank herab, auf der ich mich niedergelassen hatte, und streckte mich ausgiebig, bevor ich ebenfalls die Heimreise antrat.

Immer dem Verlauf des Gehsteigs folgend, trottete ich an zahlreichen Teeläden, Antiquitätengeschäften und Souvenirshops vorbei, die den Marktplatz umgaben, und bog vor den Steinstufen des imposanten Rathauses ab. Die Scharen grauhaariger Damen in robusten Schuhen bemerkten kaum, wie ich zwischen ihnen hindurchlief, so sehr waren sie damit beschäftigt, in letzter Minute ihre Einkäufe zu erledigen, bevor sie wieder in ihre Reisebusse stiegen. Als ich damals als obdachlose Katze nach Stourton-on-the-Hill in den Cotswolds gekommen war, hätte mich die Gleichgültigkeit so vieler fremder Menschen gestört, doch jetzt spazierte ich mit hocherhobenem Schwanz zwischen ihnen einher, beflügelt von dem Wissen, dass ich nun auch ein Zuhause hatte, in das ich zurückkehren konnte.

Sorgsam darauf bedacht, die zahlreichen Gassen zu meiden, die vom Marktplatz wegführten und, wie ich wusste, von streunenden Katzen scharf bewacht wurden, bog ich in eine hübsche, mit Maklerbüros und Boutiquen gesäumte Durchgangsstraße ein. Flink bahnte ich mir einen Weg unter Toren hindurch und über Zäune hinweg, bis ich mich schließlich vor einer langen Reihe von Geschäften neben einer Kirche wiederfand.

In dieser schmalen, kopfsteingepflasterten Straße wurden alltäglichere Bedürfnisse bedient. Hier gab es einen Zeitungskiosk, eine Bäckerei und einen Haushaltswarenladen. Und am Ende der Straße lag ein Café. Wie die umliegenden Gebäude war es eher klein, doch seine goldfarbenen Steinwände strahlten dieselbe Wärme aus wie seine größeren Gegenstücke am

Marktplatz. Die Fassade wurde fast vollständig von einem gewölbten Erkerfenster eingenommen, umrahmt von Hängekörben, in denen wild wuchernde, aber selbst nach dem langen Sommer noch blühende Geranien wuchsen. Das Einzige, was das Café von den zahlreichen anderen Lokalen in Stourton unterschied, war die Tafel vor dem Eingang, die verkündete: »Geöffnet. Hier gibt's Kaffee, Kuchen und Schmuseeinheiten«. Dies war *Mollys Café*, das einzige Katzencafé in den Cotswolds, und es war mein Name, der in rosaroter Kursivschrift an der Markise über dem Fenster stand.

Ich schob mich durch die Katzenklappe in der Eingangstür und wurde sofort von dieser unbeschreiblichen Ruhe durchströmt, wie sie nur ein Raum voller schlafender Katzen ausstrahlen kann. Das Café begann sich nach dem nachmittäglichen Andrang allmählich zu leeren, aber ein paar Gäste saßen noch an den Tischen und unterhielten sich leise, während sie Tee aus Porzellantassen schlürften. Der Stil des Cafés war mir ebenso vertraut wie meine eigene getigerte Musterung, von seinen Deckenbalken und warmen rosaroten Wänden – dieselbe Farbe wie die Abdrücke der Pfoten, die sich kreuz und quer über die Bodenfliesen schlängelten; das Ergebnis meiner Begegnung mit einer Farbwanne, als das Café eingerichtet worden war – bis zu den bunt gestreiften Wachstüchern auf den Tischen und den handgeschriebenen Spezialitäten auf der Tafel, die über dem Holzofen hing.

Auf dem Weg durch das Café blickte ich mich um

und prägte mir ein, wo sich meine Kleinen aufhielten. Es waren fünf – mein erster und einziger Wurf –, und ihre unerwartete Ankunft vor gut einem Jahr hatte indirekt die Transformation des Cafés vom heruntergekommenen Sandwichladen zum florierenden Katzencafé bewirkt. Als Erstes sah ich Purdy: Sie lag besitzergreifend auf der Katzenhängematte, die nahe der Treppe von der Decke hing, ihre weiß getupften Pfoten baumelten träge über den Rand. Sie war als Erste auf die Welt gekommen und nahm sich daher ihren Geschwistern gegenüber gewisse Privilegien heraus; unter anderem gebührte ihr der höchste Schlafplatz. Während ich mich zwischen den Stühlen und Tischen hindurchschlängelte, erspähte ich ihre Schwester Maisie auf dem Katzenbaum in der Mitte des Raums. Maisie war das kleinste und schüchternste der Kätzchen. Sie beobachtete ihre Umgebung am liebsten von dem überdachten Unterschlupf aus, der am Stamm des Katzenbaums befestigt war, und behielt mit wachsamen grünen Augen das Treiben im Café im Blick.

Mein Ziel war das sonnengebleichte Baumwollkissen am Fenster. Die Mitarbeiter und Gäste des Cafés kannten es als »Mollys Kissen«, weil es schon seit Langem mein Lieblingsplatz war – von dort aus konnte ich das Geschehen sowohl im Café als auch draußen auf der Straße beobachten. Ich sprang hoch und drehte mich ein paarmal im Kreis, wobei ich die weiche Oberfläche mit meinen Pfoten durchknetete und den vertrauten Geruch, das vertraute Gefühl ausgiebig genoss. Um mich herum zogen die letzten Gäste ihre Jacken an, nahmen ihre Einkaufstaschen und bezahlten die Rechnung. Abby und Bella, wie immer unzertrennlich, belagerten gemeinsam einen der Sessel vor dem Kamin. Dicht zusammengekuschelt, mit geschlossenen Augen, putzten sie sich gegenseitig.

Debbie, unsere Besitzerin, kam hinter der Theke hervor, bewegte sich systematisch durch den Raum und wischte die Tische ab. Leicht ermattet, wie sie nach einem langen Arbeitstag immer war, ging sie zu dem Tisch, der am nächsten bei der Tür stand, strich sich ihren fransigen blonden Pony aus den Augen und lud sich die leeren Teller und Tassen auf den Arm. Ein Lächeln erhellte ihre blauen Augen, als Eddie – der einzige Junge, den ich zur Welt gebracht hatte – auf die Tischdecke sprang und hoffnungsvoll an dem halb leeren Milchkännchen schnupperte. »Eddie, du Schlawiner! Wo sind denn deine Tischmanieren?«, tadelte Debbie ihn und schob ihn sanft auf einen Stuhl. Er blickte ihr sehnsüchtig nach, als sie – und das Milchkännchen – in der Küche verschwand, bevor er von dem Stuhl herabsprang und enttäuscht davonlief.

Eine Bewegung draußen vor dem Fenster erregte meine Aufmerksamkeit. Eine Drossel hüpfte über die Regenrinne am Haus gegenüber und zwitscherte aufgeregt; eine unverkennbare Warnung, dass sich eine Katze näherte. Ich beugte mich dichter ans Fenster, um die ganze Straße überblicken zu können, und entdeckte einen schwarz-weißen Kater, der forschen Schrittes über das Pflaster lief. Selbst aus der Entfernung erkannte ich ihn sofort an seiner langgliedrigen

Statur und seinem selbstsicheren Gang: Jasper, der Vater meiner Kinder.

Bevor er das Café erreichte, bog er um eine Ecke und verschwand. Ich wusste, dass er zu der Gasse unterwegs war, die parallel zu unserer Straße verlief – dort wartete er immer nach Ladenschluss auf mich.

Die Wärme der tief stehenden Sonne, die durch die Fensterscheibe noch verstärkt wurde, übte ihre unwiderstehliche Wirkung auf mich aus. Ich würde mich später mit Jasper zu unserem allabendlichen Spaziergang treffen, aber zuerst musste ich ein kleines Nickerchen machen. Ich legte mich auf das Kissen, verstaute meine Pfoten ordentlich unter mir und schnurrte schläfrig, als mich eine tiefe Zufriedenheit durchströmte. Ich hatte es gemütlich, bekam genug zu fressen und war von den Menschen und Katzen umgeben, die ich liebte. Das Leben meinte es gut mit mir. Und als mein Kopf auf das weiche Baumwollkissen sank, sah ich keinen Grund, warum das nicht für immer so bleiben sollte.

2

Ich war gerade eingenickt, als die Messingglocke über der Tür klingelte. Meine Ohren zuckten, aber erst der überraschte Ausruf von Debbie, die hinter der Theke stand, schreckte mich endgültig aus dem Schlaf.

»O mein Gott, Linda!«

Verwundert blickte ich auf und sah Debbie durch das leere Café eilen, um eine Frau zu begrüßen, die an der Tür stand. Ich wusste gleich, dass sie kein Stammgast war. Sie trug eine Weste aus Kunstpelz, enge weiße Jeans und hochhackige Lederstiefel, und ihre blonden Haare fielen ihr in dichten Wellen um das Gesicht, das halb hinter einer riesigen Sonnenbrille verborgen war. Als Debbie sie erreichte, schob die Frau ihre Brille auf den Kopf und lächelte. »Ich war gerade in der Gegend und dachte, ich schaue kurz vorbei. Wird auch langsam Zeit, dass ich mir das berühmte Katzencafé ansehe«, sagte sie und schloss Debbie in die Arme.

»Nun, das ist es. Was hältst du davon?«, fragte Debbie und zuckte selbstkritisch die Schultern.

Linda blickte sich um und musterte die Inneneinrichtung des Cafés mit prüfendem Blick. »Sehr schön,

Debs.« Sie nickte anerkennend. »Mir gefällt es. Richtig gemütlich.«

Debbie sah über Lindas Schulter zur Tür. »Wo ist Ray? Wolltet ihr beide mal einen Tag raus aus London?«

»Nein, nein, Ray ist nicht hier«, erwiderte Linda in einem Ton, der ihr einen verwunderten Blick von Debbie einbrachte. »Ich darf meine Schwester doch wohl allein besuchen, oder nicht?«, fügte sie ein wenig beleidigt hinzu.

»Natürlich!«, versicherte Debbie ihr. »Ich bin einfach überrascht, dich zu sehen. Warum hast du mir nicht gesagt, dass du kommst?«

»Es war eine spontane Entscheidung«, erklärte Linda leichthin. »Ich dachte, es wird Zeit, dass ich endlich mal herkomme und dich besuche – und Sophie natürlich auch.«

»Komm, ich hol dir schnell was zu essen«, sagte Debbie, zog einen Stuhl heran und bedeutete ihrer Schwester, sich zu setzen.

Linda streifte ihre Weste ab und enthüllte ein eng anliegendes Top und zahlreiche Ketten, mit denen ihr Dekolleté geschmückt war. Sie nahm sich eine Speisekarte, während Debbie neben ihr geduldig wartete. »Katzentraum, Frostpfoten-Cake-Pops, Schnurrhaarkekse – das klingt alles köstlich, Debs«, murmelte sie, und Debbie strahlte vor Stolz. Linda studierte die Karte mit qualvoll unentschlossenem Gesicht, bevor sie schließlich verkündete: »Ich hätte gern einen Katzentraum und eine Kanne Earl Grey.«

Während Debbie um die Theke herum in die Küche lief, ertönte ein Piepsen aus der Tasche zu Lindas Füßen. Mit einem irritierten Stirnrunzeln beugte sie sich hinab, kramte ihr Handy hervor und begann fieberhaft auf dem Display herumzutippen. Während sie mit ihrem komischen Gerät beschäftigt war, begutachtete ich sie von meinem Fensterplatz aus und suchte nach Ähnlichkeiten zwischen den beiden Schwestern. Alles an Lindas sorgsam gepflegtem Äußeren stand in starkem Gegensatz zu Debbies lässigem Stil – von ihren manikürten Fingernägeln über ihre figurbetonten Klamotten bis hin zu ihren ordentlich frisierten Haaren. Ich versuchte mir vorzustellen, wie Debbie aussehen würde, wenn sie sich auch so um ihr Äußeres bemühen würde, aber das war schlicht unmöglich. Solange ich Debbie kannte, hatte sie immer mehr Wert auf Bequemlichkeit gelegt als auf Glamour. Ihre wenigen Versuche, sich etwas aufwändiger zurechtzumachen, hatten stets damit geendet, dass sie vor dem großen Spiegel in ihrem Schlafzimmer stand und ihr Spiegelbild missmutig anstarrte. »Oh, wozu der ganze Aufwand?«, seufzte sie dann, bevor sie ihre Haare wie üblich zu einem Pferdeschwanz zusammenband und einen alten Pulli überzog.

Ermutigt vom Erscheinen einer Kundin in letzter Minute, tapste mein Sohn Eddie zu Lindas Stuhl hinüber und setzte sich in der Hoffnung, mithilfe seines unwiderstehlichen Charmes ein paar Leckerlis zu ergattern, erwartungsvoll vor sie. Linda bemerkte ihn jedoch nicht und starrte nur weiterhin grimmig auf ihr Handy, während sie mit dem Daumen über das Display wischte. Eddie, der ewige Optimist, hob die Pfote und stupste sanft gegen die Ledertroddel an ihrem Stiefel, sodass Linda erschrocken zusammenfuhr.

»Oh, hallo, Miezekätzchen«, murmelte sie geistesabwesend und beugte sich ein Stück zur Seite, um zu ihm hinunterzusehen.

Eddie blickte sie flehentlich an, aber Lindas stark geschminktes Gesicht blieb ausdruckslos. Ich seufzte frustriert. Diese Frau war ganz eindeutig keine Katzenliebhaberin. Niemand, der Katzen liebte, hätte Eddies flehendem Blick widerstehen können und ihn nicht zumindest gestreichelt. Anscheinend, schlussfolgerte ich – und bei dem Gedanken sträubte sich mir unwillkürlich das Fell –, war ihr Aussehen nicht das Einzige, was sie von ihrer Schwester unterschied.

Kurz darauf kam Debbie mit einem Tablett in den Händen aus der Küche zurück. »Bitte sehr. Ein Katzentraum und eine Kanne Earl Grey. Lass es dir schmecken!«, sagte sie und stellte den Teller und die kitschige Teetasse vorsichtig auf den Tisch. Linda lächelte freudestrahlend, als sie den mit Katzenohren und Schnurrhaaren verzierten Cupcake sah. Debbie setzte sich ihr gegenüber. »Musst du gleich wieder weg, oder kannst du noch zum Abendessen bleiben?«, erkundigte sie sich. »Ich bin in ungefähr einer Stunde fertig.«

»Oh, ich hab's überhaupt nicht eilig – ich bleibe gern zum Abendessen. Ich ... ich hab dir viel zu erzählen«, antwortete Linda, bevor sie genüsslich in den Katzentraum biss. »Oh mein Gott, Debs, der ist ja *vorzüg-*

lich«, fügte sie mit vollem Mund hinzu und tupfte sich mit einer Serviette die Lippen ab.

Debbie trat ein erschrockener Ausdruck in die Augen. »Ist alles in Ordnung?«, fragte sie hörbar besorgt.

»Ja, natürlich«, antwortete Linda leichthin, und plötzlich galt ihre gesamte Aufmerksamkeit den Zuckertütchen, die in einer Schüssel auf dem Tisch lagen. Eddie, der seine Chance auf eine erfolgreiche Bettelaktion dahinschwinden sah, schnüffelte niedergeschlagen auf dem Boden zu Lindas Füßen herum und zog sich dann auf den leeren Sessel am Kamin zurück. Unterdessen schien Linda fest entschlossen, überall hinzusehen, nur nicht zu Debbie, die sie fragend anschaute.

»Okay, hör zu«, sagte Debbie betont heiter, »ich muss noch aufräumen, aber warum gehst du nicht schon nach oben, wenn du ausgetrunken hast? Sophie müsste bald vom College zurück sein. Dann können wir alle zusammen essen.« Sie stand auf und band sich wieder ihre Schürze um.

»Das wäre wundervoll, Debs. Lass uns was bestellen – ich zahle.«

Debbie holte die Tafel von der Straße herein und drehte das Schild an der Tür auf »Geschlossen«, dann ging sie zurück in die Küche, wo ich sie mit den Angestellten reden hörte, während sie das Geschirr wegräumten und die Edelstahloberflächen putzten. Im Café nippte Linda an ihrem Tee und pickte mit den Fingern die letzten Kuchenkrümel von ihrem Teller auf.

Die Sonne war hinter die Ziegeldächer gesunken, und das warme goldfarbene Licht, das das Café erfüllt hatte, wurde von den kühleren Tönen eines dämmrigen Oktoberabends abgelöst. Meine Ohren zuckten, als der Wind an der Markise draußen vor dem Fenster rüttelte und ein kalter Luftzug hereinwehte, der mir einen Schauer über den Rücken jagte. Linda war wieder mit ihrem Handy beschäftigt, das Display tauchte ihr Gesicht in einen bläulichen Schein. Als sie ihren Tee ausgetrunken hatte, warf sie das Handy zurück in ihre Tasche und stand auf, und da trafen sich zum ersten Mal unsere Blicke. Sie musterte mich gleichgültig, als wäre ich nur ein Teil des Mobiliars. Schon zum zweiten Mal seit Lindas Auftauchen sträubte sich mir das Fell.

Mein starrer Blick schien sie bereits nach kurzer Zeit zu verunsichern. Sie brachte ihr Geschirr zur Theke. »Das war wundervoll, Debs. Ich gehe jetzt hoch«, rief sie in die Küche.

Debbie erschien mit klitschnassen gelben Spülhandschuhen in der Tür. »Gute Idee. Ich brauch nicht mehr lang. Oh, das hätte ich fast vergessen! Hast du die Namensgeberin des Cafés schon kennengelernt? Das ist Molly.« Sie zeigte mit einem triefend nassen Finger zum Fenster, wo ich immer noch saß und Linda von hinten finster anstarrte.

Linda drehte sich um und sah flüchtig in meine Richtung. »O ja, ich dachte mir schon, dass das die *berühmte* Molly sein muss«, sagte sie in einem Ton, der mir sarkastisch vorkam. In der Stille, die auf ihre

Worte folgte, warf Debbie mir ein entschuldigendes Lächeln zu, während Linda allem Anschein nach angestrengt überlegte, was sie noch hinzufügen konnte. »Sie beobachtet mich, seit ich hier angekommen bin«, fügte sie schließlich hinzu.

»Nun, denk immer dran: Ihr Name steht über der Tür, also kann sie dir den Eintritt verwehren«, witzelte Debbie.

Linda stieß ein unecht klingendes Lachen aus und ging zum Tisch, um ihre Sachen zu holen. Plötzlich erfüllt von dem Bedürfnis, die leere Wohnung zu beschützen, sprang ich vom Fenstersims und folgte Linda nach oben. In dem schmalen Treppenaufgang strömte mir ihr widerlich süßes Parfum in die Nase, sodass ich die Luft anhalten musste.

Auf dem Weg durch den Flur spähte Linda kurz in die winzige Küche rechts von ihr, bevor sie nach links ins Wohnzimmer abbog. Ich schlüpfte ein paar Schritte hinter ihr lautlos durch die Tür, schlich zu dem leeren Schuhkarton, der neben dem Fernseher stand, und kletterte hinein, um Linda im Auge zu behalten, während sie eine Runde durchs Wohnzimmer drehte und sich alles ansah: den Esstisch, der mit ungeöffneten Briefen, einer Schüssel voll überreifer Früchte und Aktenordnern überhäuft war; das durchgesessene Sofa und den ramponierten Sessel, dessen zerschlissener Stoff unter einem Haufen bunter Kissen und weicher Decken verborgen war, und den Couchtisch, auf dem sich alte Zeitungen und leere Taschentuchboxen türmten.

Als Linda die beiden Fotos sah, die zwischen allerlei Deko-Artikeln auf dem Kaminsims standen, ging sie hinüber, um sie sich aus der Nähe anzusehen. Das auf Pappe aufgeklebte Schulfoto von Sophie, Debbies Tochter, schaute sie sich nur beiläufig an, doch das Bild von Debbie am Tag der Eröffnung des Cafés, auf dem sie mich im Arm hielt und übers ganze Gesicht strahlte, betrachtete sie eingehender. Als ihre Neugier gestillt war, wandte sich Linda mit gelangweiltem Gesichtsausdruck wieder dem Rest des Zimmers zu. Sie nahm sich eine Zeitschrift vom Couchtisch, ließ sich aufs Sofa plumpsen und zog mit einem erleichterten Stöhnen ihre Stiefel aus.

Wie alle Katzen wollte ich stets den Schoß eines Menschen austesten, und während ich Linda beobachtete, malte ich mir aus, wie es wäre, auf ihren Schoß zu springen, um mich streicheln zu lassen. Aber so angestrengt ich es auch versuchte, ich konnte mir einfach nicht vorstellen, dass ich mich dort wohlfühlen würde; ihr Schoß wirkte alles andere als einladend. Irgendetwas an Linda schreckte mich ab, und dabei ging es nicht nur um ihre spitzen Stiefel und klauenartigen Fingernägel. Ich vermutete, dass Linda ein paar Jahre jünger war als Debbie, wahrscheinlich Mitte vierzig, aber während Debbie rundlich war, schien Linda nur aus Ecken und Kanten zu bestehen. Ihr Gesicht, das einen seltsamen Orangestich hatte, war länger und schmaler als Debbies, und Nase und Kinn traten bei ihr deutlicher hervor.

Linda blätterte die Zeitschrift etwa fünfzehn Minuten gedankenverloren durch, bis Debbie erschöpft von der Arbeit die Treppe heraufgestapft kam. »Eines Tages werden meine Beine einfach unter mir zusammenbrechen«, murrte sie, ließ sich mit einem matten »Uff« auf einen Stuhl fallen und rieb sich die Knie.

Linda sprang vom Sofa auf. »Ich hol dir eine Tasse Tee, Debs. Bin gleich wieder da.« Und schon war sie drüben in der Küche und durchsuchte mit lautem Getöse die Schränke nach Tassen und Teebeuteln.

Währenddessen sah Debbie flüchtig die auf dem Esstisch verstreute Post durch. »Also, wie geht's dir, Linda?«, rief sie durch den Flur.

Ich spitzte die Ohren, um Lindas Antwort trotz des lauten Geklappers in der Küche zu verstehen, doch im nächsten Moment sprang Debbie plötzlich auf und rannte aus dem Zimmer.

»Oh, Linda, was ist los?«, fragte sie, und da hörte auch ich das leise Schluchzen. »Geh schon mal vor und setz dich«, wies sie ihre Schwester an. »Ich bringe den Tee rüber.«

Als Linda ins Wohnzimmer zurückkam, waren ihre Augen gerötet. Sie holte ein Taschentuch aus ihrer Tasche, setzte sich an den Esstisch und tupfte sich die Augen trocken.

»Jetzt erzähl. Was ist passiert?«, fragte Debbie behutsam und stellte zwei dampfend heiße Tassen auf den Tisch.

Linda stieg eine tiefe Röte ins Gesicht. »Ray und ich haben uns gestritten.«

»Oh, das tut mir leid, Linda. Was ist passiert?«,

erkundigte sich Debbie einfühlsam und legte ihrer Schwester die Hand auf den Rücken.

Linda stieß ein mattes Seufzen aus und schirmte ihre Augen mit dem feuchten Taschentuch ab. »Es läuft schon seit Längerem nicht gerade toll zwischen uns, aber gestern Abend ist das Ganze eskaliert«, sagte sie leise. »Ray hackt ständig auf mir herum. Er meint, ich würde immer nur Shoppingtouren machen, zum Frisör gehen und mir die Nägel richten lassen, aber das stimmt nicht!« Sie hielt einen Moment inne, um sich die Nase zu putzen, und ich sah, wie Debbie flüchtig die glänzend pinkfarbenen Fingernägel und diamantbesetzten Ringe ihrer Schwester in Augenschein nahm. Sie strich Linda beruhigend über den Rücken. »Und außerdem«, fuhr Linda entrüstet fort, »hat er mich selbst dazu überredet, mit dem Arbeiten aufzuhören. Er wollte eine Vorzeigefrau, aber jetzt verachtet er mich dafür. Mir reicht's, Debs. Ich halte es bei ihm nicht mehr aus. Ich kann einfach nicht mehr …«

Debbies Gesicht nahm einen beunruhigten Ausdruck an. »Also, Linda …«, begann sie zögernd, »wenn du sagst, du hältst es bei ihm nicht mehr aus, meinst du damit …?«

»Ich meine, dass ich ihn verlassen habe!« Lindas Stimme überschlug sich melodramatisch, und sie brach erneut in Tränen aus.

Die Erkenntnis traf Debbie wie ein Schlag, und die Hand, mit der sie Linda über den Rücken gestrichen hatte, verharrte abrupt. »Verstehe«, sagte sie, doch die wachsende Panik in ihren Augen strafte ihren gelassenen Tonfall Lügen. »Nun, hast du heute schon mit ihm gesprochen? Wenn du mit ihm redest, stellt sich vielleicht heraus …«

Aber Lindas Schluchzen wurde nur noch lauter und beharrlicher und übertönte Debbies Bemühungen, sie zu beruhigen. »Nein, Debs, ich kann nicht mit ihm reden – ich kann nicht zu ihm zurück! Ich kann das einfach nicht.« Sie sank in sich zusammen, bis sie mit der Stirn fast die Tischplatte berührte, ihre Schultern bebten, und ihre Brust hob und senkte sich stoßweise.

Debbie fing wieder an, ihr sanft den Rücken zu reiben. »Nein, natürlich nicht, Linda. Das verstehe ich«, versuchte sie ihre Schwester zu trösten.

In Lindas Schluchzen mischte sich ein lautes Knacksen aus der Küche, und wenig später tapste Eddie ins Wohnzimmer. Mit einem flüchtigen Blick in Richtung der schniefenden Fremden, die zusammengekauert am Esstisch saß, erspähte er mich im Schuhkarton und kam, den Schwanz zum Gruß hoch aufgerichtet, auf mich zu. Ich blinzelte ihn liebevoll an, und er kletterte zu mir in den Karton und putzte sich, völlig unbeeindruckt von dem Drama, das sich auf der anderen Seite des Zimmers abspielte.

Mehrere Minuten vergingen, während Linda mit dem Handrücken die Tränen aus dem Gesicht wischte und sich die Nase schnäuzte.

»Und, weißt du schon, was du jetzt machst?«, erkundigte sich Debbie, als Linda endlich aufhörte zu schluchzen.

Linda schüttelte den Kopf, immer noch, ohne ihre Schwester anzusehen.

Debbie atmete tief durch, und auf ihrem Gesicht zeigte sich eine Mischung aus Resignation und nacktem Grauen. »Möchtest … möchtest du erst mal hierbleiben, bis du wieder klarer siehst?«, fragte sie.

Bei diesen Worten drehte sich Linda zu ihr um. »Oh, Debs, meinst du das ernst? Bist du sicher, dass dir das keine zu großen Umstände macht?«, fragte sie mit hoffnungsvoll glänzenden Augen.

»Natürlich nicht, Linda«, antwortete Debbie nach kurzem Zögern. »Solange es dir nichts ausmacht, auf einem Schlafsofa zu übernachten. Wir haben nicht viel Platz, wie du sehen kannst. Aber du bleibst ja bestimmt nicht lang … oder?« Ein nervöses Lächeln umspielte Debbies Lippen, doch Linda schien die Frage nicht gehört zu haben.

Sie beugte sich vor und schloss ihre Schwester überschwänglich in die Arme. »Oh, Debs, vielen Dank! Ich wusste, dass ich auf dich zählen kann«, rief sie aus und drückte Debbie fest an sich.

Angezogen von Lindas lautem Schluchzen, waren auch die anderen Kätzchen nach oben gekommen, um der Sache auf den Grund zu gehen. Sie streiften durch den Raum, warfen dem Neuankömmling neugierige Blicke zu und schnupperten voll Forscherdrang an ihren Stiefeln und der Tasche auf dem Boden.

Schließlich gab Linda ihre Schwester frei und tupfte sich noch ein letztes Mal die Augen ab. »Nun, dann sollte ich am besten gleich meine Sachen holen, bevor es dunkel wird«, sagte sie pragmatisch und stopfte das Taschentuch zurück in ihre Hosentasche.

»Deine Sachen ... hast du ... du meinst jetzt gleich?« Debbies Mundwinkel zuckten.

»Wenn das okay ist?«, fragte Linda mit einem einnehmenden Lächeln. »Ich hab heute Morgen nur ein paar Sachen ins Auto geworfen, damit ich irgendwie durchkomme.«

»Ähm, okay.« Debbie sah sich besorgt in dem chaotischen Zimmer um. »Ich sollte ein bisschen aufräumen, damit du Platz hast.«

»Deb, bitte mach dir keine Umstände – das geht schon. Du wirst kaum merken, dass ich da bin.« Linda sprang so plötzlich auf, dass die Kätzchen erschrocken auseinanderstoben, und holte einen Schlüsselbund aus ihrer Tasche. »Ich lauf schnell runter und hole meine Sachen aus dem Auto. Bin gleich wieder da«, verkündete sie, zog ihre Stiefel an und rauschte davon.

»Warte, du brauchst noch den Schlüssel für die Haustür«, rief Debbie ihr nach.

Linda erschien wieder im Türrahmen. »Danke«, sagte sie lächelnd, als Debbie ihr den Schlüssel zuwarf. »Ich lasse morgen einen Nachschlüssel anfertigen.«

Wenig später hörten wir die Tür unten zuschlagen. Debbie stand da wie betäubt und rührte sich nicht von der Stelle. Nach und nach krochen die Kätzchen aus ihren Verstecken heraus, immer noch nervös von Lindas abruptem Abgang. Eine Weile beobachtete Debbie sie gedankenverloren, bis sie sich schließlich mit einem entschlossenen Kopfschütteln daranmachte, Ordnung zu schaffen. Sie hatte gerade die Zeitungen vom Couchtisch aufgesammelt, als die Glocke über der Eingangstür des Cafés erneut klingelte.

»Ich bin's nur!«, rief Linda von unten.

Die Zeitungen immer noch im Arm, hörte Debbie zu, wie Linda die Treppe hochkam. Sie polterte die Stufen langsam und schwerfällig herauf und stieß zwischendurch immer wieder ein frustriertes Ächzen aus; auf jeden Schritt folgte ein dumpfer Schlag, als etwas Schweres auf den Boden donnerte.

»Linda, ist alles in Ordnung?«, rief Debbie und legte die Zeitungen hastig zurück. Sie zuckte zusammen, als etwas an der Wand im Flur entlangschrammte.

Ich sah von einer Ecke des Zimmers aus, wie ein großer Plastikbehälter in der Tür erschien, gefolgt von Linda, deren Gesicht vor Anstrengung rot angelaufen war. Zusätzlich zu dem Behälter, den sie im Arm hielt, zog sie auch noch einen Rollkoffer hinter sich her. Sie schob sich am Esstisch vorbei, wobei sie fast einen Stuhl umwarf, und Debbie trat automatisch vor, nahm ihr den Plastikcontainer ab und stellte ihn auf den Boden.

Ich brauchte einen Moment, um zu begreifen, dass es sich bei dem Behälter um eine Transportbox für Haustiere handelte, und dann noch ein paar Sekunden, bevor ich zu meinem großen Entsetzen erkannte, dass das Tier im Innern ein Hund war.

3

Linda rollte ihren Koffer durch den Raum und stellte ihn unter dem Fenster ab, dann atmete sie erleichtert auf.

»Ähm, Linda, was ist das?«, fragte Debbie mit einem argwöhnischen Blick auf die Transportbox, die auf dem Teppich hin und her wankte.

»Oh, das ist Beau. Hab ich ihn denn nicht erwähnt?«, erwiderte Linda betont überrascht.

Ich bedachte sie mit einem misstrauischen Blick, bevor ich meine Aufmerksamkeit wieder der bebenden Plastikbox zuwandte. Die Kätzchen standen um den Container herum, ebenso fasziniert wie beunruhigt. Purdy, schon immer sehr selbstbewusst, schritt kühn auf die Transportbox zu und schnupperte, während sie im Kreis um das fremde Objekt herumtigerte. In der Box wurde es auf einmal verdächtig still, als das Tier im Innern ihre leisen Bewegungen wahrnahm. Die anderen Kätzchen schauten zu, völlig zufrieden damit, die Nachforschungen ihrer mutigen Schwester zu überlassen.

»Nein, ich bin mir ziemlich sicher, dass du ihn nicht

erwähnt hast. Beau ist ein Hund, oder?«, entgegnete Debbie in dem unnatürlich gelassenen Ton, den ihre Stimme immer annahm, wenn sie angestrengt versuchte, nicht die Fassung zu verlieren.

»Ja, aber er ist klein und sehr gut trainiert«, versicherte Linda ihr. Sie ging vor der Transportbox in die Hocke, die heftig schwankte, als das Ungetüm darin nach vorne kam und mit der Pfote an der Gittertür scharrte. »Du bist ein guter Junge, nicht wahr, Beau? Willst du raus?«, säuselte sie in kindlichem Ton, die Lippen zu einem Schmollmund verzogen.

Eine kleine schwarze Nase tauchte am Gitter auf, und eine rosarote Zunge leckte nach Lindas Gesicht. Ich wandte die Augen ab, angewidert von der demütigenden Zurschaustellung hündischer Unterwürfigkeit, doch auf Linda hatte das Geschlabber die erwünschte Wirkung; sie küsste die feuchte Schnauze und entriegelte die Transportbox.

Noch bevor die Tür ganz offen war, schoss der Kläffer heraus, und sofort wurde sein unterwürfiges Benehmen auf streitlustige Weise territorial. Er war eine gelb-braune, flauschige Kreatur – nicht viel größer als ich – mit kurzen Stummelbeinen und einem buschigen Schwanz, der sich über seinen Rücken bog. Das Fell um seine Wangen war ordentlich getrimmt, um sein Teddybär-artig rundes Gesicht mit der spitzen Schnauze zu betonen, und seine dunklen Knopfaugen, die halb unter dichten Wimpern verborgen waren, huschten fieberhaft umher.

Ich sah mich nach meinen Kleinen um – hoffentlich

waren sie nahe genug bei der Tür, um im Notfall fliehen zu können. Mein Blick fiel auf Purdy, die hinter Beaus Transportbox kauerte. Die Gelassenheit, die sie an den Tag gelegt hatte, solange Beau eingesperrt war, war jetzt, da er auf freiem Fuß war, verschwunden. Sie machte einen Buckel, ihr Fell war gesträubt und ihr Schwanz bedrohlich aufgeplustert.

Als hätte er ihre Anwesenheit gespürt, drehte sich Beau plötzlich um und taxierte Purdy mit frechem Blick. Sie starrte ihn unverwandt an, ohne zu blinzeln, und einen Augenblick war alles still. Dann, mit einem lauten Knurren, stürzte er sich auf sie. Purdy reagierte instinktiv, fauchte und schlug wild um sich, und einen Moment konnte man Katze und Hund unmöglich auseinanderhalten, als die beiden, ineinander verkeilt, miteinander rangen. Die anderen Kätzchen brachten sich panisch in Sicherheit und warfen in ihrer Hast, schnellstmöglich wegzukommen, die leeren Tassen um.

»Beau! O mein Gott, Beau, Baby – hör auf!«, kreischte Linda, doch ihre Worte zeigten nicht die geringste Wirkung.

Purdy kletterte auf die Transportbox, von wo aus sie mit flach angelegten Ohren und ausgefahrenen Krallen eine Salve von Schlägen auf Beaus hochgestreckte Schnauze niedergehen ließ. Verwirrt von ihrer plötzlich vorteilhaften Position, blieb Beau wie angewurzelt stehen, unfähig, sich gegen ihre unermüdlichen Hiebe zu wehren. Als sie ihm mit den Klauen einen Kratzer verpasste, jaulte Beau auf, und Linda keuchte entsetzt. Dann war es vorbei: Als er erkannte, dass er den Kampf verloren hatte, trollte sich Beau und floh in Lindas ausgestreckte Arme.

Sie stieß tröstende Geräusche aus und küsste ihn auf die Nase, während er erbärmlich winselte. Ich wandte mich zu Debbie um, die zum Fenster gegangen war und anscheinend die Decke betrachtete, und da sah ich, dass Abby und Bella starr vor Angst auf der Gardinenstange hockten und Debbies Versuche, sie herunterzulocken, geflissentlich ignorierten. Während des ganzen Aufruhrs war Eddie an meiner Seite geblieben, wachsam, aber optimistisch wie immer, vielleicht beruhigt durch die Nähe zu mir. Maisie, das Kleinste und Schüchternste der Kätzchen, war nirgends zu sehen; hoffentlich war sie entweder aus dem Zimmer geflohen oder versteckte sich hinter dem Sofa.

Debbie beschloss, Abby und Bella vorerst in Ruhe zu lassen, und wandte sich wieder zu ihrer Schwester um. »Linda«, sagte sie und rieb sich die Stirn, »ich denke, wir sollten Beau und die Katzen erst mal getrennt halten, zumindest so lange, bis sie sich aneinander gewöhnt haben. Meinst du nicht auch?«

Beau lag in Lindas Armen und leckte seinem Frauchen auf eine fieberhafte Art das Gesicht, die mir den Magen umdrehte. »Ja, das wäre wohl besser«, antwortete Linda und musterte Beau bestürzt. »Der arme Kerl ist völlig traumatisiert – mein süßer Schatz.«

In diesem Moment hörten wir die Haustür zufallen. »Hi, Mum!«, rief Sophie. Beau befreite sich sofort aus Lindas Griff, sprang zu Boden und japste bedrohlich.

»Hallo, Liebes«, rief Debbie mit schwacher Stimme und einem bangen Ausdruck in den Augen, als befürchte sie, dass die Situation gleich noch schlimmer eskalieren würde. Wir warteten alle angespannt, als Sophie die Treppe hochkam und Beaus Gebell mit jedem Schritt, den sie tat, lauter und aufgeregter wurde. Als Sophie endlich im Türrahmen erschien, nutzte Maisie die Gelegenheit, schoss hinter dem Sofa hervor und raste zwischen ihren Beinen hindurch aus dem Zimmer. Maisies Flucht, kombiniert mit Sophies unerwartetem Auftauchen, war für Beau eine Versuchung, der er nicht widerstehen konnte. Er stürzte Maisie nach und riss die nichts ahnende Sophie beinahe von den Füßen.

»Was, zum …? Wessen Hund ist das?«, fragte sie, bevor sie aufschaute und Linda mit aschfahlem Gesicht auf dem Teppich kauern sah. »Oh, hi, Tante Lin…«

»Halt ihn auf, Soph!«, schrie Debbie, doch es war schon zu spät. Beau war blitzschnell um das Treppengeländer gebogen und auf dem Weg nach unten, der kleinen Maisie dicht auf den Fersen. Linda sprang auf und rannte an Sophie vorbei hinaus in den Flur. Wieder ertönte ein erbärmliches Winseln und Scharren, als Linda Beau packte, ihn unsanft in die Küche zerrte und die Tür zuschlug. Kurz darauf kam sie zurück ins Wohnzimmer. Sie richtete ihre Haare und setzte ein Lächeln auf, bevor sie mit ausgebreiteten Armen auf Sophie zuging.

»Hi, Soph. Wie geht's? Hattest du einen schönen Tag am College?«

»Mir geht's gut, danke«, antwortete Sophie sichtlich verblüfft und ließ sich von ihrer Tante umarmen. Sie warf ihrer Mutter über Lindas Schulter hinweg einen fragenden Blick zu.

»Tante Linda bleibt ein paar Tage bei uns«, erklärte Debbie. »Mit ihrem Hund.«

»Oh, okay.« Sophie lächelte höflich.

Als Linda sie freigab, sah ich, wie sie argwöhnisch zu dem riesigen Koffer unter dem Fenster hinüberspähte.

Niemand sagte etwas, als sie unbeholfen um die leere Transportbox herumstanden. Purdy war auf die Couch gesprungen und putzte sich, einen selbstgefälligen, triumphierenden Ausdruck im Gesicht, während Abby und Bella immer noch dicht zusammengedrängt auf der Gardinenstange hockten. Ich saß mit Eddie im Schuhkarton und begutachtete das bizarre Szenario. Die Stille wurde nur von Beaus beharrlichem Scharren an der Küchentür unterbrochen.

»Er wird sich bestimmt bald beruhigen«, murmelte Linda, und Debbie rang sich ein mattes Lächeln ab.

»Also, ich geh hoch in mein Zimmer. Ich hab noch Hausaufgaben zu erledigen«, sagte Sophie und nahm ihre Schultasche.

»Gute Idee, Liebes«, stimmte Debbie zu. »Wir bestellen uns nachher was zu essen«, fügte sie dann in aufgesetzt munterem Ton hinzu.

»Mhmm, super.« Sophies gespielte Begeisterung täuschte niemanden.

Debbie sank sichtlich erschöpft auf einen Stuhl.

Ich wünschte, ich könnte meine angespannten Nerven beruhigen, indem ich mich ausgiebig putzte und anschließend ein Nickerchen machte, aber Beaus hartnäckiges Scharren an der Tür, das mittlerweile von einem jämmerlichen Jaulen begleitet wurde, ließ mir keine Ruhe.

Als Linda die allgemeine Anspannung bemerkte, machte sie sich daran, das Chaos zu beseitigen, das Beau und Purdy mit ihrem Kampf angerichtet hatten, las die Tassen auf und ordnete die durcheinandergeratenen Ordner auf dem Tisch. Dann nahm sie die Transportbox, blickte sich nach einem etwas weniger auffälligen Platz um und verstaute sie schließlich in der Nische neben dem Sofa.

Das chinesische Essen, das später am Abend geliefert wurde, hob die Stimmung beträchtlich. Sophie kam in einem bequemen Einteiler und Pantoffeln aus ihrem Zimmer, die Haare zu einem lockeren Pferdeschwanz zusammengebunden, sodass man einen guten Blick auf ihre mandelförmigen blauen Augen hatte, die so sehr an die ihrer Mutter erinnerten.

»Wie läuft's mit den Hausaufgaben?«, erkundigte sich Debbie, während sie den Tisch deckte.

»Recht gut«, antwortete Sophie.

»Du musst in der Schule ganz schön ackern, oder?«, fragte Linda und zog den Pappdeckel von den Aluschalen, in denen das Essen geliefert worden war.

»Ich gehe nicht zur Schule, sondern aufs College«, korrigierte Sophie sie. Sie hatte im letzten Sommer von der Schule auf ein örtliches College gewechselt, und sie bestand darauf, dass der Unterschied zwischen den beiden Institutionen anerkannt wurde.

Die drei Frauen luden sich eine Portion auf ihre Teller und begannen zu essen, aus dem Hintergrund begleitet von Beaus jämmerlichem Winseln. Linda löcherte Sophie und Debbie unbeirrt mit allerlei Fragen über ihr Leben, das Café und Stourton. Ihre Fragen hatten etwas Unnachgiebiges, fast wie ein Verhör, und als sie nach dem Essen endlich mit Beau spazieren ging, kam es mir vor, als würden alle in der Wohnung – sowohl Menschen als auch Katzen – erleichtert aufatmen.

Debbie ließ sich auf die Couch fallen und tätschelte ihr Bein; eine Einladung an mich, auf ihren Schoß zu springen. Sophie setzte sich neben uns und tippte auf ihrem Handy herum, während Debbie mich streichelte und an ihrem Wein nippte. Keine der beiden versuchte, ein Gespräch anzufangen, und ich spürte, dass wir alle den Moment der Ruhe genossen.

Doch als wir zwanzig Minuten später die Tür des Cafés aufgehen hörten, spannte sich Debbie sofort wieder an. Sie sog scharf die Luft ein, als Linda mit Beau unter dem Arm ins Wohnzimmer kam, aber ob das an Lindas Rückkehr lag oder daran, dass ich beim Anblick von Beau unwillkürlich meine Krallen in ihre Oberschenkel bohrte, konnte ich nicht sagen. Debbie zog meine Krallen eine nach der anderen aus ihrer Jeans, während Linda Beau in die Transportbox setzte. »Sei ein guter Junge und leg dich hin«, befahl sie ihm. Erschöpft von dem Spaziergang und vermutlich auch dankbar, dass er nicht wieder in der Küche eingesperrt wurde, tat Beau, wie ihm geheißen, und war schon nach wenigen Minuten fest eingeschlafen.

Als Jasper wenig später ins Zimmer geschlendert kam, fiel mir ein, dass ich in dem Chaos, das Lindas und Beaus Ankunft verursacht hatte, ganz vergessen hatte, mich in der Gasse mit ihm zu unserem üblichen Abendspaziergang zu treffen. Während ich zusah, wie er leise um die Tischbeine herumstrich, ging mir auf, dass er noch nichts von den Neuankömmlingen wusste. Er blieb nicht stehen, als er Linda in dem Sessel sitzen sah, doch ein Schnauben aus der Transportbox ließ ihn abrupt innehalten. Er erstarrte, warf einen Blick durch die Gittertür auf den schlafenden Hund und sah mich dann mit einem Ausdruck in den Augen an, der zu sagen schien: *Das soll wohl ein Witz sein*. Sein Schwanz zuckte, und seine bernsteinfarbenen Augen verengten sich verächtlich beim Anblick des bewusstlosen Beau, bevor er sich rasch in den Flur zurückzog. Kurz darauf hörte ich die Katzenklappe auf und zu schwingen – offenbar wollte er lieber draußen in der Gasse schlafen.

Alle waren sich einig, dass wir heute zeitig ins Bett gehen sollten. Debbie erklärte gähnend, dass sie am nächsten Tag früh aufstehen musste, und Linda, ganz die dankbare, verständnisvolle Schwester, stimmte zu, dass es ein langer Tag gewesen war.

Debbie machte das Schlafsofa zurecht, und ich saß im Flur, bis sie alle im Bad fertig waren, einander eine gute Nacht gewünscht hatten und dann in ihren Zimmern verschwanden. Die Lichter, die unter den Türen hindurchschimmerten, gingen eins nach dem anderen aus, und in der Wohnung wurde es bis auf das leise Ticken der abkühlenden Heizkörper vollkommen still. Schließlich schlich ich hinunter ins Café zu meinen Kleinen.

4

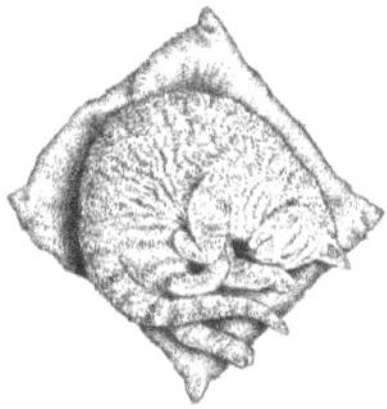

Am nächsten Morgen lag ich auf meinem Fensterkissen und schreckte aus dem Schlaf hoch. Im Traum hatte ich Beaus geiferndes Gesicht vor mir gesehen und unwillkürlich Angst um meine Kleinen bekommen. Verwirrt und beunruhigt blickte ich mich im Café um, um mich zu vergewissern, dass sie alle da waren, und sah zu meiner großen Erleichterung, dass sie an ihren angestammten Plätzen friedlich schliefen. Nur Jasper war nirgends zu sehen.

Ich schlüpfte durch die Katzenklappe, lief seitlich am Café vorbei und bog nach rechts in die schmale Gasse ein, die parallel zu unserer Straße verlief. Dies war Jaspers Territorium gewesen, als er noch auf der Straße gelebt hatte, und er betrachtete sie immer noch als sein Revier. Auf einer Seite wurde sie von einer Bruchsteinmauer begrenzt, auf der anderen von dem wilden Wirrwarr aus Feuerleitern, Mülltonnen und Lüftungsschächten, das die Rückseite des Cafés und aller angrenzender Häuser ausmachte.

Während ich lautlos über den Asphalt lief, bemerkte ich eine Bewegung unter den Stahlstufen einer Feuerleiter, und einen Moment später kam Jaspers stämmige schwarz-weiße Gestalt zum Vorschein. Er schüttelte beiläufig den Kopf und streckte sich, wobei sich die Muskeln unter seinem dichten Fell anspannten. Als ich damals halb verhungert und obdachlos in diese Gasse gekommen war, hatte mich Jaspers imposante Erscheinung eingeschüchtert. Die Narben auf seinen Ohren zeigten mir, dass er ein fähiger Kämpfer war, und aufgrund meiner Erfahrungen mit anderen streunenden Katzen in der Stadt war ich ihm gegenüber misstrauisch gewesen. Mit der Zeit hatte ich jedoch erkannt, dass sich unter seinem ruppigen Straßenkatzen-Aussehen und seiner schweigsamen Art ein freundliches, galantes Wesen verbarg.

Ich setzte mich neben die Feuerleiter, und Jasper gesellte sich zu mir.

»Gut geschlafen?«, erkundigte ich mich.

»Nicht besonders«, antwortete er, und seine bernsteinfarbenen Augen wurden ein wenig schmaler. Eine Weile betrachteten wir schweigend das frühmorgendliche Stadtbild: Die aufgehende Sonne war durch die Wolkendecke gebrochen, und die dünnen Nebelschleier, die den Kirchturm umhüllten, lösten sich allmählich auf.

»Wer ist sie?«, fragte Jasper schließlich in verächtlichem Ton.

»Ihr Name ist Linda – sie ist Debbies Schwester.«

Jasper machte ein nachdenkliches Gesicht. »Und wird sie … werden *die beiden* … lang bleiben?«

Da wurde mir klar, dass Linda in dem ganzen Durcheinander gestern Abend gar nicht genau gesagt hatte, wie lange sie bleiben wollte. »Nur ein paar Tage, denke ich«, antwortete ich vage, mit mehr Hoffnung als Überzeugung.

»Hmm«, meinte Jasper nur und blickte wieder gedankenverloren zum Himmel hoch.

Da er sein ganzes Leben auf der Straße verbracht hatte, hatte Jasper bestenfalls ein zwiespältiges Verhältnis zum Katzencafé. Es war ein Zeichen seiner Zuneigung zu mir und seiner Hingabe als Vater, dass er seine Unabhängigkeit aufgegeben hatte, um an einem festen Wohnort Zeit mit uns zu verbringen, wenn auch zu seinen Bedingungen. Während der Öffnungszeiten mied er das Café, denn er empfand es als entwürdigend, sich vor den Kunden »zur Schau zu stellen«. Doch nach Feierabend schlüpfte er gern durch die Katzenklappe, um die Vorzüge unseres Lebensstils zu genießen. Ich neckte ihn manchmal wegen dieser Doppelmoral und wies ihn darauf hin, dass seine stolze Verkündung, er werde »immer eine Straßenkatze bleiben«, nicht besonders glaubhaft war, wenn er abends gemütlich vor dem noch warmen Holzkohleofen döste. Aber ich vermutete, dass Jasper die Grenze zog, wenn er sein Revier im Haus mit einer übernervösen Fremden und einem irren Schoßhund teilen sollte.

Um uns herum wachte die Stadt langsam auf; irgendwo in der Ferne rumpelte ein Müllwagen mit den üblichen Zwischenstopps durch die Straßen, während die Krähen und Elstern auf dem Kirchhof krächzten –

wie immer begrüßten sie den Tag laut streitend. In der Wohnung über dem Café regte sich etwas: Die Jalousie wurde hochgezogen, und ich hörte das Prasseln von Wasser aus der Dusche. Ich konnte mir die Szene drinnen genau vorstellen: Debby eilte aus dem dampfenden Badezimmer in die Küche, um uns zu füttern, und rief dann die Treppe hinauf, um Sophie rechtzeitig fürs College zu wecken.

Mein Magen grummelte. »Kommst du mit frühstücken?«, fragte ich Jasper, obwohl ich genau wusste, was er antworten würde.

Er rümpfte angewidert die Nase. »Nicht heute«, erwiderte er abweisend, aber als sich unsere Blicke begegneten, erschien ein kleines Lächeln auf seinem Gesicht. »Wenn er noch lang bleibt, muss ich diesen Köter in seine Schranken weisen«, merkte er trocken an.

»Keine Sorge, das hat Purdy schon erledigt.«

Jasper blinzelte anerkennend und plusterte sich vor väterlichem Stolz auf.

»Gutes Mädchen«, sagte er. Dann stand er auf, streckte sich und trottete in Richtung des kleinen Nadelgehölzes am Ende der Gasse davon.

Als ich ins Café zurückkam, waren meine Kleinen nicht mehr da. Vorsichtig schlich ich die Treppe hinauf und lauschte dabei angespannt, ob sich Beau irgendwo in der Nähe herumtrieb. Die Wohnzimmertür war noch geschlossen, doch ich hörte Debbie in der Küche fröhlich mit den Kätzchen schwatzen. »Hier, bitte, Purdy; jetzt sei nett und mach Maisie Platz. Bella und Abby, ihr könnt euch den rosaroten Napf teilen – da ist genug für euch beide drin. Keine Sorge, Eddie, ich hab dich nicht vergessen – was bist du doch für ein geduldiger Junge!«

Mir wurde warm ums Herz, als ich ihr liebevolles Geplauder hörte; sie kannte meine Kleinen fast genauso gut wie ich und sorgte immer dafür, dass alle genügend Futter und Aufmerksamkeit bekamen.

Ich blieb im Türrahmen stehen und sah zu, wie die Kätzchen gierig aus den Näpfen, die auf dem Küchenboden standen, fraßen. Mit gesenktem Kopf sahen sich die vier getigerten Schwestern so ähnlich, dass man sie kaum auseinanderhalten konnte, obwohl sich Maisie mit ihrer zierlichen Statur von den anderen unterschied. Eddie, der ganz hinten seinen Futterplatz hatte, war deutlich größer und stämmiger als seine Schwestern, sein schwarz-weißes Fell ähnlich dem seines Vaters, nur sauberer und glänzender.

Debbie stand an der Arbeitsplatte und wartete, dass das Wasser heiß wurde. »Guten Morgen, Molls, ich hab mich schon gefragt, wo du steckst«, begrüßte sie mich lächelnd, als ich meinen Platz neben Purdy einnahm.

Ich hatte gerade den ersten Bissen gegessen, als ein leises Schlurfen von der anderen Seite des Flurs erklang und Linda aus dem Wohnzimmer schlüpfte, wobei sie die Tür nur einen Spaltbreit öffnete, damit Beau nicht entkam. Er kläffte protestierend, als sie ihm die Tür vor der Nase zumachte.

»Tee?«, fragte Debbie.

»O ja, bitte«, antwortete Linda, kam in die Küche und lehnte sich an den Kühlschrank. In ihrem Morgenmantel, mit zerzausten Haaren und vom Schlaf verquollenen Augen erkannte ich sie kaum noch als die makellos herausgeputzte Frau, die ich gestern zum ersten Mal gesehen hatte.

In diesem Moment kam Sophie aus ihrem Schlafzimmer die Treppe heruntergepoltert und hielt sich mit einer Hand am Geländer fest, um ihre Turnschuhe anzuziehen.

»Frühstückst du mit, Sophie?«, fragte Debbie.

Sophie warf einen Blick auf die Uhr, um zu sehen, ob sie noch genug Zeit hatte – und vielleicht überlegte sie auch, ob sie die Verrenkungen auf sich nehmen wollte, die erforderlich wären, um sich eine Schüssel aus dem Schrank zu holen; die Küche war nicht gerade geräumig, und jetzt trieben sich auch noch zwei Erwachsene und sechs Katzen darin herum. »Äh, nein danke, Mum. Keine Sorge, ich besorge mir was in der Cafeteria«, sagte sie. »Ich muss nur schnell meine Zeichenmappe holen …«

Bevor Debbie und Linda sie aufhalten konnten, hatte sie den Flur durchquert und öffnete die Wohnzimmertür. Sofort schoss Beau heraus, seine buschigen Augenbrauen zuckten, die Zunge hing ihm schlaff aus dem Maul. Er sah aus, als könnte er sein Glück kaum fassen, dass er bei seiner Flucht so viele Katzen vorfand.

Die Erfahrung hatte mich gelehrt, dass bei Hunden Angriff die beste Verteidigung war. Als Beau durch den

Flur auf uns zurannte, bereitete ich mich auf einen Kampf vor: Mein Nackenfell sträubte sich, ich legte die Ohren an und stieß ein drohendes Knurren aus.

Doch ehe er mich erreichte, stürzte Linda vor, packte Beau und hob ihn hoch. Von seinem Vorhaben abgebracht und gedemütigt, versuchte er fieberhaft, sich zu befreien, aber Linda hielt ihn fest im Arm wie ein wütendes Baby, das sie beruhigen musste. Als ihr klar wurde, dass der Kläffer keine Ruhe geben würde, solange er mehrere kleine Katzen so verlockend nah vor sich hatte, brachte sie ihn wieder ins Wohnzimmer und schloss die Tür.

»Sorry, ich hatte vergessen, dass er da drin ist«, entschuldigte sich Sophie verlegen, dann schnappte sie sich ihre Sachen und eilte los.

Debbie goss seufzend Tee in zwei Tassen. »Er ist ein ganz schön wilder kleiner Kerl, nicht?«, stellte sie fest, während Beau wieder beharrlich an der Tür scharrte.

»Das ist bei seiner Rasse üblich«, erklärte Linda. »Er ist ein Lhasa Apso – die sind sehr territorial. Früher wurden sie als Bewacher buddhistischer Klöster in Tibet eingesetzt.«

Debbie zog die Augenbrauen hoch. »Okay …«, sagte sie in ausdruckslosem Ton. »Aber jetzt ist er nicht mehr in Tibet. Er ist in Cotswolds, in einem Katzencafé.« Sie reichte Linda eine der dampfenden Tassen. »Also, ich meine … der Name sagt doch eigentlich schon alles.« Sie trank einen Schluck und warf ihrer Schwester über den Rand ihrer Tasse hinweg einen vielsagenden Blick zu.

»Ich weiß, Debbie – entschuldige«, sagte Linda. »Ich glaube, er ist nur etwas mitgenommen von der ganzen Geschichte. Das ständige wütende Geschrei zu Hause – das war echt schrecklich …« Ihre Wangen röteten sich, und ich konnte sehen, dass ihr jeden Moment die Tränen kommen würden.

Debbie stellte ihre Tasse zurück auf die Arbeitsplatte und legte ihrer Schwester eine Hand auf den Arm. »Entschuldige, Linda, ich wollte dich nicht daran erinnern.«

Linda ließ den Kopf sinken und verdeckte ihre Augen mit dem Ärmel ihres Morgenmantels, ihre Schultern bebten.

»Keine Sorge, Linda«, beruhigte Debbie sie, »ich bin sicher, die Katzen werden sich mit der Situation arrangieren. Bestimmt kommen sie schon bald viel besser mit Beau zurecht.«

Sie schloss ihre Schwester in die Arme, und ich nahm über ihre Schulter Blickkontakt mit Linda auf. Ich sah ihr fest in die Augen, während die beiden Frauen sich umarmten, und gab mir alle Mühe, ihr wortlos klarzumachen, dass nicht wir diejenigen waren, die sich anpassen mussten.

5

Obwohl ich fest entschlossen war, ihrer Anwesenheit so wenig Beachtung wie möglich zu schenken, konnte ich Linda und Beau nicht vollständig ignorieren. Mit drei Menschen, einem halben Dutzend Katzen und einem Hund in unserer kleinen Wohnung gab es einfach nicht genug Platz für alle.

Das Wohnzimmer war am schlimmsten betroffen. Das ausgezogene Schlafsofa nahm so viel Platz ein, dass sich Linda, um von einem Ende ans andere zu kommen, entweder seitlich daran vorbeischieben oder darüberklettern musste. Die Nische neben dem Sofa diente ihr als provisorischer Kleiderschrank; ihr Koffer lag geöffnet neben Beaus hochkant aufgestellter Transportbox, und eine Unmenge Kleider, Schmuck und Kosmetika quollen daraus hervor.

Doch das Durcheinander, das sie veranstaltete, beschränkte sich nicht auf das Zimmer, in dem sie schlief. Schachteln blumig riechender Teesorten und Plastikdöschen mit Vitamintabletten erschienen auf der Arbeitsplatte in der Küche, und ihre zahlreichen Cremes, Öle und Lotionen rangelten im Bad um die

Vorherrschaft. Selbst der Flur wirkte schmaler, weil ihre Jacken und Westen in einem dicken Wust an den Kleiderhaken hingen und ihre unzähligen Schuhe auf dem Boden herumlagen. Wenn Linda mit Beau Gassi ging, versuchte ich, zumindest einen Teil meines Reviers zurückzuerobern, indem ich meine Wange an den Möbeln rieb und sie so markierte, aber Lindas süßliches Parfüm, gemischt mit Beaus Hundeshampoo, überlagerte alle anderen Gerüche in der Wohnung.

Zu meiner großen Erleichterung hielt das großspurige, aggressive Verhalten, das Beau nach seiner Ankunft an den Tag gelegt hatte, nicht lange an. Der Kratzer auf der Nase, den Purdy ihm verpasst hatte, war entzündet und nässte, was den Köter an seinen Platz ganz unten in der Tierhierarchie erinnerte, und die Kätzchen lernten bald, dass ein drohendes Fauchen oder ein angedeuteter Schlag mit ausgefahrenen Krallen ausreichten, um Beau schutzsuchend in Lindas Arme zu treiben. Seine buschigen Brauen zuckten immer noch jedes Mal, wenn eine Katze hereinkam, aber sein Knurren war wenig überzeugend, und er machte dieses resignierte, eingeschnappte Gesicht von Tieren, die genau wissen, dass sie die Unterlegenen sind. Wie ein Steinchen zwischen den Zehen war Beau unmöglich zu ignorieren, aber auf kurze Sicht war er ein Ärgernis, das wir tolerieren konnten.

Das Highlight des Tages war für ihn ganz eindeutig sein Spaziergang. Wenn Linda seine Leine und die Kotbeutel holte, japste er mit heraushängender Zunge und sprang wie verrückt auf und ab. Sie klemmte sich die leicht erregbare Kreatur unter den Arm, ging nach unten ins Café und sagte Debbie, dass sie mit Beau »eine Erkundungstour durch die Stadt machen würde«. Ich brauchte nicht lang, um dahinter zu kommen, dass sie mit ihrer »Erkundungstour« eigentlich eine Shoppingtour meinte.

Von ihrem ersten Spaziergang kehrte sie mit einer prall gefüllten Einkaufstasche zurück. Neugierig folgte ich ihr nach oben und sah von der Wohnzimmertür aus zu, wie sie mehrere Schichten raschelndes Seidenpapier aufriss. Darunter kam eine teuer aussehende Handtasche zum Vorschein. Die Augen weit aufgerissen vor kindlicher Aufregung, räumte sie ihre Sachen aus der alten Handtasche in die neue, dann beugte sie sich über den Rand des Sofas und vergrub die ausrangierte Tasche unter einem Haufen schmutziger Wäsche.

»Das ist ja eine schöne Tasche. Ist die neu?«, fragte Debbie am selben Abend, als sie Lindas Errungenschaft neben dem Schlafsofa stehen sah.

Linda tat überrascht. »Was, die hier?«, erwiderte sie und schob die Tasche wie beiläufig mit dem Fuß unter die Couch. »Die hab ich schon seit Jahren!«

Im Lauf der Woche wurden ihre Shopping-Gewohnheiten immer verdächtiger. Sie und Beau gingen schon vormittags los und kamen erst Stunden später beladen mit Einkäufen aus den zahlreichen Chichi-Boutiquen, die sich in Stourtons kopfsteingepflasterten Straßen fanden, zurück. Ich beobachtete vom Fenstersims aus, wie sie mit Beau, der neben ihren Pfennigabsätzen entlanghüpfte, durch unsere Straße stöckelte. Erst wenn sie sicher war, dass Debbie außer Sichtweite war, drückte sie die Tür auf – ganz langsam, damit die Glocke nicht so laut klingelte – und eilte zwischen den Tischen hindurch zur Treppe.

Sobald Linda zurück in der Wohnung war, schienen ihre Einkäufe auf mysteriöse Weise zu verschwinden. Wenn Debbie nach der Arbeit die Treppe hinaufstapfte, fehlte von den Einkaufstaschen und ihrem Inhalt jede Spur, und Linda gab nie zu, sich in den Geschäften von Stourton herumgetrieben zu haben. Die einzigen Einkäufe, von denen sie je erzählte, waren die Geschenke, die sie für ihre Gastgeber mitbrachte. Eines Nachmittags tauchte ein Seidenschal in Debbies Schlafzimmer auf, und am nächsten Tag, als Sophie vom College zurückkam, überraschte Linda sie mit einem neuen Pyjama. »Der ist aus Kaschmir – fühl mal!«, rief sie, und ihre Augen funkelten, als sie den Luxusschlafanzug ihrer verblüfften Nichte überreichte.

Ich wollte wissen, wo sie den Rest ihrer Einkäufe versteckte, also schlich ich mich eines Morgens, während sie und Beau unterwegs waren, ins Wohnzimmer, um der Sache auf den Grund zu gehen. Zunächst fand ich keine Spur von ihren neuen Errungenschaften, nur den üblichen chaotischen Kleiderhaufen auf dem Boden neben ihrem offenen Koffer. Erst als ich auf den Koffer kletterte, entdeckte ich ihr Geheimnis: Sie verstaute ihre Einkäufe in Beaus Transportbox.

Hinter der Gittertür versteckt fanden sich mehrere Schuhschachteln und ein Stapel ordentlich zusammengefalteter, in Seidenpapier eingewickelter Kleider.

Trotz Lindas Shoppingsucht, die sie zumindest eine Weile fernhielt, schlug die Situation in der kleinen Wohnung schon nach einer Woche allen aufs Gemüt. Vielleicht um zu verhindern, dass ihre Gastgeberinnen endgültig die Geduld verloren, bestand Linda darauf, Freitagabend als »kleinen Dank« für sie zu kochen. Und so kam es, dass Debbie und Sophie an diesem Abend um Punkt acht Uhr am Tisch saßen, während Linda in der Küche herumrumorte. Debbie sah erschöpft aus, aber Sophies Haltung und ihr gelangweilter Gesichtsausdruck wirkten eher böswillig. Sie hatte eine Verabredung mit ihrem Freund sausen lassen, um zum Essen da zu sein, und sie machte kein Geheimnis daraus, wie sehr ihr dieser Verzicht missfiel.

Schließlich kam Linda mit drei Tellern herein. »Voilà! Superfood-Salat!«, rief sie und stellte die Teller mit großer Geste auf den Tisch.

Debbie lächelte matt, als sie den Haufen Samenkörner und Hülsenfrüchte auf ihrem Teller sah. »Mhmm, wow«, murmelte sie, ein wenig überzeugender Versuch, begeistert zu klingen. Sophie machte ein mürrisches Gesicht.

»Schmeckt es dir nicht, Soph?«, fragte Linda, als ihre Nichte das Essen lustlos auf ihrem Teller herumschob.

Ich spürte, dass Debbie allmählich die Geduld verlor, während sie den kaum verhohlenen Missmut ihrer

Tochter beobachtete. »Komm schon, Sophie«, sagte sie. »Iss bitte auf. Tante Linda hat sich so viel Mühe gegeben.«

Aber Sophie warf ihr nur einen flüchtigen Seitenblick zu und stocherte mit ihrer Gabel in dem Pflanzenhaufen herum.

»Magst du kein Quinoa?«, fragte Linda sichtlich besorgt.

»Nein, ich bin kein großer Fan von *Ki-noah*«, äffte Sophie sie nach.

Sie spießte ein einziges Korn auf und begutachtete es argwöhnisch.

»Bitte lass den Sarkasmus, Soph. Iss einfach«, sagte Debbie und bedachte ihre Tochter mit einem strengen Blick. Sophie steckte sich die Gabel in den Mund und kaute demonstrativ langsam auf dem Korn herum.

Debbie wandte sich an Linda. »Sie war schon immer pingelig, wenn's ums Essen geht«, sagte sie entschuldigend.

Ein lautes Scheppern ertönte, als Sophie die Gabel auf ihren Teller fallen ließ. Mit einem wütenden Blick in Debbies Richtung stand sie auf und schob ihren Stuhl so heftig zurück, dass der Teppich Falten warf. Der plötzliche Lärm schreckte mich vom Sofa auf, und Beau, der unter dem Tisch gedöst hatte, zuckte zusammen, als er unsanft aus dem Schlaf gerissen wurde. »Ich mach mir ein Sandwich«, murmelte Sophie und nahm den Teller mit Salat, den sie nicht einmal angerührt hatte, mit in die Küche.

»Sophie!«, mahnte Debbie in wütendem, gleichzeitig aber auch verlegenem Ton. »Linda hat das extra für dich gemacht – du kannst es wenigstens probieren«, rief sie ihrer davonmarschierenden Tochter nach. In der Küche schaufelte Sophie das Essen auf ihrem Teller geräuschvoll in den Mülleimer.

»Ist schon gut, wirklich«, sagte Linda beschwichtigend. »Quinoa schmeckt nicht jedem.«

Debbie ignorierte sie und hielt den Blick auf Sophie gerichtet, die, nachdem sie eine ganze Weile in der Küche herumhantiert und die Schranktüren zugeknallt hatte, mit ihrer Ersatzmahlzeit die Treppe zu ihrem Zimmer hinaufstapfte.

Debbie und Sophie streiten zu sehen, das beunruhigte mich, denn es erinnerte mich an die Zeit, als Debbie mich mit nach Hause gebracht hatte. Damals war Streit an der Tagesordnung gewesen und gipfelte meistens darin, dass Sophie wütend davonstürmte und Debbie traurig und den Tränen nahe zurückblieb. Ihre Beziehung war nach Debbies Scheidung und ihrem Umzug nach Stourton sowieso schon angespannt, und ich befürchtete, dass Debbies Zuneigung zu mir Sophie noch einen Grund gab, sich ungerecht behandelt zu fühlen. Mit der Zeit hatte sich Sophies Abneigung gegen mich jedoch in zögerliche Toleranz und schließlich sogar in eine gewisse Sympathie verwandelt. Sie hatte schon lange nicht mehr ihre Schultasche nach mir geworfen oder mich als »widerliches Drecksvieh« bezeichnet.

Ich hockte in meinem Karton und hörte zu, wie die Dielen unter Sophies polternden Schritten knarrten.

Ich hatte ein flaues Gefühl im Magen und die ungute Vorahnung, dass sich das Leben in Debbies Wohnung noch weiter verschlechtern würde. Debbie hatte ihren Ärger an Sophie ausgelassen, nicht an Linda, aber ich vermutete, dass sie frustriert war. Während sie stoisch ihren Superfood-Salat aufaß, fragte ich mich, ob sie Quinoa vielleicht auch nicht mochte.

6

Seit Debbie vor ein paar Monaten die Entscheidung getroffen hatte, das Katzencafé an den Wochenenden zu schließen, waren Samstagvormittage für gewöhnlich eine ruhige, entspannte Angelegenheit. Debbie besorgte Gebäck, und dann machten Sophie und sie es sich in ihren Schlafanzügen auf dem Sofa gemütlich und leckten sich Zucker und Krümel von den Fingern, während die Kätzchen und ich in der Nähe vor uns hin dösten oder uns putzten. Der Samstagmorgen, der auf den Superfood-Streit folgte, begann jedoch nicht auf die übliche behagliche Art. Die Nachwirkungen des Konflikts schienen wie eine dunkle Wolke über der Wohnung und ihren Bewohnern zu hängen.

Als ich am Fuß von Debbies Bett aufwachte, stellte ich fest, dass sie bereits aufgestanden war. Ich tapste nach unten und fand sie in der Küche, wo sie das Geschirr in die Spülmaschine räumte und dabei immer wieder grimmig zur geschlossenen Wohnzimmertür sah. Als Linda eine Weile später mit zerzausten Haaren und verschlafenen Augen herauskam, traf sie auf eine sichtlich gereizte Debbie, die missmutig die Wäsche über der Heizung im Flur aufhängte.

»Morgen, Debs. Kann ich dir irgendwie helfen?«, erkundigte sich Linda.

»Die Spülmaschine muss ausgeräumt werden«, antwortete Debbie schroff. Linda rollte die Ärmel ihres Morgenmantels hoch und marschierte voller Tatendrang in die Küche.

Eine Weile später, als Debbie gerade den Staubsauger aus dem Schrank im Flur holte, läutete die Glocke über der Eingangstür des Cafés.

»Deb, ich bin's«, erklang eine Männerstimme. Es war John, Debbies Freund.

»Hi, John, komm hoch«, rief Debbie, über das Treppengeländer gebeugt.

Froh und erleichtert, dass er da war, tapste ich durch den Flur, um ihn zu begrüßen. Johns sanfte, freundliche Art war genau das, was wir an diesem angespannten Samstagmorgen brauchten.

Er summte leise vor sich hin, während er die schmale Treppe hinauflief, und als er oben ankam, erschien ein fröhliches Lächeln auf seinem Gesicht. »Croissants«, sagte er und reichte Debbie eine große Papiertüte, dann küsste er sie sanft. John war groß, aber stämmig gebaut, mit sandblondem Haar und einem netten, sommersprossigen Gesicht. Ich hatte ihn schon immer gemocht, nicht zuletzt, weil ich eine entscheidende Rolle dabei gespielt hatte, die beiden zusammenzubringen.

»Komm, ich stell dich meiner Schwester vor«, sagte Debbie und führte John ins Wohnzimmer, wo Linda auf der Couch saß und Zeitung las. »John, Linda. Linda, John.«

»Schön, dich kennenzulernen, Linda«, sagte John und streckte ihr die Hand entgegen, woraufhin Beau, der auf dem Teppich gedöst hatte, plötzlich aufschreckte. Als er einen fremden Mann auf sein Frauchen zukommen sah, ging sein Wachhundinstinkt mit ihm durch. Panisch sprang er auf.

»Beau, lass das!«, rief Linda, als er wild zu kläffen anfing. »Ich mein's ernst, Beau!«, beschwor sie ihn ohne die geringste Wirkung, und ihre Wangen liefen hochrot an, als Beau um John herumsprang und nach seinen Knöcheln schnappte.

Johns Augen legten sich in Lachfältchen, während er seinen flauschigen Angreifer leicht verwundert musterte. Er ging in die Hocke und streckte eine Hand aus, damit Beau daran schnüffeln konnte. »Ganz ruhig, Kleiner. Wir sind alle Freunde«, sagte er ruhig.

»Es tut mir leid, John, normalerweise ist er nicht so aggressiv«, entschuldigte sich Linda, während Beaus feuchte Nase zuckend über Johns Finger glitt.

»Er ist nur territorial«, erklärte Debbie trocken. »Er ist ein Lapsang Souchong.«

Linda warf ihrer Schwester einen ärgerlichen Blick zu. »Lhasa Apso, Debs. Er ist ein Hund, keine Tasse Tee.«

Beruhigt, dass John keine unmittelbare Gefahr darstellte, zog sich Beau in seine Ecke des Zimmers zurück. Er legte sich hin und ließ das Kinn auf den Vorderpfoten ruhen, behielt John aber aufmerksam im Auge, falls seine Dienste als Lindas Bodyguard doch noch gebraucht würden.

Der Duft frisch gebackener Buttercroissants lockte Sophie aus ihrem Zimmer heraus – zum ersten Mal, seit sie gestern Abend wütend abgerauscht war. Sie blieb im Türrahmen stehen und sah hungrig zu, wie Debbie die Croissants auf einen Teller auf dem Tisch türmte.

»Guten Morgen, Soph, wie geht's?«, begrüßte John sie herzlich.

»Gut, danke«, murmelte sie.

Während Debbie Kaffee kochte, saßen John und Linda am Küchentisch und unterhielten sich. Nachdem John in Erfahrung gebracht hatte, dass Linda Stourton bezaubernd und *Mollys Katzencafé* absolut fantastisch fand, brachte Linda das Gespräch rasch auf John selbst.

»Also, Debbie meinte, dass du schon dein ganzes Leben in Stourton wohnst?«, fragte sie und steckte sich ein Stück Croissant in den Mund.

John nickte. »Ja, ich bin hier aufgewachsen.«

»Und du bist Klempner?«

»Ja. Hat Debbie dir erzählt, wie ihr Boiler fast die gesamte Wohnung abgefackelt hätte?«

Debbie, die ihnen gerade ihren Kaffee gebracht hatte, verdrehte die Augen. »Oh, ist ja gut, John – wirst du mir diese Geschichte ewig vorhalten? Und außerdem: Wenn der Boiler nicht gewesen wäre, hätten wir uns vielleicht nie kennengelernt.«

Ganz gleich, ob das nun an den Croissants oder Johns beruhigender Art lag, die Unbehaglichkeit, die seit gestern Abend in unserer Wohnung herrschte, ließ allmählich nach. Debbie wirkte deutlich entspannter als in den letzten Tagen, und Sophie hatte es offenbar nicht eilig, wieder zu gehen. Als von den Croissants nur noch Krümel auf dem Tisch übrig waren, trank Debbie ihren Kaffee aus und sah auf die Uhr. »Sorry, dass ich dem Spaß ein Ende mache«, sagte sie mit einem düsteren Blick zu John, »aber wir müssen die Katzen zum Tierarzt bringen.«

Ich hatte schon vor Langem akzeptiert, dass Tierarztbesuche unvermeidlich zum Leben als Hauskatze dazugehörten, und obwohl mir die Erfahrung nicht gerade gefiel, zweifelte ich nie daran, dass die langfristigen Vorteile das kurzfristige Unbehagen überwogen. Jasper war jedoch auf der Straße geboren und hatte die Kälte des schwarzen Untersuchungstischs und das Piksen der Impfspritze bis vor Kurzem noch nie erlebt. Seinen ersten Ausflug zum Tierarzt hatte er vor ein paar Monaten gemacht, als er anfing, mehr Zeit im Café zu verbringen. Debbie hatte entschieden, dass er dieselbe Fürsorge verdiente wie wir, und so wurde er eines Morgens beim Aufwachen zu seinem Entsetzen in einen Transportkorb verfrachtet.

Die Tatsache, dass Jasper bei seinem ersten Termin sterilisiert worden war, machte ihm die Tierärztin nicht gerade sympathischer. Als er nach dieser Tortur ins Café zurückgekommen war, noch benommen vom Betäubungsmittel, hatte er sofort Zuflucht in der Gasse gesucht und noch tagelang geschmollt. Schließlich hatte er jedoch eingesehen, dass das Leben weitergehen würde. Mit der Zeit hatte er Debbie verziehen, aber sein Misstrauen gegenüber der Tierärztin und seine starke Abneigung gegen den Transportkorb waren nicht verschwunden.

So kam es, dass Debbie John anlässlich unseres jährlichen Untersuchungstermins eingespannt hatte, ihr zu helfen, uns alle einzufangen, und jetzt saßen wir in den Transportkörben, die nebeneinander auf dem Rücksitz von Debbies Auto standen. Ich teilte mir einen Transportkorb mit Eddie und Maisie, zu unserer Rechten rangelten Purdy, Abby und Bella um Platz, und zu unserer Linken reiste Jasper allein in einem dritten Transportkorb, in übellauniger Isolation. Ich konnte sein schemenhaftes Profil durch die Lüftungslöcher sehen, und obwohl er ruhig dalag, spürte ich seine Wut durch die Plastikwände.

Purdys fieberhaftes Scharren an der Gittertür, Abbys und Bellas klagendes Fiepsen, wenn sie ihnen auf den Schwanz trat, und Maisies leises, verängstigtes Maunzen hinter mir machten es mir nicht leicht, aber ich spitzte die Ohren und versuchte, mich auf Debbies und Johns Gespräch zu konzentrieren. Sie redeten über Linda.

»Sie geht mir langsam ein bisschen auf die Nerven«, gestand Debbie schuldbewusst.

»Hat sie ihren Mann schon mal verlassen?«, fragte John, der auf dem Beifahrersitz saß.

Debbie schüttelte den Kopf. »Nein, noch nie. Ich dachte, sie hätte das Leben, das sie sich immer gewünscht hat: Maniküren, einen Fitnesstrainer, Skiausflüge mit ihren Freunden.«

John zog die Augenbrauen hoch. »Schön«, sagte er diplomatisch, um einen neutralen Ton bemüht.

»Ray ist Finanzchef irgendeiner Marketinggesellschaft in London. Linda hat früher für ihn gearbeitet«, erklärte Debbie. »Er verdient ein Vermögen, auch wenn ich ihn schon immer stinklangweilig fand.«

»Vielleicht kann man sich Glück doch nicht kaufen«, erwiderte John weise, den Hauch eines Lächelns auf den Lippen.

Debbie nickte zustimmend. »Anscheinend nicht.« Sie bog in den Kreisverkehr ein, und auf dem Rücksitz erklang ein wildes Scharren, als wir in unseren Transportkörben zur Seite rutschten.

»Haben sie Kinder?«, fragte John, als wir auf der Hauptstraße waren.

Debbie schüttelte den Kopf. »Nur Beau«, witzelte sie und warf mit amüsiert glitzernden Augen einen Blick in den Rückspiegel. »Es hat einfach nie gepasst. Oder zumindest ist das der offizielle Grund. Wer weiß, was wirklich dahintersteckt.« Nach einer Woche in Lindas Gesellschaft wirkte Debbie erleichtert, offen über ihre Schwester reden zu können.

»Sie hat großes Glück, dich zu haben«, sagte John und wandte sich kurz Debbie zu.

Sie zuckte die Schultern. »Linda hat eine Menge Freundinnen, aber die meisten von ihnen sind mit

Rays Kollegen verheiratet. Nach allem, was ich gehört habe, tratschen sie gern. Linda würde nicht wollen, dass sich ganz Nord-London das Maul über ihre Eheprobleme zerreißt.« Debbie fuhr weiter und hielt den Blick auf die Straße gerichtet. »Manchmal hab ich das Gefühl, als wäre ich eher eine Mutter für sie als eine Schwester«, fuhr sie nachdenklich fort. »Und seit Mum und Dad nach Spanien gezogen sind – nun, wen hat sie sonst noch …?« Sie verstummte, und John drängte sie nicht, weiterzusprechen.

Den Rest der Fahrt herrschte Schweigen, das nur von gelegentlichem Jaulen und Maunzen auf dem Rücksitz unterbrochen wurde.

Als John die Tür des Behandlungszimmers öffnete, schlug mir sofort der beißende Geruch von Desinfektionsmittel entgegen.

»Guten Morgen«, trällerte die Frau an der Rezeption fröhlich, als wir auf dem grauen Linoleumboden abgestellt wurden.

»Debbie Walsh. Ich habe einen Untersuchungstermin für sieben Katzen.«

»Ah ja, *Mollys Katzencafé*.« Die Sprechstundenhilfe lächelte und schaute im Computer nach. »War bestimmt nicht leicht, die alle herzuschaffen«, meinte sie grinsend, mit Blick auf die drei Transportboxen.

»Ja, und ich hab die Narben zum Beweis.« Debbie streckte die Hand aus und zeigte ihr den fiesen roten Kratzer, den Jasper ihr in seinem verzweifelten Bemühen, der Gefangennahme zu entgehen, verpasst hatte.

Die Sprechstundenhilfe sah sie voller Mitgefühl an. »Nehmen Sie noch einen Moment im Wartezimmer Platz, es wird nicht lange dauern.«

Die junge, enthusiastische Tierärztin schien immun gegen Jaspers warnendes Grollen zu sein, das lauter geworden war, sobald wir den Untersuchungsraum betreten hatten. »Wer ist ein hübscher Junge?«, flötete sie durch die Gittertür, ohne sich von dem durchdringenden Knurren beirren zu lassen, das aus dem Transportkorb hervordrang. »Na komm, mein Großer, raus mit dir«, ermunterte sie ihn.

»Sorry, er ist immer ein bisschen mürrisch, wenn er hierherkommt«, entschuldigte sich Debbie.

Als Jasper sich nicht herauslocken ließ, musste die Tierärztin den Transportkorb kippen. Ein Scharren von Krallen auf glattem Plastik war zu hören, als Jasper rückwärts über das lose Zeitungspapier rutschte, mit dem die Box ausgelegt war.

Auf dem Untersuchungstisch ging Jaspers Feindseligkeit in stoische Entschlossenheit über. Er ließ die Behandlung tapfer über sich ergehen, hockte reglos da, während die Tierärztin ihm in die Ohren schaute und sein Maul aufzwang, um sich seine Zähne anzusehen, und zuckte nicht einmal zusammen, als sie ihm eine Spritze zwischen die Schulterblätter jagte. »Guter Junge, Jasper! Alles überstanden«, gratulierte sie ihm überschwänglich und kraulte ihm die Ohren. Er schlich zurück in den Transportkorb und starrte sie durch die Gittertür vorwurfsvoll an.

Eines nach dem anderen mussten die Kätzchen

dieselbe Prozedur über sich ergehen lassen. Maisie, deren Schüchternheit beim Tierarzt besonders deutlich war, zitterte am ganzen Körper, Abby und Bella klammerten sich so fest aneinander, dass die Tierärztin sie gleichzeitig untersuchen musste, und Eddie war wie üblich die Ruhe in Person, blickte vertrauensvoll zu der Tierärztin auf und schnurrte, als sie ihm zur Belohnung ein Leckerli gab. Für Purdy war das Ganze wie immer ein Abenteuer. Sie sprang vom Untersuchungstisch auf den Arbeitstisch der Tierärztin und marschierte dreist über die Tastatur, um an der elektrischen Waage zu schnüffeln.

Zurück im Café, öffnete Debbie die Transportkörbe und stieß ein tiefes, erleichtertes Seufzen aus. »Gott sei Dank bleibt uns das jetzt ein Jahr lang erspart«, sagte sie zu John und sah zu, wie Purdy Jasper durch die Katzenklappe folgte.

»Ich finde, wir haben uns ein Mittagessen im Pub verdient, meinst du nicht?« John strich ihr zärtlich den Pony aus den Augen.

»Gute Idee! Ich geh nur schnell hoch und sag Linda Bescheid.«

Ich folgte Debbie die Treppe hinauf und bemerkte gleich als Erstes, dass die Wäsche nach wie vor über der Heizung hing und der Staubsauger mitten in Lindas Schuhchaos stand. Im Wohnzimmer hatte niemand die leeren Tassen und vollgekrümelten Teller abgeräumt. Als ich Linda auf dem Sofa dösen sah, während Beau neben ihr leise schnarchte und die Zeitung unordentlich zusammengelegt auf dem Boden lag, sträubte sich mein Nackenfell vor Wut. Debbies scharfem Luftholen nach hätte sich ihr Nackenfell auch gesträubt, wenn sie eine Katze gewesen wäre.

7

Debbie baute sich, die Hände in die Hüften gestemmt, vor dem Sofa auf, während John unsicher im Türrahmen verharrte. Als klar wurde, dass ihre Anwesenheit nicht ausreichte, um Linda zu wecken, trat Debbie vor und sammelte die Zeitung geräuschvoll vom Boden auf.

»Oh, sorry, ich muss eingenickt sein«, murmelte Linda, setzte sich auf und schob Beau mit ihren nackten Füßen vom Sofa herunter. Beau kläffte schlaftrunken, als er John sah, legte sich dann aber auf den Teppich und döste weiter.

Die Erleichterung, die Debbie empfand, als sie ein wenig Zeit mit John verbrachte, war nur von kurzer Dauer gewesen, und ihre Wut kehrte schlagartig zurück. Mit ärgerlich zusammengekniffenen Lippen machte sie sich daran, das Wohnzimmer aufzuräumen.

»Komm, ich helfe dir«, sagte Linda, sprang vom Sofa auf und eilte zum Esstisch, wo Debbie sichtlich aufgebracht das schmutzige Geschirr abräumte.

»Nein, schon gut, danke«, erwiderte Debbie unwirsch und marschierte in die Küche.

Ich beobachtete aus einiger Entfernung, wie Linda und John einen unbehaglichen Blick wechselten.

»Ich glaube, ich gehe besser mit Beau spazieren«, murmelte Linda und zog ihre Schuhe an. »Hat mich gefreut, dich kennenzulernen«, sagte sie zu John und gab ihm einen freundlichen kleinen Kuss auf die Wange, dann hob sie den schlafenden Beau hoch und trug ihn die Treppe hinunter.

John trat durch den Flur und lehnte sich an den Türrahmen. »Warum machst du nicht erst mal eine Pause? Das Aufräumen kann doch bis nach dem Essen warten«, schlug er hoffnungsvoll vor.

Debbies Gesicht blieb verschlossen, während sie das Geschirr spülte. »Also eigentlich dachte ich gerade, vielleicht sollten wir das Essen besser verschieben. Ich hab zu viel zu tun.«

John ließ enttäuscht die Schultern hängen. »Okay, na ja – wenn du dir da sicher bist …«

»Ja, ich glaub, ich krieg sowieso Kopfschmerzen. Ich würde lieber die Wohnung auf Vordermann bringen.«

John zuckte resigniert die Schultern und beugte sich vor, um Debbie einen Kuss zu geben, den sie erwiderte, ohne vom Abwasch aufzusehen. Ich hatte Mitleid mit ihm, als er seine Jacke nahm und allein die Treppe hinunterlief.

Als sich die Tür des Cafés hinter ihm schloss, stieß Debbie ein Seufzen aus und blickte sich niedergeschlagen in der Küche um. Ich strich um ihre Beine, um sie aufzumuntern, aber sie war so zerstreut, dass sie mich gar nicht bemerkte. Sie band sich die Schürze um und machte sich daran, die Wohnung zu putzen: Staubwischen, Staubsaugen, Fegen, alles mit schonungsloser Effizienz. Als sie fertig war und die vom Staub befreiten Oberflächen blitzblank glänzten, sank sie erschöpft aufs Sofa.

Diese Chance auf ungeteilte Zuwendung konnte ich mir nicht entgehen lassen, sprang auf ihren Schoß und schnurrte verzückt, als sie mich streichelte.

Schon viel zu bald hörten wir Linda die Treppe heraufkommen, und ich fühlte, wie sich Debbie anspannte. Lindas einfältig lächelndes, orange verfärbtes Gesicht tauchte in der Wohnzimmertür auf.

»Debs, ich hab dir was mitgebracht«, verkündete sie freudestrahlend.

»Ach ja?«, erwiderte Debbie in einem Ton, dem deutlich anzuhören war, dass sie nicht erwartete, Lindas Geschenk zu mögen.

»Einen NutriBullet!«, rief Linda triumphierend, zog einen großen Pappkarton aus ihrer Tasche und drückte ihn Debbie in die Hand.

»Ein Nutri-was?«, fragte Debbie verständnislos.

»Ein Obst- und Gemüsemixer. Die sind super! Da kannst du alles reinwerfen; Schalen, Kerne, Stängel – einfach alles. Der war im Sonderangebot«, fügte Linda hinzu, als würde das ihren Kauf unwiderlegbar erklären. »Komm, ich zeig's dir«, sagte sie und packte ihre Schwester an der Hand.

Als Debbie aus dem Zimmer geschleift wurde, blieb mir nichts anderes übrig, als von ihrem Schoß herabzuspringen. Sie blieb in der Küchentür stehen und sah zu, wie Linda das Edelstahlungetüm auspackte und auf die Arbeitsplatte stellte, obwohl es fast die Hälfte des ohnehin schon knappen Platzes einnahm.

Debbie beäugte das Gerät argwöhnisch. »Aber Linda, ich bin mir nicht sicher, ob wir wirklich …«

»Vertrau mir, Debs. Du wirst dich fragen, wie du je ohne leben konntest«, fiel Linda ihr ins Wort.

Debbie starrte den NutriBullet niedergeschlagen an. »Linda, bitte hör auf, uns Geschenke zu kaufen. Das ist echt nicht nötig«, sagte sie in angespanntem Ton.

»Ich weiß, Debs, aber das ist doch das Mindeste, was ich tun kann, zum Dank dafür, dass du mich bei dir wohnen lässt«, erwiderte Linda heiter.

»Aber, Linda«, versuchte es Debbie erneut, »das ist nicht nötig, und es kostet dich sicher ein Vermögen …«

»Mach dir deswegen keine Sorgen«, unterbrach Linda ihre Schwester. »Das geht auf Rays Kreditkarte.« Ihre Augen blitzten triumphierend.

Debbie holte tief Luft. »Nun, selbst wenn Ray alles bezahlt, ist es trotzdem unnötig. Genaugenommen ist es mir sogar unangenehm.« Einen langen Moment herrschte Schweigen.

»Unangenehm? Wirklich? Tut mir leid, Debs, ich wollte nicht …« Ein Anflug von Verlegenheit huschte über Lindas Gesicht. Sie ließ den Kopf hängen und starrte betreten zu Boden. »Ich wollte mich nur bedanken, aber ich kann ihn zurückbringen, wenn dir das lieber ist«, murmelte sie ein bisschen selbstmitleidig.

Eine unangenehme Stille legte sich über die Küche.

Plötzlich fingen Lindas Schultern an zu beben, und sie hob eine Hand, um ihr Gesicht zu verbergen. »Ich hab alles vermasselt«, schluchzte sie. »Tut mir leid, Debs, ich weiß, dass ich dir im Weg bin. Ich packe meine Sachen und ...«

»Linda, das ist nicht nötig.« Debbie stöhnte und streckte einen Arm aus, um sie am Gehen zu hindern. »Ich meine nicht, dass du verschwinden sollst, nur dass ... na ja, vielleicht sollten wir eine Beschäftigung für dich finden.«

Linda tupfte ihre stark geschminkten Augen mit einem Taschentuch ab, und Debbie stand einen Moment wortlos da, kaute auf ihrer Unterlippe und musterte ihre Schwester eindringlich.

»Hör zu«, sagte sie schließlich, »wenn du dich wirklich bedanken willst, warum hilfst du nicht im Café aus? Ich könnte ein bisschen tatkräftige Unterstützung brauchen, und so hättest du tagsüber etwas anderes zu tun, als shoppen zu gehen.«

Linda blickte mit tränennassen Augen auf. »Bist du sicher? Ich hab noch nie in einem Café gearbeitet«, sagte sie unsicher.

»Das lernst du schon, Linda«, antwortete Debbie warmherzig.

Ein kindliches Lächeln breitete sich auf Lindas Gesicht aus. »Ich würde liebend gern helfen, Debs. Ich hab immer gern Kellnerin gespielt, als wir klein waren, weißt du noch?«, sagte sie und schloss Debbie fest in die Arme. Debbie erwiderte die Umarmung, aber eine kleine Falte war zwischen ihren Augenbrauen erschienen, und ich fragte mich, ob sie ihren spontanen Vorschlag bereits bereute.

Lindas erster Arbeitstag fing nicht gerade vielversprechend an. Ich beobachtete von meinem Kissen auf der Fensterbank aus, wie Debbie am Montagmorgen um die übliche Zeit ins Café herunterkam und sich an ihre üblichen Aufgaben machte: Sie schaltete das Licht ein, stellte das Schild vor die Tür und füllte die Kasse mit Bargeld auf. Sie aktualisierte gerade die Spezialitäten-Tafel, als Linda unten an der Treppe erschien und sich eifrig die Hände rieb.

»Okay, Boss. Wo brauchst du mich?«

Debbie warf einen skeptischen Blick auf Lindas hochhackige Schuhe. »Bist du sicher, dass du die heute anziehen willst? Du wirst die meiste Zeit auf den Beinen sein«, warnte sie, aber Linda blieb hartnäckig.

»Keine Sorge, Debs, die sind echt bequem.«

Am späteren Vormittag, als sich das Café zu füllen begann, ließ Lindas Begeisterung deutlich nach. Sie hatte Schwierigkeiten, die Kasse zu bedienen, und brachte zwei Bestellungen durcheinander. Als sie endlich Mittagspause machen konnte, humpelte sie nach oben, und ich befürchtete schon, dass sie vielleicht nicht wieder herunterkommen würde. Eine Stunde später erschien sie jedoch ausgeruht und erstaunlich gut erholt zur Nachmittagsschicht, und sie hatte sogar ihre hochhackigen Schuhe gegen ein Paar flache Wollstiefel ausgetauscht.

Am Dienstag trug Linda zur Arbeit eine locker sitzende Hose, einen Pulli, den sie sich von Debbie geliehen hatte, und bequeme Schuhe. Mit ihren zu einem Pferdeschwanz zusammengebundenen, blonden Haaren und einer *Mollys*-Schürze über ihren Klamotten, sah sie Debbie ziemlich ähnlich, und ich musste ab und an zweimal hinschauen, um die Schwestern auseinanderzuhalten. Wenn sie die Kasse bediente, wurde sie immer noch nervös, aber sie war freundlich zu den Gästen und pries die Spezialitäten auf eine Art an, die aufrichtig wirkte, nicht penetrant. »Haben Sie schon die Cake Pops probiert? Die sind köstlich!«, schwärmte sie und marschierte dann stolz mit ihrem Bestellblock in die Küche.

Im Lauf der Woche wurde ihr Selbstvertrauen immer größer, und Debbie wirkte sowohl überrascht als auch sehr zufrieden, dass ihre Schwester so gut mit ihrem neuen Job zurechtkam. Die gemeinsame Arbeit gab ihnen etwas, was sie verband; zum ersten Mal, seit Linda aufgetaucht war, hatten sie etwas anderes, worüber sie reden konnten, als Lindas Eheprobleme und wer mit dem Abwasch dran war. Als Linda am Freitagnachmittag früher ging, weil sie, wie sie sagte, einen Termin hatte, den sie nicht verpassen durfte, stellte ich zu meiner Überraschung fest, dass sich das Café ohne sie seltsam leer anfühlte.

»Debbie, bitte sei mir nicht böse.«

Ich hatte am Fenster ein Nickerchen gemacht, aber beim Klang von Lindas Stimme wurde ich schlagartig wach. Draußen war es dunkel, das Café hatte geschlossen, und Debbie machte gerade die Abrechnung.

»Was? Warum sollte ich dir böse sein? Was hast du da, Linda?«, fragte Debbie leicht beunruhigt.

Ich drehte den Kopf zur Seite und sah Linda mit einem großen Pappkarton in den Händen an der Tür stehen. Strahlend vor Aufregung durchquerte sie das Café und stellte den Karton vorsichtig auf den Tresen.

»Ich weiß, du hast gesagt, ich soll euch keine Geschenke mehr mitbringen, aber ich dachte, das wäre eine Ausnahme«, erklärte sie. »Es ist fürs Geschäft. Ich denke, es ist genau das, was das Café braucht.«

Ich setzte mich auf meinem Kissen auf. Was sollte das Café brauchen, was es nicht schon hatte? Gespannt schaute ich zu, wie Debbie den Karton, einen bangen Ausdruck im Gesicht, näher zu sich zog und ihn öffnete. Als ich sah, was sich darin befand, krampfte sich mein Magen zusammen: aus dem Innern des Kartons tauchten dunkelbraune, spitze Ohren auf, gefolgt von dem schmalen Gesicht einer Siamkatze.

»Das ist Ming!«, rief Linda.

Debbie blieb vor Verblüffung der Mund offen stehen. Sprachlos starrte sie die Katze an, die sich beunruhigt umblickte.

»Linda! Was hast du …? Du bist nicht … Du kannst doch nicht …«, stammelte Debbie.

»Hör zu, Debs, ich weiß, was du sagen wirst, aber lass mich erst mal ausreden«, beharrte Linda. »Ich arbeite jetzt eine Woche hier, und ich glaube, dir fehlt eine richtige Attraktion. Molly und ihre Kätzchen sind natürlich sehr süß, aber sie sind eben ... sie sind eben nur *Normalo-Katzen*. Ich denke, das Café würde noch viel mehr Kundschaft anlocken, wenn wir ihm einen Hauch von Exotik verleihen. Du weißt schon, damit die Leute sich bei uns etwas ganz Besonderes anschauen können.«

»Linda, das ist lächerlich«, entgegnete Debbie mit einem freudlosen Lachen. »Wir reden hier über Katzen, nicht über ... Klamotten oder hübsche Einrichtungsgegenstände. Unsere Katzen sind eine Familie, um Himmels willen. Du kannst nicht einfach eine neue Katze anschleppen. Diese ... Ming ... wird eine Außenseiterin sein.« Sie warf einen verzweifelten Blick auf die Siamkatze.

Während Debbie redete, wandte sich Ming ihr zu und stieß ein raues, klagendes Jaulen aus, das viel tiefer und lauter war als alles, was die Kätzchen und ich je zustande gebracht hatten. Debbie zog überrascht die Augenbrauen hoch, und ihr Gesicht wurde sanfter, als sie instinktiv die Hand ausstreckte, um Ming zwischen den Ohren zu kraulen. Ich beobachtete das Ganze mit argwöhnisch zusammengekniffenen Augen, und das Fell auf meinem Rücken sträubte sich vor Neid.

Als Linda wieder das Wort ergriff, klang ihre Stimme schmeichlerisch. »Mings Besitzer haben eine Annonce in der Zeitung aufgegeben. Sie erwarten ein Kind, deshalb wollen sie sie loswerden. Wie jemand ein so schönes Geschöpf weggeben kann, will mir einfach nicht in den Kopf ...« Linda verstummte und ließ die Vorstellung einer solchen schändlichen Grausamkeit in der Luft hängen. »Sie ist erst zwei Jahre alt und wurde schon geimpft und sterilisiert«, fügte sie in sachlichem Ton hinzu, als würde das den Deal perfekt machen.

Debbie zog ihre Hand aus dem Karton und rieb sich die Stirn. »Aber Linda, so einfach ist das nicht«, erwiderte sie. »Das ist ein Katzencafé. Was, wenn Mings Temperament nicht zu der entspannten Atmosphäre passt? Vielleicht findet sie es schrecklich, mit anderen Katzen zusammenzuleben. Oder meine Katzen mögen sie nicht.«

»Nun, okay, das könnte sein.« Linda zuckte die Schultern. »Aber das werden wir erst wissen, wenn wir es versuchen, oder?« Sie taxierte ihre Schwester mit herausforderndem Blick, denn sie spürte, dass Debbies Entschlossenheit ins Wanken geriet. »Warum warten wir nicht erst mal ab und sehen, wie Ming sich einfügt? Wenn sie unzufrieden wirkt, kannst du ein neues Zuhause für sie suchen. Aber gib ihr wenigstens eine Chance. Was kann schon passieren?«

Ich starrte Lindas Hinterkopf grimmig an und stellte mir all die schrecklichen Dinge vor, die sowohl Ming als auch Linda passieren könnten.

Debbie ließ sich mit einem frustrierten Stöhnen gegen den Tresen sinken. *Sag einfach Nein!*, beschwor ich sie innerlich – am liebsten wäre ich auf den Tresen gesprungen und hätte die Kartonklappen über Mings hübschem, verwirrtem Gesicht zugeschlagen.

»Also gut, in Ordnung«, sagte Debbie schließlich

und sah ihre Schwester über Mings Ohren hinweg an. »Wir geben ihr ein paar Tage und sehen, wie es läuft.«

Linda hüpfte auf und ab, ganz aus dem Häuschen vor Aufregung.

»Aber nur zur Probe«, fügte Debbie streng hinzu. »Das ist keine abgemachte Sache. Das Wohl der Katzen geht vor.« Sie beugte sich über den Karton, und ich hörte Mings volltönendes, tiefes Schnurren, als Debbie sie streichelte.

Ich hatte genug gesehen. Ich sprang vom Fenstersims und schlich, unbemerkt von den Schwestern, am Tresen vorbei hinauf in die Wohnung. Beau lag im Flur und hob schläfrig den Kopf, als ich an ihm vorbeikam. Die Geste hatte nichts Aggressives an sich, aber ich knurrte ihn trotzdem an. Er zog instinktiv den Kopf ein – vermutlich befürchtete er, ich würde meinen Ärger an seiner mit einem verschorften Kratzer versehenen Nase auslassen. Ich lief an ihm vorbei ins Wohnzimmer, sprang auf den Sessel und putzte mich. Doch während ich fieberhaft meine Flanke leckte, gingen mir Lindas Worte in Dauerschleife durch den Kopf. »Sie sind nur … *Normalo-Katzen*«, wiederholte sie immer wieder, und jedes Mal schwang noch mehr Verachtung in ihrer Stimme mit.

8

Am nächsten Morgen schlich ich schon früh hinunter ins Café. Der Pappkarton stand jetzt zwischen dem Tresen und dem Kamin. Er schien leer zu sein, und als ich mich ihm lautlos näherte, gab ich mich der Vorstellung hin, dass Ming in der Nacht durch die Katzenklappe geflohen war und jetzt in diesem Moment allein und verängstigt durch die Straßen von Stourton streifte. Doch als ich mich zwischen den Tischbeinen und Stühlen hindurchschlängelte, sah ich Eddie vor dem Kamin sitzen und wie gebannt zu einem der Sessel hochblicken.

»Hast du … sie schon gesehen?«, fragte er.

Ich trat näher und folgte seinem Blick. Dort, zu einem perfekten Sichelmond zusammengerollt, lag Ming und schlief tief und fest. Alles an ihrem creme- und haselnussfarbenen Körper strahlte Eleganz aus, von ihren hohen Wangenknochen bis zu ihren zierlichen Füßen, die aussahen, als wären sie vom Sprunggelenk bis zu den Zehen in flüssige Schokolade getaucht worden.

»Wer ist sie?«, flüsterte Eddie.

»Ihr Name ist Ming. Linda hat sie gestern Abend mitgebracht«, antwortete ich barsch.

Da zuckte Ming plötzlich zusammen und schlug die Augen auf; Augen von einem so strahlenden Blau, wie ich es noch nie gesehen hatte. Neben mir keuchte Eddie vor Überraschung oder vielleicht vor Bewunderung auf. Ming blinzelte, streckte dann die Beine aus und ließ den Kopf auf das Polster zurücksinken. Als sich ihr Mund zu einem Gähnen öffnete, sah ich ihre zart rosafarbene Zunge hinter strahlend weißen Zähnen. Mittlerweile vollständig wach, blickte sie sich um, und ihre himmelblauen Augen richteten sich auf Eddie und mich, die auf dem Boden vor ihr saßen.

Sie legte fragend den Kopf schräg, sagte jedoch nichts, und ich fühlte Eddie neben mir unbehaglich hin und her rutschen.

»Ich bin Molly, und das ist Eddie«, sagte ich und musste feststellen, dass meine Worte nicht so autoritär klangen, wie ich gehofft hatte. Wenn überhaupt, schienen sie unsere Stellung als Untergebene, die um Mings Aufmerksamkeit buhlten, noch zu bekräftigen.

Mings Augen wurden schmal und huschten von Eddies Gesicht zu meinem, aber sie sagte immer noch nichts. In meinem Innern wütete eine ohnmächtige Wut. *Wie kann sie es wagen? Für wen hält sie sich?* Meine Wangen brannten, während ich angestrengt versuchte, im Angesicht einer solchen Unverschämtheit zumindest den Anschein von Würde zu bewahren.

Wenig später kündete ein leises Tapsen auf der Treppe die Ankunft der anderen Kätzchen an. Maisie erschien als Erste, richtete den Schwanz auf und kam auf uns zu, um uns zu begrüßen. Als sie Ming auf dem Sessel über uns liegen sah, sprang sie erschrocken zurück und ging instinktiv hinter mir in Deckung. Purdy, Abby und Bella ließen nicht lang auf sich warten, und bald schlichen sie alle um den Kamin herum und begutachteten die fremde Katze neugierig. Währenddessen lag Ming in all ihrer strahlenden Schönheit auf dem Sessel und blickte hochnäsig auf uns herab.

Ich musterte Ming mit stetig wachsender Abneigung. *Mir reicht's,* dachte ich. Arrogant, überheblich, unhöflich ... Ming schien alle Eigenschaften zu haben, zu denen ich meine Kleinen auf keinen Fall ermutigen wollte.

»Frühstück!«, wies ich die Kätzchen an, sammelte sie um mich und führte sie die Treppe hinauf in die Wohnung, ohne auf ihre Proteste zu achten, dass sie schon gegessen hatten. Als sie meine schlechte Laune bemerkten, gehorchten sie und fraßen ein paar Bissen, bevor sie sich eilig aus dem Staub machten. Da ich meinen Ärger noch nicht richtig abreagiert hatte, ging ich zu Beau, der auf dem Teppich im Wohnzimmer schlief, und fauchte ihn so wütend an, dass er mit einem erschrockenen Jaulen hochfuhr und sich panisch unter dem Sofa verkroch.

Ich kletterte in den Schuhkarton, der in einer Ecke des Wohnzimmers stand, und fiel in einen unruhigen Schlaf, aus dem ich immer wieder aufschreckte. Es war schon dunkel, als mein grummelnder Magen mich zwang aufzustehen. Ich tapste in die Küche und fraß ein bisschen Trockenfutter. Durchs Schlafen und Essen hatte sich meine Stimmung kein bisschen gebessert, ich brauchte frische Luft.

Unten im Café saß Ming auf der höchsten Plattform des Katzenbaums und putzte sich genüsslich. Ich hielt den Blick gesenkt, als ich an ihr vorbeikam, denn ich wollte ihr auf keinen Fall noch einmal die Genugtuung geben, zu ihr aufzuschauen. Ich lief auf die dunkle, stille Straße hinaus und nahm bewusst den Weg durch die Gasse. Als ich zwischen den Nadelbäumen hindurch auf den Kirchhof schlüpfte, bemerkte ich eine Bewegung im Unterholz, und kurz darauf erschien Jasper auf der Wiese vor mir.

»Guten Abend«, sagte er und trat vor, um mich zu begrüßen.

»Hmpf«, machte ich und wandte den Kopf missmutig ab.

Ich marschierte in Richtung der Grabsteine davon, obwohl ich deutlich bemerkte, wie sehr ihn meine für mich völlig untypische Gefühlskälte irritierte.

»Was ist los?«, fragte er und trottete hinter mir her.

»Ming ist los«, antwortete ich schroff. Seine Verwirrung bereitete mir ein groteskes Vergnügen.

»Was ist Ming?«

»*Ming*« – ich spie ihren Namen regelrecht aus – »ist die neue Katze im Café. Wenn du weniger Zeit in der Gasse und mehr Zeit bei uns verbringen würdest, hättest du das vielleicht selbst herausgefunden.« Mit diesen Worten wandte ich mich ab – einerseits fühlte ich mich ein bisschen besser, nachdem ich meiner Wut Luft gemacht hatte, andererseits hatte ich ein schlechtes Gewissen, dass ich sie an Jasper ausgelassen hatte, der genauso wenig für Mings Auftauchen konnte wie ich.

Ich lief eine einsame, sorgenvolle Runde um den Kirchhof, bevor ich mich auf den Weg nach Hause machte, und erreichte das Café zur gleichen Zeit wie Debbies Freundin Jo. Jo war die Besitzerin des Haushaltswarengeschäfts nebenan und Debbies beste Freundin in Stourton. Sie hatte eine pragmatische, nüchterne Art und widerspenstige schulterlange Locken, die bebten, wenn sie lachte, was oft vorkam.

»Oh, hi, Molly«, begrüßte sie mich fröhlich, als ich zu ihr ging, beugte sich herunter und streichelte mich, wobei sie etwas fester zupackte als nötig. Jo hatte einen Hund und schätzte die Kraft, die man aufwenden musste, um eine Katze zu streicheln, oft falsch ein.

Während sie mich streichelte, schnüffelte ich an der braunen Papiertüte in ihrer Hand, aus der das gemischte Aroma von Knoblauchgarnelen, cremigem Hähnchencurry und würzigem Lammfleisch strömte. Jos und Debbies gemeinsames Essen im Café war, so lange ich mich zurückerinnern konnte, ein wöchentliches Ereignis, und ich wusste, was sie sich bestellten.

Jo richtete sich auf und winkte Debbie durchs Fenster. »Na, dann komm, Molly«, sagte sie und pfiff leise.

Als sie die Tür öffnete, schoss ich an ihr vorbei ins Haus.

Jo stellte das Essen auf dem Tresen ab. »Ah, das muss die neue Katze sein«, sagte sie, strich sich eine braune Locke aus den Augen und ging zum Katzenbaum, wo Ming gemütlich zusammengerollt schlief.

»Sie heißt Ming«, antwortete Debbie und holte noch zwei Weingläser und eine Handvoll Besteck.

»Sie ist echt schön«, flüsterte Jo voller Bewunderung. Debbie trat hinter sie, strahlend vor Stolz.

Während sie Ming ehrfürchtig anstarrten, sprang ich auf den Tresen und fegte die Messer und Gabeln zur Seite, sodass sie mit einem lauten Klirren auf dem Boden landeten. *Ups*, dachte ich, grinste innerlich jedoch. Erschrocken fuhren Debbie und Jo herum, und als ich ihre Blicke auf mir spürte, schob ich mich vorsichtig zwischen den Weingläsern hindurch, um an der Tüte voller Leckereien zu schnuppern.

»Oh, Molly, das ist nicht für dich«, sagte Debbie, hechtete durch den Raum und schnappte mir die Tüte vor der Nase weg. Ich sprang vom Tresen herab, zufrieden, dass ich ihre Aufmerksamkeit zumindest vorerst von Ming abgelenkt hatte.

Debbie richtete das Essen auf einem der Tische an, und ich nahm meinen üblichen Platz auf dem Fenstersims ein, um die beiden zu beobachten.

»Sind Sophie und Linda heute nicht da?«, fragte Jo und lud sich einen Löffel voll Reis auf den Teller.

Debbie schüttelte den Kopf. »Sophie ist mit ihrem Freund auf einer Party, und Linda ist … irgendwo, ich hab nicht gefragt.« Jo kaute schweigend und wartete, dass Debbie das näher ausführte. »Ehrlich gesagt bin ich froh, mal einen Abend meine Ruhe zu haben«, fügte Debbie schuldbewusst hinzu und griff nach ihrem Weinglas.

»Wie lange ist sie schon hier?«, erkundigte sich Jo.

»Zehn Tage«, antwortete Debbie wie aus der Pistole geschossen. »Nicht, dass ich mitzähle.«

Jo grinste ihr über den Rand ihres Weinglases verschwörerisch zu. »Weißt du, wie lange sie noch bleiben wird?«

Debbie zuckte die Schultern. »Das ist anscheinend kompliziert. Sie will auf keinen Fall zurück nach Hause, solange Ray noch dort wohnt, und er weigert sich auszuziehen, weil er die Hypothek abbezahlt. Ich glaube, jetzt sind auch noch Anwälte involviert, also könnte sich das Ganze noch eine Weile hinziehen …« Sie nippte mürrisch ihren Wein.

»Wenn das so weitergeht, ist sie noch an Weihnachten hier«, neckte Jo.

Debbie machte ein gequältes Gesicht und trank schnell noch einen Schluck Wein.

»Okay, ich hab einen drastischen Vorschlag: Warum fragst du sie nicht, wie lange sie bleiben will? Und vielleicht solltest du gleich eine Deadline festlegen, bis wann sie sich was Neues suchen muss.« Jos Ton klang hilfsbereit, aber auch herausfordernd. »Das ist eine berechtigte Frage, meinst du nicht? Sie kann nicht erwarten, dass du sie ewig bei dir wohnen lässt.«

Debbie verzog das Gesicht. »Ich weiß, Jo, aber sie tut mir leid.«

Sie sank auf ihrem Stuhl ein kleines Stück tiefer und

drehte unruhig den Stiel ihres Weinglases zwischen den Fingern.

»Natürlich tut sie dir leid – ihre Ehe ist gerade in die Brüche gegangen. Aber das heißt nicht, dass du eine neue Bleibe für sie finden musst. Nach allem, was du mir erzählt hast, könnte sie sich ein Hotelzimmer leisten.«

»Ja, wahrscheinlich, aber was wäre ich für eine Schwester, wenn ich sie dazu zwingen würde?« Debbie traten Tränen in die Augen. »Ich lasse sie einfach hierbleiben, bis sie wieder zu sich findet, das ist alles. Und außerdem hilft Linda jetzt im Café aus.«

Debbies Wangen glühten, und Jo hob in einer beschwichtigenden Geste die Hände.

»Aber es ist nicht nur Linda, die du hier beherbergst, oder, Debs?«, gab sie behutsam zu bedenken. »Sondern auch Beau und jetzt auch noch Ming. Sie hat aus deiner Wohnung schon fast einen kleinen Zoo gemacht.«

Bei der Erwähnung von Ming spitzte ich meine Ohren.

»Sie weiß, dass ich ihr das übel nehme.« Debbie seufzte und verdrehte die Augen. »Ich meine, dass sie Beau mitbringt, ist ja noch verständlich – er ist ihr Haustier. Aber uns einfach eine neue Katze aufzuhalsen …« Sie schüttelte fassungslos den Kopf. »… und dann noch so zu tun, als mache sie das nur *fürs Geschäft*. Sie hat doch echt keine Ahnung!« Debbie hatte ihr erstes Glas Wein geleert und schien sich für das Thema zu erwärmen.

Ich erwärmte mich auch für das Thema; als sie endlich offen darüber redete, was sie von Ming hielt, fühlte ich mich sofort besser.

»Also wirklich – eine verdammte *Siamkatze*?!« Debbie machte ein ungläubiges Gesicht. »Was hat sie sich dabei nur gedacht?« Sie lachte, und ich jauchzte innerlich vor Freude. »Aber du wärst stolz auf mich, Jo. Ich hab ihr deutlich zu verstehen gegeben, dass Ming nur zur Probe hierbleibt.«

»Ja, klar«, murmelte Jo.

Debbie stellte ihr Weinglas auf den Tisch und bedachte ihre Freundin mit einem grimmigen Blick. »Was soll das jetzt wieder heißen?«

Jo grinste. »Debbie, wir wissen beide, dass du dich, wenn es um Katzen geht, viel zu schnell breitschlagen lässt.« Debbie blinzelte sie verblüfft an. »Du würdest Sophie eher zur Adoption freigeben, als Ming in ein Tierheim abzuschieben«, sagte Jo, den Mund voller Naan-Brot. »Debbie Walsh soll einer obdachlosen Katze den Rücken zukehren? Nein, sicher nicht. Nicht in einer Million Jahren.« Sie schnaubte höhnisch.

Debbie brauchte einen Moment, um die Fassung wiederzuerlangen. »Also erst mal«, sagte sie in entschiedenem Ton, »lasse ich mich *nicht* leicht breitschlagen, wenn es um Katzen geht. Und auch nicht, wenn es um irgendwas anderes geht. Und zweitens« – Debbie wurde immer lauter, um sich über Jos schallendes Gelächter hinweg Gehör zu verschaffen – »geht es hier nicht nur um mich und darum, was ich will.

Ich muss für das Wohl der Katzen sorgen, und sie gehen vor!« Sie war sehr laut geworden, und ihr Gesichtsausdruck war der Inbegriff gekränkter Empörung. Sie ließ sich auf ihrem Stuhl zurücksinken und nahm noch einen Schluck Wein.

Als Jo klar wurde, dass sie Debbies Gefühle verletzt hatte, lenkte sie sofort ein. »Natürlich, Debs«, sagte sie in versöhnlichem Ton, »das weiß ich doch. Ich wollte dich nur necken.«

Mein Blick huschte unsicher zwischen den beiden hin und her, denn ich wusste nicht recht, ob mich ihre Worte beruhigten oder alarmierten. Debbies Reaktion ließ darauf schließen, dass sie Mings Auftauchen wie ich als unerwünschte Belastung ansah, aber Jo hatte recht damit, dass Debbie den starken Hang hatte, obdachlose Katzen aufzunehmen. Immerhin hatte genau diese Tendenz dazu geführt, dass sie mich aufgenommen hatte. Und dann hatte sie dasselbe für meine Kleinen getan. Und für Jasper. Ich atmete langsam aus. Vielleicht lag Jo mit ihrer Einschätzung genau richtig: Die Geschichte zeigte, dass es Debbie, wenn es um obdachlose Katzen ging, enorm schwerfiel, Nein zu sagen. Bisher war mir nie in den Sinn gekommen, dass das eine schlechte Eigenschaft sein könnte, aber ich war ja auch noch nie mit der Aussicht konfrontiert worden, von jetzt an mit einer hochnäsigen Siamkatze zusammenleben zu müssen.

Debbie und Jo aßen eine Weile schweigend weiter, offenbar waren sie beide zu dem Schluss gekommen, dass sie das Thema Ming fallen lassen sollten.

Schließlich ließ Debbie die Gabel sinken und erkundigte sich lächelnd: »Wo wir gerade von Haustieren reden, wie geht's Bernard?« Bernard war Jos Hund, ein alter, an Arthritis leidender Golden Retriever, der den ganzen Tag über im Laden zu ihren Füßen döste.

Ein trauriger Ausdruck trat Jo ins Gesicht, und ihre Augen röteten sich. »Oh, er hält sich tapfer«, antwortete sie und rang sich ein Lächeln ab. »Wir mussten diese Woche wieder zum Tierarzt. Seine Hüfte macht ihm Probleme, und er hat besorgniserregende Geschwüre. Sie werden ein paar Tests durchführen.«

Jos Augen glänzten, und Debbie beugte sich näher zu ihr. »Oh, Jo«, sagte sie und drückte aufmunternd ihren Arm, »er kommt wieder in Ordnung.«

»Ich hoffe es«, murmelte Jo mit zittriger Stimme.

Einige Zeit später, als Jo gegangen war und Debbie im Bett lag, schreckte mich das Klappern der Katzentür aus dem Schlaf. Verschlafen blickte ich auf und sah Jasper auf der Fußmatte sitzen, im Halbdunkel nur als Silhouette erkennbar. Da mir unsere Begegnung auf dem Kirchhof immer noch schmerzhaft in Erinnerung war, beobachtete ich heimlich, wie er durch das Café schlich und lautlos auf den Tisch neben dem Katzenbaum sprang. Eine Weile starrte er Mings reglose, schlafende Gestalt auf der Plattform an. Dann, vielleicht weil er meinen Blick gespürt hatte, drehte er sich um und sah zum Fenster. Ich schloss schnell die Augen und tat so, als würde ich schlafen, und als ich sie wieder öffnete, saß Jasper auf dem Boden vor dem Ofen und putzte sich. Ich beobachtete ihn, bis er fertig war und ich halbwegs sicher sein konnte, dass er schlief.

9

Als ich am nächsten Morgen aufwachte, war Jasper fort, aber Ming thronte noch immer auf dem Katzenbaum. Sie saß mit geschlossenen Augen da, die hübschen Pfötchen nebeneinandergelegt und den Schwanz elegant um ihren Körper drapiert. Erneut von Neid ergriffen, wandte ich den Blick von ihrem adretten Profil ab, sprang vom Fenstersims herab und verließ das Café.

Mein Schwanz schwang unentschlossen hin und her, während ich auf der Eingangsstufe stand und meine Optionen in Gedanken durchging. Ich sollte zu Jasper laufen und mich entschuldigen, weil ich meinen Frust an ihm ausgelassen hatte, aber irgendetwas an der Art, wie er Ming im Schlaf beobachtet hatte, machte mich wütend, und ich brachte es nicht über mich, ihn um Verzeihung zu bitten. Stattdessen empfand ich eine gewisse mürrische Genugtuung, als ich genau die entgegengesetzte Richtung einschlug und im Zickzack durch die menschenleeren Nebenstraßen lief, was mir genug Zeit gab, ungestört über meine zahlreichen Sorgen nachzugrübeln.

Die Ungerechtigkeit, die Mings Auftauchen für mich bedeutete, ließ meine Wut auf Linda und Beau wieder aufflammen. Ich streifte stundenlang durch die Stadt und suhlte mich in meinem Kummer, bevor ich mich bereit fühlte, ins Café zurückzukehren. Als ich schließlich die Treppe zu unserer Wohnung hinauflief, sah ich Debbie mit dem Inhalt des Flurschranks ringen. Das Bügelbrett war herausgefallen, ebenso wie die Schachtel mit Weihnachtsschmuck, und Debbie kämpfte erbittert mit dem Staubsaugerschlauch. Als sie mich entdeckte, erschien jedoch ein Lächeln auf ihrem Gesicht.

»Wollen wir Margery besuchen, Molls?«, fragte sie und zog mit einem kräftigen Ruck meinen Transportkorb aus dem Schrank. Ich schnurrte erfreut, und der ganze Unmut, den ich mit mir herumgeschleppt hatte, war mit einem Mal verflogen.

Bevor ich nach Stourton gekommen war, hatte ich bei einer älteren Frau namens Margery gelebt. Dank ihrer Fürsorge war ich in der unerschütterlichen Gewissheit aufgewachsen, dass ich als ihr einziges Haustier innig geliebt wurde. Der gemütliche Bungalow, in dem wir gewohnt hatten, war meine gesamte Welt gewesen, und es war mir überhaupt nicht in den Sinn gekommen, dass es im Leben noch mehr geben könnte als Jagdausflüge in Margerys kleinen, ordentlich gepflegten Garten und ausgiebige Nickerchen auf ihrem Sofa, während sie sich Antiquitäten-Sendungen im Fernsehen ansah.

Als ich älter wurde, begannen mich bestimmte Auffälligkeiten an Margerys Verhalten zu beunruhigen. Anfangs traten sie nur gelegentlich auf: Sie vergaß einiges oder wusste plötzlich nicht mehr, was sie machen wollte. Doch im Lauf der Zeit wurden diese Anfälle von Verwirrung immer häufiger, bis ihr Sohn David schließlich entschieden hatte, dass sie sich nicht mehr selbst versorgen konnte. Ihr Bungalow – unser Zuhause – wurde verkauft, Margery zog in ein Pflegeheim, und ich blieb traurig und allein zurück.

Mit einer Mischung aus Durchhaltewillen und Glück hatte ich bei Debbie noch eine zweite Chance auf ein erfülltes Leben bekommen. Niemand könnte Margery je ersetzen, aber mit der Zeit hatte ich akzeptiert, dass Margery für mich nur noch in meiner Erinnerung existieren würde. Und so hatte es sich, als Margery eines Tages unerwartet ins Café gekommen war, angefühlt, als wäre ein totgeglaubter Teil von mir wieder zum Leben erwacht.

Nach diesem freudigen Wiedersehen war Margery alle paar Wochen mit ihrer Pflegerin zu Besuch gekommen und hatte immer eine kleine Tüte Leckerlis mitgebracht, die sie für meine Kleinen auf den Boden streute, während ich laut schnurrend auf ihrem Schoß lag. Als Margery nicht mehr zu uns kommen konnte, hatte Debbie die Pflegerin überredet, dass wir sie im Altenheim besuchen durften.

Auf dem Rücksitz von Debbies Auto hörte ich das Dröhnen des Motors und sah zu, wie die Wolken an der Windschutzscheibe vorbeizogen. Doch so sehr ich mich auch darauf freute, Margery wiederzusehen, konnte ich doch nicht verhindern, dass meine Gedanken immer wieder zu Ming zurückkehrten. Hatte ich nur einen zu stark ausgeprägten Territorialanspruch, oder war ich ihr gegenüber zu Recht skeptisch? Debbies Versicherung, dass unser Wohlergehen für sie absoluten Vorrang hatte, gab mir Hoffnung; wenn sie wusste, dass ich unglücklich war, würde sie Ming bestimmt weggeben. Und Debbie kannte mich gut genug, um zu erkennen, wie schrecklich ich es fand, mein Zuhause mit einer hochnäsigen Siamkatze teilen zu müssen – oder?

Als Debbie vor dem Pflegeheim parkte, war die Sonne durch die Wolkendecke gebrochen, doch es war noch immer herbstlich kühl. Im Gegensatz zu der angenehm frischen Luft draußen kam es mir im Pflegeheim zu warm und stickig vor, und überall hing der penetrante Geruch von gekochtem Gemüse. Debbie trug mich durch den großen Aufenthaltsraum, wo der Fernseher lief, aber von den meisten Bewohnern ignoriert wurde, die auf Ohrensesseln mit hoher Lehne saßen, sich mit Besuchern unterhielten oder Kreuzworträtsel lösten.

Wir gingen durch einen langen, mit Teppich ausgelegten Korridor, den rechts und links Türen säumten. Debbie klopfte leise an eine von ihnen, und als sie sie aufschob, wich der Essensgestank im Flur einem zarten Lavendelduft. Mehr als alles andere war es dieser Geruch, der mich in mein Leben mit Margery zurückversetzte, als ihre gesamte Kleidung und auch die

Möbel von ihrem Lavendel-Duftwasser durchdrungen waren. Ich atmete tief ein und spähte durch die Gittertür des Transportkorbs in den L-förmigen Raum, der wie eine abgespeckte Version unseres Bungalows aussah. Überall um mich herum entdeckte ich vertraute Bilder, Deko und Krimskrams; über das Bett war dieselbe blau-gelbe Häkeldecke gebreitet, auf der ich früher geschlafen hatte, und auf der dunklen Holzkommode standen gerahmte Fotos von ihrer Familie, genau wie ich es in Erinnerung hatte.

In einer Nische neben dem Badezimmer standen zwei Sessel vor dem Fenster, das auf das parkähnliche Gelände des Pflegeheims hinausging. Margery saß gebeugt auf einem der Sessel, ihre Silhouette zeichnete sich dunkel gegen das von draußen hereinströmende Licht ab. Als wir näher kamen, sah ich ihr dünnes silbernes Haar, das im strahlenden Sonnenschein fast durchsichtig wirkte.

»Hallo, Margery, ich bin's – Debbie aus dem Katzencafé«, sagte Debbie fröhlich. »Wie geht es dir?«

Margery hob den Kopf ein Stück weit, und ihre pergamentene Haut legte sich in Falten, als sie lächelte. »Na, wen haben wir denn da?«, fragte sie, als ihr Blick auf den Transportkorb fiel. Beim Klang ihrer sanften, zittrigen Stimme ging mir das Herz auf.

»Das ist Molly. Sie war früher deine Katze«, erklärte Debbie.

»Molly – was für ein schöner Name!«, sagte Margery.

Debbie öffnete den Verschluss der Transportbox, und ich ging zu Margery und setzte mich ihr zu Füßen. Sie beugte sich zur Seite, um über die Armlehne ihres Sessels zu mir hinunterzusehen, und ihre wässrigen blauen Augen blickten mich freudestrahlend an. Als sie eine zittrige Hand nach mir ausstreckte, stellte ich mich sofort auf die Hinterbeine und rieb meine Wange liebevoll an ihren Fingerknöcheln.

»Molly, hm? Was bist du doch für eine hübsche Katze«, raunte Margery.

»Sie war früher deine Katze«, antwortete Debbie von der Spüle aus, wo sie den Wasserkocher auffüllte. »Jetzt lebt sie mit mir im Café, aber sie wollte dich unbedingt besuchen.«

»Oh, wie schön«, sagte Margery und kraulte mir die Ohren, so gut sie das mit ihren steifen Fingern konnte. »Sie sieht aus, als wolle sie geknuddelt werden.« Mit einem warmen Lächeln lehnte sie sich auf ihrem Sessel zurück und strich ihren Wollrock glatt. Ich sprang hoch und achtete darauf, dass ich sanft und mit eingezogenen Krallen auf ihren dünnen Beinen landete. Ich legte mich mitten auf ihren Schoß, blickte ihr ins Gesicht und schnurrte zufrieden, als sie mich streichelte.

Debbie brachte zwei Tassen Tee herüber und setzte sich auf den Sessel gegenüber von Margery. »Ich hab dir ein paar Bauchkraulerkekse aus dem Café mitgebracht. Ich weiß, die magst du am liebsten.« Sie holte eine Papiertüte aus ihrer Tasche und reichte sie Margery.

»Oh, wie schön«, sagte Margery erneut und stellte die Tüte vorsichtig auf ihre Armlehne.

Sie tranken Tee, und Margery aß ihre Kekse mit kleinen, zarten Bissen, während Debbie über das Café, die Kätzchen und das Wetter plauderte. Während sie sich unterhielten, döste ich auf Margerys Schoß und genoss es in vollen Zügen, dass ich mich zum ersten Mal, seit Linda im Café aufgetaucht war, richtig entspannen konnte. Margerys kleines, ordentliches Zimmer mit Ausblick auf die sorgsam gepflegte Gartenanlage hatte etwas Tröstliches an sich; wenn ich hier war, fielen die Sorgen und Ärgernisse des Erwachsenenlebens von mir ab, und ich fühlte mich wieder wie ein Kätzchen, das nichts anderes kannte als Liebe und Geborgenheit. Ich machte ein zufriedenes Geräusch, das klang wie eine Mischung aus Schnurren und Zwitschern, und streckte mich genüsslich auf Margerys Schoß aus. Nur zu gern wäre ich bis in alle Ewigkeit mit den beiden Menschen, die mir am meisten am Herzen lagen, in diesem ruhigen, vertraut duftenden Zimmer geblieben.

Doch mein Schnurren verstummte abrupt, als Debbie ihr Handy aus der Tasche holte und ein Bild von Ming aufrief. »Wir haben eine neue Katze, die momentan bei uns wohnt. Eine Siamkatze – sieh mal«, sagte sie und reichte Margery das Handy.

»Eine was?«, fragte Margery und zog verständnislos die Stirn kraus. Sie setzte ihre Brille auf, die an einer Schnur um ihren Hals hing. »Ooh, die sieht ja edel aus«, sagte sie, und mein Fell sträubte sich vor Wut, als sie das Bild eingehend betrachtete. Schließlich reichte sie Debbie das Handy, die Lippen geschürzt, zurück.

»Aber diese edlen Katzen sind meistens schrecklich zimperlich.«

»Nun, da könntest du recht haben, Margery. Wir werden sehen.« Debbie lachte leise und ließ das Handy in ihre Tasche zurückgleiten. Mein Schnurren setzte wieder ein, noch lauter als vorher, und ich vergrub das Gesicht in den Falten von Margerys Rock.

Das tröstliche Gefühl, das der Besuch bei Margery in mir ausgelöst hatte, blieb mir die gesamte Heimfahrt erhalten und hielt sogar noch vor, als Debbie die Tür des Cafés öffnete und mich hineintrug. Drinnen erwartete mich, wie es auf den ersten Blick schien, das übliche Bild an einem Sonntagnachmittag: Maisie kratzte eifrig am Stamm des Katzenbaums, und Abby und Bella machten ein Wettrennen die schmalen Holzplanken hoch, die sich von der Tür aus im Zickzack die Wand hinaufzogen. Als Debbie den Transportkorb abstellte, sah ich Jasper, der auf einem Sessel vor dem Ofen saß und sich putzte, während Eddie eine mit Katzenminze gefüllte Spielzeugmaus über die Fliesen jagte. Mein Blick folgte ihm, als er zum Fenster flitzte und die Maus dabei geschickt mit den Vorderpfoten vor sich hertrieb.

Erst als Eddie die Fußbodenleiste erreichte, bemerkte ich, dass Ming, die wie eine Sphinx dalag, ihn reglos vom Fenstersims aus beobachtete. Auf *meinem* Kissen. Eddie hockte sich triumphierend auf seine Beute, und ich sah, wie er zu Ming aufschaute. Diesen Blick hatte er mir schon oft zugeworfen, und ich wusste genau, was er bedeutete: *Willst du mit mir spielen?* Ming starrte ihn mit einem neugierigen Ausdruck in ihren strahlend blauen Augen an.

Mich erfasste plötzlich Panik, dass ich, in meinem Transportkorb eingeschlossen, für alle anderen Katzen im Raum unsichtbar war. Das behagliche Wohlbefinden, das mich seit meinem Wiedersehen mit Margery erfüllt hatte, wich einer eiskalten Wut. Ich war nur einen Vormittag weg gewesen, und Ming hatte schon meinen Platz eingenommen – sowohl im wörtlichen als auch im übertragenen Sinn. Und ich konnte nur von meinem Gefängnis aus zusehen. Doch das Allerschlimmste war, dass offenbar weder Jasper noch den Kätzchen aufgefallen war, dass etwas nicht stimmte.

10

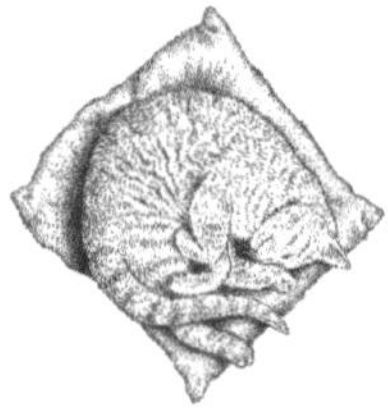

»Weil es *mein* Kissen ist!«

Jasper war mir nach draußen auf die Eingangsstufe gefolgt und musterte mich mit einer Mischung aus Verblüffung und Sorge. »Aber du warst nicht da. Woher hätte Ming wissen sollen, dass das Kissen dir gehört?«

Mein Schwanz peitschte auf dem Boden hin und her; meine anfängliche Bestürzung war purer, unbändiger Wut gewichen, und Jaspers Versuche, mich zu beruhigen, machten alles nur noch schlimmer. »Du hättest es ihr sagen können!«, fauchte ich und drehte mich mit zornig blitzenden Augen zu ihm um. »Aber du warst wohl zu beschäftigt damit, einen auf glückliche Familie zu machen, um an mich zu denken.«

Damit wandte ich mich ab und blickte starr die Straße hinunter. Meine Augen brannten, und mein Herz hämmerte wie wild. Ich war nicht nur wütend auf Jasper, sondern auch auf die Kätzchen, weil sie Ming nicht gesagt hatten, dass das Kissen am Fenster mir gehörte; sie hätten wissen müssen, dass ich einen solchen Eingriff in meine Privatsphäre nicht akzeptieren würde. Aber es war nicht nur die Tatsache, dass sie auf meinem Kissen gelegen hatte, die mich ärgerte. Es war etwas Unfassbares, das mir aufgefallen war, als ich sie von der Transportbox aus beobachtete: Eine entspannte Vertrautheit, die das gesamte Café zu durchdringen schien und für mich ein eindeutiges Indiz dafür war, dass Jasper und die Kätzchen sich in Mings Anwesenheit wohlfühlten und sie sich auch in ihrer.

Jasper wirkte zerknirscht, aber ich war nicht in der Stimmung, nachsichtig zu sein.

»Ach, vergiss es einfach«, murmelte ich, drängte mich an ihm vorbei und verschwand durch die Katzenklappe. So würdevoll wie möglich, den Blick starr auf den Boden vor mir gerichtet, lief ich durch das Café und hinauf in die Wohnung.

Am Montagmorgen erwachte ich mit einem unguten Gefühl im Bauch. Ich hatte die Nacht am Fuß von Debbies Bett verbracht, hin- und hergerissen zwischen Selbstmitleid, weil ich mein Zuhause mit einer Rivalin teilen musste, und Wut, weil meine Familie nicht sehen konnte, wie sehr mir das Ganze zusetzte. In ein paar Stunden würde Debbie das Café öffnen, und ich würde Mings Moment des Ruhmes miterleben müssen, wenn sie der Kundschaft präsentiert wurde. Natürlich könnte ich das Café einfach meiden und den Tag draußen verbringen, aber nach der schlechten Erfahrung gestern machte ich mir Sorgen, dass meine Abwesenheit noch schlimmere Konsequenzen haben würde. Es war nicht nur gut möglich, dass Ming wieder mein Kissen für sich beanspruchen würde, die Gäste könnten zudem denken, dass sie meinen Platz als Repräsentationsfigur des Cafés eingenommen hatte. Also schlich ich, nachdem ich mein Frühstück gegessen hatte, auf das ich eigentlich überhaupt keinen Appetit hatte, nach unten ins Café.

Ming saß auf ihrer Plattform und ließ majestätisch den Blick schweifen, während Debbie die letzten Vorbereitungen traf, bevor das Café geöffnet wurde.

»Wir müssen Ming heute im Auge behalten«, schärfte sie Linda ein und schüttete einen Beutel Münzen in die Kasse. »Ich weiß nicht, wie sie auf die Gäste reagieren wird.«

Ich lief am Katzenbaum vorbei und achtete dabei tunlichst darauf, nicht zur Plattform hochzusehen, wie ich es mir angewöhnt hatte, seit Ming diese in Besitz genommen hatte.

»Wenn sie beunruhigt wirkt, müssen wir sie nach oben bringen«, fuhr Debbie fort, »und dann sollten wir Beau vielleicht lieber in die Transportbox sperren. Wir wollen nicht, dass er ihr noch mehr Angst macht.«

»Oh, das ist bestimmt nicht nötig«, erwiderte Linda leichthin und mied Debbies Blick, während sie ihre Schürze anzog. Ich dachte an Beaus prall gefüllte Transportbox; dort hinein konnte Linda ihn unmöglich verfrachten, solange sie nicht ihre Einkäufe herausholte. Linda ging zum Katzenbaum und schenkte Ming ein anerkennendes Lächeln. »Und außerdem habe ich so ein Gefühl, dass die Gäste sie *lieben* werden.«

Eines nach dem anderen erschienen die Kätzchen am Fuß der Treppe. Purdy marschierte direkt zur Katzenklappe, während die anderen gemächlich im Café umherstreiften, ihre Schnurrhaare an den Stuhlbeinen rieben oder mit ihrem Spielzeug spielten, bevor sie ihre üblichen Plätze einnahmen. Selbst Maisie, so schüchtern sie auch sonst war, wirkte unbesorgt und hüpfte fröhlich in ihren Unterschlupf direkt unter Mings Plattform.

Genau wie Linda vorhergesagt hatte, strebten die ersten Gäste sofort zum Katzenbaum, um sich Ming genauer anzusehen. Linda führte sie grinsend zu einem Tisch in der Nähe und erklärte ihnen, dass Ming »der neueste Zuwachs der *Mollys*-Familie« war. Die Gäste, ein älteres Paar, das ich als Stammkunden wiedererkannte, baten üblicherweise um einen Tisch am Fenster, um bei mir zu sitzen. Jetzt jedoch konnten sie den Blick kaum von Ming abwenden, selbst während sie die Speisekarte studierten. »Was für eine wunderschöne Katze!«, rief einer von ihnen. »Ja, einfach hinreißend«, stimmte der andere zu.

Ich beobachtete Ming vom Fenstersims aus und suchte nach – hoffte auf – Anzeichen von Beunruhigung oder zumindest leichtem Unbehagen angesichts der vielen Menschen, die ins Café strömten. Zur Mittagszeit kam eine Gruppe mit Einkaufstüten beladener Tagesausflügler, die sich laut unterhielten. Während Linda um sie herumschwirrte und Tische und Stühle zusammenschob, ließ ich Ming nicht aus den Augen; das würde sie doch bestimmt aus der Ruhe bringen. Aber sie blieb vollkommen gelassen auf ihrer Plattform sitzen, die Augen geschlossen, eine Pfote leicht vorgestreckt, und putzte ihr langes, schlankes Bein – den Aufruhr um sie herum schien sie überhaupt nicht wahrzunehmen.

Stunden verstrichen, und allmählich fühlte ich mich auf meinem Kissen vollkommen unsichtbar. Das Stimmengewirr und Klappern von Besteck wurde immer wieder von Ausrufen des Entzückens unterbrochen, wenn Ming sich bewegte. Linda blieb an den Tischen der neuen Gäste stehen und erzählte ihnen voller Begeisterung von Ming. Mir fiel auf, dass sie die Geschichten im Lauf des Tages immer mehr ausschmückte, bis Ming das Opfer häuslicher Gewalt war, das Linda trotz des großen Risikos, das sowohl sie als auch Ming eingehen mussten, eigenhändig gerettet hatte. Die Leute nahmen alles begierig auf und würdigten Lindas Geschichten an den richtigen Stellen mit *Ooohs* und *Aaahs*.

Als Ming am Höhepunkt des mittäglichen Hochbetriebs gähnte, sich ausgiebig streckte und leichtfüßig von der Plattform sprang, legte sich eine unnatürliche Stille über das Café. Die Gäste hielten alle im Gespräch inne, um zuzusehen, wie sie durch den Raum stolzierte. »So elegant«, rief eine Frau, als Ming an ihrem Tisch vorbeischlenderte. Schäumend vor Wut wandte ich mich ab und starrte grimmig aus dem Fenster.

Die Woche ging genau so weiter, wie sie angefangen hatte. Es hatte schon etwas Masochistisches an sich, dass ich im Café blieb, obwohl ich größtenteils ignoriert wurde, während alle Gäste Ming mit Aufmerksamkeit und Bewunderung überschütteten. Ich zog daraus eine skurrile Genugtuung, als würde jedes Kompliment, das Ming bekam, meinen Verdacht bestätigen, dass sie mich absichtlich in den Hintergrund drängte. Die Kätzchen gingen jedoch ihrer üblichen Routine nach, als hätte sich nichts geändert, spielten mit ihrem Spielzeug, machten Nickerchen oder bettelten – Eddie – zu Füßen der Gäste um Leckerbissen. Purdy schien noch mehr Zeit draußen zu verbringen als sonst, aber sie war schon immer abenteuerlustiger gewesen als ihre Geschwister, deshalb war das kaum ein Grund zur Beunruhigung. Es kam mir so vor, als hätten die Kätzchen die veränderte Atmosphäre im Café und den Umstand, dass wir alle nur noch Statisten in der großen Ming-Show waren, überhaupt nicht wahrgenommen.

Mein Missmut darüber, dass meine Kleinen eine Rivalin in unsere Kolonie aufgenommen hatten, nagte weiterhin an mir, aber mein Stolz brachte mich dazu, meine verletzten Gefühle vor ihnen zu verbergen. Und obwohl ich meine Wut für mich behielt, bemerkte ich, dass sich mein Verhalten ihnen gegenüber allmählich veränderte. Es war eine subtile, anfangs fast unmerkliche Veränderung, aber ich zeigte ihnen immer seltener meine Zuneigung, was ich sonst ganz automatisch getan hatte. Wenn ich sah, wie eines der Kätzchen eine schwer zu erreichende Stelle am Rücken zu putzen versuchte, ging ich nicht wie gewöhnlich hinüber und leckte sie sauber, und wenn sich unsere Blicke durch das Café begegneten, blinzelte ich nicht mehr liebevoll. Ich wollte sie nicht bewusst bestrafen, und in selbstmitleidigen Momenten sagte ich mir, dass es ihnen, wenn sie mein verändertes Verhalten nicht bemerkten, wahrscheinlich ohnehin egal war.

Im Lauf der Woche machte mir meine Frustration darüber, dass die Kätzchen unser neues Wohnarrangement einfach so hinnahmen, immer schwerer zu schaffen, und meine Bemühungen, wenigstens den Anschein von Gelassenheit zu bewahren, ermüdeten mich. Und so kam es, dass am Freitagmorgen, als Eddie zu mir aufs Kissen sprang, etwas in mir nachgab.

Bevor Ming aufgetaucht war, hätte ich nie ein Problem damit gehabt, mein Kissen mit Eddie zu teilen; als die Kätzchen noch ganz klein waren, hatten sie alle bei mir gelegen und sich auf der Suche nach Wärme und Geborgenheit tief in mein Fell gekuschelt. Mit der Zeit waren sie dieser Gewohnheit entwachsen, abgesehen von Eddie, der die körperliche Nähe zu mir nicht aufgeben wollte. Aber jetzt war sein Bedürfnis für mich eine Form von Intimität, die mir zu weit ging. Als er leichtfüßig zu mir auf das Kissen sprang, durchströmte mich keine zärtliche Zuneigung – mich packte eine heftige Wut, weil er einfach so in meine Privatsphäre eindrang. Ich fauchte ihn an; ein wildes Fauchen, das der ganzen aufgestauten Wut in mir Ausdruck verlieh, die ich seit Mings Auftauchen mit mir herumschleppte.

Eddie wich erschrocken zurück und kauerte sich zusammen, die Ohren flach angelegt, den Kopf ängstlich gesenkt. Ich bereute meine Reaktion sofort. »Tut mir leid, ich wollte nicht …«, stammelte ich entsetzt. Doch bevor ich mein Verhalten erklären konnte, war Eddie schon, einen Ausdruck tiefster Demütigung im Gesicht, vom Fenstersims gesprungen. Heftige Scham und Reue durchfluteten mich, als ich beobachtete, wie er mit eingezogenem Schwanz davontrottete; die Scham wurde noch schlimmer, da die anderen Kätzchen alles gesehen und mit Sicherheit auch meinen Wutausbruch mitbekommen hatten.

Niedergeschlagen wandte ich mich zum Fenster um – ich fühlte mich hundeelend. Hinter mir hörte ich Linda mit einem Gast plaudern, sie erzählte ihm in schillernden Details die heldenhafte Geschichte von Mings Rettung. Als sie endlich fertig war und sich die Bestellung aufschrieb, sagte ihr Gegenüber: »Molly & Ming – das klingt doch super«, und Linda kicherte zustimmend: »O ja, da haben Sie *absolut* recht!«

Ich hatte genug gehört. In dem Café, das so lange mein sicherer Hafen gewesen war, meine Zuflucht vor allen Gefahren, wurde ich auf einmal klaustrophobisch. Der Raum war zu stickig, die Hitze, die der Ofen ausströmte, brachte mein Fell zum Jucken, und Lindas Stimme war für meine Ohren ebenso unerträglich, als würde sie mit ihren langen Fingernägeln über die Spezialitäten-Tafel kratzen. Mir schwirrte der Kopf, und eine heftige Übelkeit stieg in mir hoch. Ich hastete durch das Café und durch die Katzenklappe nach draußen und hörte erst auf zu laufen, als ich die Gasse erreichte.

Es war eine Erleichterung, die erdrückende Atmosphäre des Cafés, die verzückten Gäste und natürlich Ming hinter mir zu lassen. Der Novemberwind war schneidend kalt, aber ich atmete die eisige Luft begierig ein und wartete, dass die Übelkeit nachließ. Ich fand Jasper auf dem Kirchhof, auf Streifzug zwischen den Grabsteinen. Er schien überrascht, mich zu sehen; mit meiner Verschlossenheit hatte ich auch ihn auf Abstand gehalten, und wir hatten uns schon tagelang nicht zu unserem üblichen Abendspaziergang getroffen.

»Alles in Ordnung?«, erkundigte er sich besorgt und kam zu mir.

»Ja, alles bestens«, erwiderte ich brüsk, aber unter seinem einfühlsamen Blick fühlte ich meine Fassade kühler Gleichgültigkeit bröckeln. »Nein, nicht wirklich«, gab ich zu und sah zu Boden.

Jasper setzte sich neben mich auf den Teppich aus getrockneten Blättern, und eine Weile saßen wir schweigend beisammen und lauschten den Elstern im Kastanienbaum über uns.

»Geht es um … Ming?«, fragte er zaghaft. Bei der Erwähnung dieses Namens stieß ich ein missmutiges Schnauben aus, und mein Schwanz peitschte wütend hin und her. Die Schuldgefühle, die ich Eddie gegenüber hatte, schienen sich in Luft aufzulösen, und sofort war die Wut wieder da.

»Ooh, Ming, was für ein schöner Name! Ist sie nicht

hinreißend? So elegant!«, äffte ich die Leute im Café nach, und Jasper hörte geduldig zu. »Wohl eher arrogant, abweisend und unhöflich.« Jetzt schlug mein Schwanz so heftig hin und her, dass die Blätter unter mir laut raschelten. Jaspers Gesicht blieb ruhig, während er gedankenverloren auf die moosbedeckten Grabsteine vor uns blickte. »Ich weiß, das ist ein Schock«, begann er in bedächtigem Ton, »aber für sie ist es sicher auch nicht leicht …«

Mein Magen krampfte sich zusammen, und ich drehte mich ruckartig zu Jasper um. »Für sie ist es nicht leicht?«, unterbrach ich ihn fassungslos. »Was genau ist für sie nicht leicht? Dass alle im Café sie anhimmeln? Dass Debbie und Linda sich nach ihren Launen richten? Dass *ganz Stourton* der Ansicht ist, sie wäre das Schönste, was diese Stadt je gesehen hat? O ja, das muss wirklich verdammt schwer für sie sein.«

Ich hielt kurz inne, um durchzuatmen, und Jasper wartete schweigend, bis ich fertig war.

»Wusstest du«, fuhr ich fort, »dass sie schon eine Woche hier ist und immer noch kein Wort gesagt hat? Kein einziges Wort.« Ich machte eine Pause, um die Tragweite von Mings unbestreitbarer Unverschämtheit zu unterstreichen, und hoffte auf irgendeine Reaktion, aber Jaspers Gesicht blieb ausdruckslos. »Zumindest hat sie zu mir nichts gesagt«, fügte ich hinzu, plötzlich misstrauisch. Ich kniff argwöhnisch die Augen zusammen, als mir der Gedanke kam, dass Ming womöglich nur mit mir nicht redete. Plauderte sie fröhlich mit Jasper und den Kätzchen, wenn ich nicht da war? Hatten sie den Sonntagmorgen miteinander verbracht, als ich Margery besucht hatte? Ich schauderte, als hätte mir jemand Eiswasser über den Rücken geschüttet.

Jaspers Gesicht war immer noch frustrierend teilnahmslos. »Vielleicht braucht sie einfach Zeit, um sich einzugewöhnen«, sagte er und wich geschickt der Frage aus, die unausgesprochen zwischen uns hing.

Ich wandte angewidert den Blick ab. Seine Antwort schien meine schlimmste Befürchtung zu bestätigen: Mings überhebliches, abweisendes Verhalten war nur mir vorbehalten. Nach allem, was ich wusste, waren sie und Jasper möglicherweise schon Freunde ... oder mehr. Erklärte das nicht, warum die Kätzchen in ihrer Gegenwart so entspannt waren? Folgten sie schlicht dem Beispiel ihres Vaters? Mein Herz schlug schneller, als mich die Erkenntnis mit voller Wucht traf. Ming trieb ein falsches Spiel, da war ich mir vollkommen sicher. Sie versuchte, mich von Jasper und den Kätzchen zu trennen. Sie wollte meinen Platz einnehmen – nicht nur im Café, sondern auch in meiner eigenen Familie.

Die Kätzchen waren gutmütig und vertrauensvoll; überraschte es mich wirklich, dass sie auf Mings Intrigen hereingefallen waren? Aber ich war enttäuscht von Jaspers Naivität, seiner Unfähigkeit, die Situation zu durchschauen. Es sah ihm ähnlich, dass er sich ritterlich zeigte und anderen Katzen einen Vertrauensvorschuss gewährte. Diese Großzügigkeit war eine der Eigenschaften, die ich an ihm liebte, aber im Moment brachte sie mich zur Weißglut. Es war eine Sache, mir gegenüber ritterlich zu sein, aber eine ganz andere, einer wunderschönen siamesischen Betrügerin gegenüber ritterlich zu sein.

Ich nahm meinen letzten Rest Würde zusammen, stand auf und wandte mich zum Gehen. »Außerdem ist sie nicht perfekt«, fauchte ich mit einem flüchtigen Blick über die Schulter. »Ist dir aufgefallen, dass sie schielt?«

Sobald die Worte ausgesprochen waren, war mir klar, wie sie klingen mussten: eingeschnappt und gehässig. Aber das war mir egal. Jasper mochte von Ming halten, was er wollte, aber ich wusste die Wahrheit.

11

Obwohl Ming wie alle Katzen im *Mollys* kommen und gehen konnte, wann sie wollte, verbrachte sie beinahe ihre gesamte Zeit im Café. Sie ging nur im Schutz der Dunkelheit nach draußen und schlüpfte rasch durch die Katzenklappe, um dem Ruf der Natur zu folgen, und ihre Ausflüge in die Wohnung waren ebenso kurz; sie schlich zur Mittagszeit nach oben, lungerte im Flur herum, bis alle anderen gegessen hatten, und verputzte dann rasch die Reste, die übrig geblieben waren. Dann stahl sie sich wieder nach unten und nahm ihren üblichen Platz auf der höchsten Plattform des Katzenbaums ein.

Ihr spitzes Gesicht und ihre tiefblauen Augen schienen nur zwei Emotionen auszudrücken – ruhige Besinnlichkeit oder leichte Neugier –, und obwohl sie nie körperliche Nähe suchte, schnurrte sie dankbar, wenn Debbie ihre riesigen schokoladenbraunen Ohren kraulte. Ich beobachtete sie ständig, wie besessen von einer Mischung aus Faszination, Neid und Verachtung. Für mich war Mings unerschütterliche Selbstbeherrschung ein weiterer Beweis dafür, dass man ihr nicht trauen konnte, und dass niemand außer mir die Wahrheit sah, machte das Ganze nur noch schlimmer.

Seit dem Vorfall mit Eddie waren die Kätzchen und Jasper mir gegenüber misstrauisch. Ich wollte mit meinen Kleinen reden, ihnen alles erklären, aber ich hatte Angst, sie könnten meine Befürchtungen auch einfach abtun wie Jasper, mir sagen, dass ich Ming missverstanden hatte und sie nur Zeit brauchte, um sich *einzugewöhnen*. Also ließ ich stattdessen zu, dass die Kluft zwischen uns weiter wuchs, und versank immer tiefer in meiner heimlichen Niedergeschlagenheit.

Während Mings Auftauchen mir nichts als Kummer bereitet hatte, war es für Linda ein wichtiger Wendepunkt. Verschwunden war die Einkaufssüchtige, die zu melodramatischen Tränenausbrüchen neigte, und an ihre Stelle trat eine selbstsichere Frau, deren Angeberei und ständiges triumphierendes Gehabe ich kaum ertrug. Seit Mings Debüt im Café hatte sie andauernd ein süffisantes Grinsen im Gesicht, und abends schwärmte sie unaufhörlich von dem herausragenden Erfolg, der Ming für das Café war – dass sie die ganze Zeit recht gehabt hatte und Ming genau das war, was das *Mollys* brauchte.

Ich spürte, dass Debbie und Sophie von ihren selbstgefälligen Monologen allmählich genervt waren. Hin und wieder wechselten sie hinter Lindas Rücken einen gelangweilten Blick, wenn sie noch einen Grund auflistete, warum ihre Idee, Ming in das Café zu integrieren, ein »geschäftlicher Geniestreich« gewesen war. Ich studierte Debbies Gesicht und hoffte, sie würde Linda unterbrechen und ihr erklären, dass das *Mollys* schon vor Mings Ankunft gut gelaufen war und auch weiterhin gut laufen würde, wenn sie weg war. Doch stattdessen hörte Debbie geduldig, mit einem höflichen Lächeln auf den Lippen, zu.

Als John Mitte der Woche zum Abendessen vorbeikam, spürte ich einen Anflug von Optimismus. Linda war ausgegangen, und wenn Debbie sich irgendjemandem anvertrauen würde, dann John. Ich kletterte in die leere Schuhschachtel und beobachtete die beiden, ganz aufgeregt vor hoffnungsvoller Erwartung.

»Und, wie geht's dem Neuzugang?«, fragte John, als sie sich an den Tisch setzten.

»Wem? Linda oder Ming?«, entgegnete Debbie trocken.

John lächelte. »Nun, beiden, schätze ich.«

Debbie seufzte. »Na ja, ich gebe es nur ungern zu, aber Linda hatte anscheinend recht. Ming hat sich erstaunlich gut eingefügt, und die Gäste können gar nicht genug von ihr kriegen. Die Katzen scheinen sie auch zu akzeptieren, obwohl Molly ein bisschen mürrisch wirkt.«

Meine Wut wallte wieder auf. *Ein bisschen mürrisch?!* War Debbie das Ausmaß meines Kummers wirklich nicht aufgefallen?

»Heißt das, sie kann bleiben?«, fragte John.

»Wer? Linda oder Ming?«, erwiderte Debbie mit einem schelmischen Grinsen.

John zuckte die Schultern.

»Ich bleibe aufgeschlossen«, sagte Debbie, »aber was Ming angeht, bin ich optimistisch.«

»Und Linda?«, hakte John nach.

Debbie sank ein bisschen in sich zusammen. »Ich bin hin- und hergerissen, John. Manchmal bringt sie mich echt auf die Palme, aber ich kann sie nicht vor die Tür setzen, solange sie sich nicht gefangen hat. Und ich muss zugeben, dass sie mir im Café eine große Hilfe war.«

John zog die Augenbrauen hoch. »Na dann, ein Hoch auf Ming!«, sagte er und hob mit einem fröhlichen Lachen sein Glas. Mein Herz wurde schwer.

Gegen Ende von Mings zweiter Woche bei uns ließ die Aufregung über ihr Erscheinen im Café endlich nach. Linda sah sich nicht mehr veranlasst, jedem Gast ihre Lebensgeschichte zu erzählen, und Mings stille Wachsamkeit war etwas, woran ich mich inzwischen widerwillig gewöhnt hatte. Meine Beziehung zu den Kätzchen blieb jedoch angespannt. Ich hatte mich noch nicht bei Eddie dafür entschuldigt, dass ich ihn angefaucht hatte – nicht, weil ich zu stolz war oder nicht zugeben wollte, dass ich etwas falsch gemacht hatte, sondern weil ich die Vorstellung hasste, es unter Mings hochmütigem Blick tun zu müssen.

Auch oben fand ich kaum Trost. Die Wohnung sah, wie Debbie es ausdrückte, »immer mehr aus wie eine Studentenbude«. Alle Zimmer waren ständig davon bedroht überzuquellen, so viele Menschen und Katzen trieben sich darin herum. Man hatte nirgends Platz, irgendetwas abzustellen, und alle Oberflächen waren mit Staub und Katzenhaaren bedeckt.

Selbst Beau sah ziemlich zerzaust aus; sein flauschiges Fell, früher feinsäuberlich getrimmt, wucherte so wild, dass man kaum die dunklen Augen unter den buschigen Brauen und das Maul unter den fettigen Barthaaren ausmachen konnte. Der Duft von Hundeshampoo, der ihn früher umgeben hatte, war einem schalen, muffigen Geruch gewichen. Abgesehen von seinem täglichen Spaziergang, verließ er kaum das Haus und strahlte dementsprechend ständig Langeweile aus, lag faul auf dem Wohnzimmerteppich und gab immer wieder ein missmutiges Schnauben von sich.

In der Wohnung brodelte eine unterschwellige, unausgesprochene Anspannung. Sophie und Debbie hatten sich seit dem Superfood-Debakel zwar nicht wieder gestritten, aber Sophie verbrachte immer mehr Zeit mit ihrem Freund Matt, und wenn sie zu Hause war, beschränkten sich ihre Unterhaltungen mit Debbie und Linda auf ein paar schroffe Worte. Debbie ertrug das alles mit einem Ausdruck still leidender Duldsamkeit. Als Sophie am Samstag jedoch verkündete, dass sie zum Mittagessen zu Matt gehen würde und nicht wusste, wann sie zurückkäme, seufzte sie ärgerlich und protestierte, dass Sophie so willkürlich ein und aus ging wie in einem Hotel.

»Ein ziemlich beschissenes Hotel«, murmelte Sophie und nahm ihre Jacke von der Garderobe. Debbies Wangen röteten sich, und Tränen schossen ihr in die Augen, aber sie ließ ihrer Tochter den Seitenhieb durchgehen. Ich folgte Sophie nach unten und sah zu, wie sie das Café verließ. Eddie streifte ziellos zwischen den Tischen umher. Ming schlief tief und fest, und ich überlegte, ob ich diese Gelegenheit ergreifen und mich endlich bei meinem Sohn entschuldigen sollte. Während ich auf ihn zulief, versuchte ich, seinen Blick zu erhaschen, doch als er bemerkte, dass ich mich ihm näherte, wurde er schneller und rannte durch die Katzenklappe. Er ging mir aus dem Weg, so viel stand fest. Offenbar war er noch nicht bereit, sich anzuhören, was ich zu sagen hatte.

So leid Debbie mir auch tat, ich konnte verstehen, dass Sophie so wenig Zeit wie möglich in der Wohnung verbrachte. Ich selbst war auch nur noch ungern dort. Als Debbie am Sonntag nach dem Mittagessen meinen Transportkorb holte und fragte: »Wollen wir Margery besuchen, Molls?«, war ich erleichtert, denn ich sehnte mich mehr denn je nach der vertrauten Geborgenheit von Margerys herrlich duftendem Zimmer und dem Gefühl, dass ich ausnahmsweise im Mittelpunkt der Aufmerksamkeit stand.

Am Himmel ballten sich dunkle Wolken zusammen, und ein kalter Wind fegte durch die Bäume und wirbelte die Blätter umher. Während Debbie auf der Eingangsstufe stand und die Tür abschloss, sah ich Jo, die gerade Bernard, ihren Hund, in ihren Van bugsierte. Mit seiner steifen Hüfte konnte er nicht springen, und sie hatte einen Arm unter seine Hinterbeine gelegt, um ihn auf den Rücksitz zu hieven.

Als Debbie auf den Bürgersteig trat, fing es an zu regnen – dicke, schwere Tropfen, die uns der Wind seitlich entgegenpeitschte. Den Transportkorb mit beiden Händen umklammernd, rannte Debbie zum Auto – in dem plötzlichen Regenguss hatte sie keine Zeit, mit Jo zu plaudern.

Die Fahrt zum Pflegeheim schien ewig zu dauern, auf den Straßen herrschte dichter, zähfließender Verkehr, und wir kamen nur langsam voran. Debbie trommelte ungeduldig mit den Fingern aufs Lenkrad. Als wir endlich am Ziel waren, regnete es in Strömen, und die Tropfen prasselten lautstark auf das Dach der Transportbox, als Debbie zu der Glasschiebetür rannte. Selbst als wir Margerys Zimmer betraten, konnte ich mich nicht entspannen. Obwohl sich Debbie alle Mühe gab, sie zu beruhigen, machten der heulende Wind und der sintflutartige Regen Margery nervös. Sie beäugte uns unsicher, offenbar konnte sie sich nicht erinnern, wer wir waren und was wir in ihrem Zimmer verloren hatten.

Debbie bemerkte ebenfalls, dass sich Margery unbehaglich fühlte und unsere Anwesenheit ihre Nervosität anscheinend noch verstärkte, deshalb stand sie nach etwa zwanzig Minuten wieder auf und hob mich in den Transportkorb. Auf dem Weg nach draußen prallte der Korb gegen irgendetwas an der Tür, und plötzlich war meine Sicht durch das Gitter von einer grauen Hose direkt vor mir versperrt.

»Oh!«, rief Debbie und wich ins Zimmer zurück, damit der Besitzer der Hose hereinkommen konnte.

»Oh, hallo. Debbie, richtig?«, fragte ein Mann mit einer nasalen, weinerlichen Stimme, die ich sofort wiedererkannte: David, Margerys Sohn.

Debbie war zur Seite getreten, um David vorbeizulassen, und ich hatte klare Sicht auf ihn, als er über den beigefarbenen Teppich schritt.

»Ja, genau«, antwortete sie höflich. »Wie geht es Ihnen, David?«

Ich hatte David nicht mehr gesehen, seit er Margery ins Pflegeheim gebracht hatte, aber mein Fell sträubte sich unwillkürlich. Er sah noch genauso aus, wie ich ihn in Erinnerung hatte: klein und drahtig, mit einem verkniffenen Gesicht und schütterem Haar. Aber ich wusste aus Erfahrung, dass sich hinter Davids schmächtiger Gestalt eine verblüffende Aggressivität verbarg.

»Gut, danke«, antwortete er brüsk, marschierte zu Margerys Sessel und drückte ihr einen flüchtigen Kuss auf die Wange. Dann drehte er sich zu Debbie um. »Ich wusste gar nicht, dass Sie heute herkommen«, sagte er leicht vorwurfsvoll.

»Oh, wir wollten gerade gehen«, versicherte sie ihm, und ihr entschuldigender Ton ließ vermuten, dass sie den Tadel in seiner Stimme wahrgenommen hatte. »Nun, passen Sie auf sich auf, David«, sagte sie, aber er hatte sich schon wieder abgewandt und zog den leeren Sessel näher heran, um sich zu setzen.

Die Rückfahrt verging noch langsamer als die Hinfahrt, und diesmal hatte ich nichts, was meine Stimmung aufheiterte. Stattdessen fühlte ich mich unruhig und gereizt. Die Begegnung mit David hatte unschöne Erinnerungen an seine gleichgültige Missachtung von Margerys – und meinen – Gefühlen wachgerufen, als er unser Zuhause verkauft hatte, und plötzlich sehnte ich mich nach der Sicherheit und Geborgenheit des Cafés. Aber einem anderen Teil von mir graute vor unserer Rückkehr, denn ich fürchtete, mich könnte dasselbe Bild erwarten wie nach meinem letzten Besuch bei Margery. Als wir endlich ankamen, war es im Café jedoch vollkommen still. Ming döste auf ihrer Plattform, und ihre Ohren zuckten nicht einmal, als Debbie hastig die Tür aufschloss und hineinrannte, um dem strömenden Regen zu entkommen.

Ich ging nach oben und kletterte in die Schuhschachtel im Wohnzimmer. Ich putzte mich, um mich zu beruhigen, und trauerte im Stillen, dass es auf der Welt so viele Menschen und Tiere gab, die auf die eine oder andere Art fest entschlossen waren, mir mein Leben zur Hölle zu machen. Als ich mit Putzen fertig war, legte ich mich hin, lauschte dem Regen, der an die Fensterscheiben prasselte, und wartete auf die Erleichterung, die nur der Schlaf mir bringen konnte.

»Hat irgendjemand Eddie gesehen?«, rief Debbie später am Abend aus dem Café herauf, und sofort war ich hellwach. Sie rannte die Treppe herauf und warf einen Blick ins Wohnzimmer. »Seltsam«, sagte sie sichtlich besorgt. »Er bleibt sonst nie so lange weg.«

Linda blickte vom Sofa auf. »Welcher ist noch mal Eddie?«

»Schwarz-weiß. Sehr zutraulich«, antwortete Debbie ärgerlich.

Linda nickte. »Ach ja, jetzt, wo du es sagst; ich glaube, ich hab ihn gestern auf dem großen Platz gesehen, in der Nähe vom Marktkreuz.«

Mein Magen krampfte sich zusammen, und ich richtete mich auf, um Linda ins Gesicht sehen zu können.

»Beim Marktkreuz?«, wiederholte Debbie verwundert. »Bist du sicher?«

Linda zog nachdenklich die Stirn kraus. »Schwarz, mit weißen Pfoten und silbernem Halsband, richtig?«, fragte sie, und Debbie nickte. »Ja, dann war er es bestimmt. Warum? Sollte er nicht dort sein?« Linda sah aus wie die Unschuld in Person, aber Debbie stöhnte entnervt.

»Es geht nicht darum, ob Eddie dort sein *sollte*, Linda, aber er entfernt sich normalerweise nicht so weit vom Café. Und wenn du recht hast, war er gestern dort und ist seitdem nicht nach Hause gekommen, und jetzt stürmt und schüttet es da draußen wie aus Kübeln ...«

Debbie unterbrach sich, aber sie musste den Satz auch nicht beenden. Sie hatte recht: Eddie hatte sich noch nie so weit vom Café entfernt, und er war ganz sicher noch nie so lange weggeblieben. Mein kleiner Junge war schon über einen Tag verschwunden, und ich war so sehr mit meinen eigenen Problemen beschäftigt gewesen, dass ich es nicht einmal bemerkt hatte.

12

Die Katzenklappe schlug hinter mir zu. Auf der Eingangsstufe blieb ich kurz stehen und schnüffelte in die kalte, feuchte Luft, dann rannte ich über das nasse Kopfsteinpflaster zur Gasse hinter dem Café.

In dem dunklen, beengten Durchgang schien der Regen noch heftiger zu sein. Schwere Tropfen prasselten in einem harten Stakkato auf die Mülltonnendeckel und Metallstufen herab. Ich schob mich zwischen den Nadelbäumen am Ende der Gasse hindurch und blickte suchend über den nassen Kirchhof. Die Vorderseite der Kirche und ihre hohe Turmspitze hoben sich, beleuchtet von Scheinwerfern, die in den Schotterweg darunter eingelassen waren, vom tiefschwarzen Himmel ab, aber die strahlende Helligkeit der Steinfassade betonte die Finsternis um sie herum nur noch mehr. Ich lief um den Kirchhof herum und lauschte angestrengt auf Geräusche aus dem umliegenden Gehölz. Ein Rascheln in einem abgelegenen Rhododendron erregte meine Aufmerksamkeit, und ich eilte durch das hohe Gras darauf zu.

Jasper sah mich verwundert an, als ich mich durch

den Baldachin aus zungenförmigen, tropfnassen Blättern zu dem Fleckchen trockener Erde hindurchzwängte, auf dem er saß. In seinem Unterschlupf angekommen, schüttelte ich mich und spritzte ihn versehentlich nass.

»Hast du Eddie gesehen?«, fragte ich ohne große Vorrede, barscher als beabsichtigt. Seit unserem Streit wegen Ming war bereits eine Woche vergangen, und seitdem hatten wir uns immer nur kurz getroffen.

Jetzt war es an Jasper, die Tropfen abzuschütteln, die auf seinem Gesicht und seinen Schnurrhaaren gelandet waren.

Er ließ sich reichlich Zeit damit, bevor er antwortete: »Eddie? Heute nicht. Warum?«

»Er ist verschwunden«, antwortete ich. »Er war seit gestern nicht zu Hause. Linda hat ihn gestern Mittag in der Nähe vom Marktkreuz gesehen.«

Jasper musterte mich eindringlich. »Linda hat ihn gestern gesehen?«, fragte er. Ich nickte. »Dann ist er erst einen Tag weg?«

Meine Augen wurden schmal. Manchmal brachte mich Jasper wirklich zur Verzweiflung. Seine »Lass sie machen«-Haltung zum Thema Erziehung hatte ich immer als Teil seines Charmes angesehen, aber jetzt machte mich seine Art wütend.

»*Nur* einen Tag? Er ist noch nie über Nacht draußen geblieben. Und bei diesem Wetter?« Ich fühlte, wie mir die Hitze ins Gesicht stieg. »Was, wenn er weggelaufen ist?«, fragte ich und beschwor Jasper innerlich, den Ernst der Lage anzuerkennen.

»Warum sollte er weglaufen? Das klingt überhaupt nicht nach Eddie«, erwiderte Jasper ruhig.

Ich setzte zu einer Antwort an, aber nichts kam heraus. Ich wollte Jasper sagen, dass Eddie womöglich weggelaufen war, weil er dachte, ich würde ihn nicht mehr lieben. Vor meinem inneren Auge sah ich erneut, wie Eddie ängstlich vor mir zurückgewichen war, als ich ihn angefaucht hatte; seinen erschrockenen, verletzten Gesichtsausdruck, und wie er dann davongeschlichen war. Liebend gern hätte ich Jasper die Wahrheit gesagt: Dass mein Neid auf Ming und meine Überzeugung, dass sie meinen Platz in der Familie einnehmen wollte, mich so sehr verzehrt hatten, dass ich meine Wut an meinem süßen kleinen Jungen ausgelassen und dann alles noch schlimmer gemacht hatte, indem ich meine Entschuldigung immer weiter hinausschob. Aber ich schämte mich zu sehr, um zuzugeben, was ich getan hatte, und so blickte ich stattdessen starr zu Boden und schwieg.

»Er ist ein junger Mann«, fuhr Jasper unbeirrt fort. »Es ist ganz normal, dass er auf Erkundung geht. Vierundzwanzig Stunden weg von zu Hause sind noch gar nichts.«

»Für dich ist das vielleicht normal, aber du bist nicht Eddie!«, rief ich verzweifelt.

Jaspers Unbelehrbarkeit trieb mich in den Wahnsinn. Er schien nicht zu begreifen, dass Verhaltensweisen, die für ihn als Straßenkatze nichts Besonderes waren, für unsere Kleinen nicht normal waren; am allerwenigsten für Eddie, der schon immer gern zu Hause geblieben war und seine Zeit viel lieber mit Fressen und Schlafen verbrachte als mit Erkundungsgängen. Meine Schuldgefühle wichen rasch neu aufflammender Frustration.

»Ich werde nach ihm suchen. Kommst du mit oder nicht?«, fauchte ich und taxierte ihn mit entschlossenem Blick.

Jasper musterte mich mit seinen bernsteinfarbenen Augen durchdringend. Endlich schien er zu verstehen, dass mehr hinter meiner Angst steckte als mütterliche Überfürsorglichkeit. »Na, dann komm«, sagte er und lief los.

Wir streiften schweigend durch die regennassen Straßen und wichen den Pfützen am Bordsteinrand aus, wenn Autos vorbeirauschten und uns mit ihrem Scheinwerferlicht blendeten. Grüppchen von Menschen hasteten, unter Schirme geduckt, über den Gehsteig und flüchteten, in der Hoffnung auf ein lauschiges Kaminfeuer und eine warme Mahlzeit, in Pubs und Restaurants. Wir steuerten direkt auf die südliche Seite des Marktplatzes zu und stiegen die Stufen zum Marktkreuz hinauf. Das imposante Rathaus ragte über uns auf, seine gotischen spitzen Türmchen zeichneten sich als schaurige Silhouette vor dem rabenschwarzen Nachthimmel ab. Überall um uns herum spiegelte sich das orangerote Licht der Straßenlaternen auf dem nassen Pflaster, während der Regen weiterhin in Sturzbächen über den Marktplatz fegte.

Ich sah mich um und versuchte mir vorzustellen, wo

Eddie hingegangen sein könnte. Mein Blick kehrte immer wieder zu den schmalen Gässchen zwischen den Geschäften zurück, die den Marktplatz mit den umliegenden Straßen verbanden. Ich war vor beinahe zwei Jahren in einer ähnlich ungemütlichen Nacht nach Stourton gekommen und hatte in der erstbesten Gasse Zuflucht gesucht, denn ich wusste nicht, dass die Straßenkatzen dort ihr Revier bewachten. Was, wenn Eddie wie ich ahnungslos in eine der Gassen geflüchtet war, angegriffen worden war und jetzt verletzt und fiebrig vor Schmerzen irgendwo lag?

Als hätte er meine Gedanken gelesen, flüsterte Jasper: »Ich sehe in den Gassen nach, such du an der Straße.«

Ich blinzelte ihm dankbar zu, erleichtert, dass er meine Ängste endlich ernst nahm. Jasper lief die Steinstufen hinunter, schlich über den Platz und verschwand in einer Lücke zwischen der Bank und der Apotheke. Ich starrte noch eine Weile auf die Stelle, wo ich seine Schwanzspitze hatte verschwinden sehen, und lauschte auf Geräusche, die auf die Anwesenheit einer feindlichen Straßenkatze hindeuteten. Doch in der Gasse blieb alles ruhig.

Der Regen durchnässte mein Fell bis auf die Haut, als ich die Stufen hinunterrannte und in die Straße gegenüber vom Marktkreuz einbog. Ich lief über den Asphalt und suchte unter jedem Auto nach einer Spur von Eddie. Hin und wieder hörte ich das Jaulen einer Straßenkatze in der Ferne und erstarrte, meine Ohren drehten sich in Habachtstellung nach außen, denn ich fürchtete, ich könnte Eddies oder Jaspers Stimme als Antwort hören.

Am Ende der Straße bog ich nach rechts auf eine breite, geschäftige Verkehrsstraße ab, die von Pubs und Hotels gesäumt wurde. Autos brausten in beide Richtungen an mir vorbei, und eine Gruppe von Menschen, die für einen Ausgehabend gekleidet waren, kam lachend aus einem der Hotels heraus. Ich presste mich an die Wand, um sie vorbeizulassen, und dennoch klackerten die hochhackigen Schuhe der Frauen nur eine Haaresbreite von meinen Pfoten entfernt über den Asphalt. Ein Stück weiter die Straße hinunter kehrten sie in einen Pub ein; als sie die schwere Holztür aufzogen, strömten Wärme und Licht heraus, die mich einen Moment innehalten ließen. Könnte Eddie den Weg zu einem solchen Ort gefunden haben? Angesichts seines kontaktfreudigen Wesens und seiner Liebe zu Menschen war das nicht auszuschließen. Aber in der Stadt gab es unzählige solcher Pubs – wie sollte ich die alle absuchen? Ich schnüffelte niedergeschlagen an der Holzveranda am Eingang, dann trottete ich die Straße entlang davon.

Fast eine Stunde streifte ich durch die Gegend und sah in dunklen Hauseingängen und hinter Mülltonnen nach, bis meine Pfoten steif vor Kälte waren. Allmählich dämmerte mir, wie hoffnungslos dieses Unterfangen war: Jasper und ich konnten unmöglich in einer Nacht ganz Stourton absuchen, und selbst wenn Eddie hier vorbeigekommen war, hatte der Regen längst alle Spuren weggespült. Müde und entmutigt machte ich mich auf den Heimweg und versuchte nicht einmal, dem aufspritzenden Wasser auszuweichen, wenn Autos an mir vorbeibrausten. Jasper wartete am Eingang des Cafés auf mich, und an seiner bedrückten Haltung erkannte ich sofort, dass seine Suche ebenfalls erfolglos geblieben war.

»Er ist ein schlauer Junge, er kommt schon klar«, sagte er leise, als ich zu ihm auf die Eingangsstufe trat. Ich ließ den Kopf sinken, zu erschöpft, um anzumerken, dass Eddie, nur weil er schlau war, dieses Abenteuer nicht unbedingt auch wohlbehalten überstand.

»Kommst du mit rein?«, fragte ich matt.

Jasper Schwanz zuckte; seit unserem Streit war er kaum im Café gewesen. Aber als wir uns jetzt beide völlig durchnässt gegenüberstanden, wurde sein Gesicht sanfter. Mit einem Blick zur Tür sagte er: »Nach dir.«

Am nächsten Morgen suchte Debbie die Gasse nach Eddie ab, kehrte aber mit enttäuschtem, besorgtem Gesichtsausdruck zurück.

»Keine Sorge, Debs, er kommt bestimmt zurück, wenn er Hunger hat«, sagte Linda munter und zog ihre Schürze an. »Unsere Katze Toby hat das doch auch ständig gemacht, als wir klein waren, weißt du nicht mehr?«

Debbie neigte den Kopf. »Vielleicht, Linda – hoffen wir es.«

Ich verbrachte den Tag am Fenster und hielt nach

Eddie Ausschau, während Jasper draußen weitersuchte. Die Kätzchen waren ungewöhnlich still, dösten die meiste Zeit oder liefen unruhig umher, schnüffelten an Eddies üblichen Schlafplätzen und warfen mir immer wieder besorgte Blicke zu. In meinem empfindlichen Zustand störte mich Mings stumme Überheblichkeit mehr denn je. Ich behielt den Gedanken für mich, aber ich konnte mich des Verdachts nicht erwehren, dass Ming etwas mit Eddies Verschwinden zu tun hatte. Hatten die beiden, nachdem ich ihn angefaucht hatte, heimlich ein Gespräch geführt, in dem er ihr seine Gefühle anvertraute und sie ihm riet wegzulaufen? Oder war ich nur paranoid?

Als sich das graue Licht draußen vor dem Fenster in der Dunkelheit verlor, erblickte ich Mings Spiegelbild im Glas: eine geisterhafte Erscheinung, die reglos hinter mir lauerte. Ein blauer Schimmer weckte in mir den Verdacht, dass sie mich beobachtete – doch als ich mich umdrehte, waren ihre Augen geschlossen.

13

Eines Abends, als Debbie gerade die Kassenabrechnung machte, gesellte sich Linda zu ihr an den Tresen. »Debbie«, sagte sie, »kann ich dir eine Idee zu unserem Angebot unterbreiten?«

»Mm-hm«, murmelte Debbie gedankenverloren, während sie die Münzen in Plastiktüten packte.

»Mings Glückskekse«, verkündete Linda und wippte auf den Fußballen auf und ab, außer sich vor Aufregung. Meine Ohren zuckten. Debbie starrte ihre Schwester verständnislos an. »Ich hab ein Musterexemplar gebacken«, fuhr Linda fort, zog etwas Rotes, Knittriges aus ihrer Schürzentasche und legte es auf den Tisch.

Debbie nahm das Päckchen, wickelte die dünne Folie auf und enthüllte einen kleinen Keks sowie ein zusammengefaltetes Stück Papier.

»Das ist Mings Motto«, erklärte Linda.

»Zeit, die man mit Katzen verbringt, ist nie vergeudet«, las Debbie, und ein Lächeln erschien auf ihren Lippen.

Linda zog einen Notizblock aus ihrer Schürzentasche. »Ich hab noch mehr Sprüche«, sagte sie. »*Alle Katzen sind ebenbürtig, aber manche sind ebenbürtiger als andere. Irren ist menschlich, schnurren ist katzenhaft.*« Sie schaute ihre Schwester erwartungsvoll an. »Siehst du? Ich bin nicht nur ein hübsches Gesicht.« Freudestrahlend tippte sie sich mit ihrem Stift an die Stirn.

»Das ist eine gute Idee, Linda«, meinte Debbie. »Wenn du die Mottos ausdruckst, können wir eine Ladung Kekse machen und sehen, ob sie sich verkaufen.«

»Vertrau mir, Debs, die gehen weg wie warme Semmeln.« Linda glühte förmlich vor Stolz. »Du weißt doch: Mit Marketing kenne ich mich aus – das war mein Job, bevor ich Ray geheiratet habe«, sagte sie und wickelte den Keks und das Stück Papier vorsichtig wieder ein.

»Bevor du keinen eigenen Job mehr brauchtest«, murmelte Debbie leise, als Linda in die Küche davongerauscht war.

Am nächsten Morgen saß Debbie am Esstisch und las mit gerunzelter Stirn die Lokalzeitung. »Linda, hast du das gesehen?«, rief sie über den Flur. »Ming ist in der Zeitung!«

Ich hielt mitten im Putzen inne und sah von der Schuhschachtel aus zu, wie Linda breit grinsend in der Wohnzimmertür erschien.

»Ja, habe ich«, sagte Linda und lehnte sich mit einem Ausdruck kaum verhohlenen Triumphs im Gesicht an den Türrahmen.

»Exotische neue Katze im Katzencafé«, las Debbie laut vor und warf Linda einen missbilligenden Seitenblick zu. »Stourtons Katzencafé hat einen äußerst beliebten Neuzugang … die wunderschöne Ming ist eine echte Glamour-Katze … eine Siamkatze mit tragischer Vorgeschichte, die vor der Vernachlässigung gerettet wurde …« Hier zog Debbie skeptisch die Augenbrauen hoch. »›Ming verleiht den Cotswolds einen Hauch östliches Flair‹, sagt die Sprecherin des *Mollys*, Linda Fleming.« Als Debbie das las, knallte sie ihre Kaffeetasse auf den Tisch und ließ sich auf ihrem Stuhl zurücksinken. »›Einen Hauch östliches Flair‹ – Linda, soll das ein Witz sein?«, sagte sie ärgerlich. »Und seit wann bist du die Sprecherin des *Mollys*?«

Aber Linda blieb stur. »Vertrau mir, Debs, das ist großartig fürs Geschäft«, erwiderte sie mit einem Augenzwinkern und trabte die Treppe hinunter ins Café.

Debbie las den Artikel noch einmal, und dabei wurde ihr Gesicht immer finsterer. Schließlich warf sie die Zeitung auf den Tisch, saß einen Moment reglos da und starrte den leeren Türrahmen mit wütendem Blick an.

Mich durchströmte eine Mischung aus Neugier und nervöser Unruhe, als ich das Zimmer durchquerte und auf den Tisch sprang. Der Artikel über Ming lag aufgeschlagen vor mir. Mitten auf der Seite prangte ein großes Bild von Ming, wie sie majestätisch auf ihrer Plattform thronte und mit hochmütigem Blick in die Kamera hinunterschaute. Die Kätzchen und ich waren nirgends zu sehen. Links unten in der Ecke war ein weiteres Bild abgedruckt: ein kleines, professionell aussehendes Porträtfoto von Linda, das offensichtlich schon vor Jahren gemacht worden war – sie war stark geschminkt, perfekt frisiert und sah mindestens fünf Jahre jünger aus. Darunter stand: *Linda Fleming rettet Katzen*.

Ich starrte das Foto grimmig an und spürte heftige Wut in mir aufwallen. Alles an dem Artikel brachte mich in Rage, von Mings erfundener »tragischer« Vorgeschichte über Lindas Ernennung zur »Katzenretterin« und ganz besonders die Tatsache, dass Ming fälschlicherweise als einziger Schützling und wichtigste Attraktion des Katzencafés dargestellt wurde. Es schien, als wären die Kätzchen und ich einfach aus unserem Leben gelöscht worden. An dem Artikel war alles falsch, und dennoch verlieh er Lindas verqueren Behauptungen mehr Glaubwürdigkeit. Ich hatte genug gesehen; verdrossen setzte ich mich auf die Zeitung und putzte mich, wobei ich meinen Hintern direkt auf Mings hochnäsigem Gesicht parkte.

Linda prahlte noch ein paar Tage mit ihrem Presseerfolg, ohne Debbies schweigsame, gereizte Reaktion wahrzunehmen. Während ich von meinem Kissen aus zusah, wie sie den Gästen den ausgeschnittenen Zeitungsartikel – den sie jetzt auch noch laminiert hatte – unter die Nase hielt, musste ich unwillkürlich daran denken, wie sie gewesen war, bevor Debbie ihr vorgeschlagen hatte, im Café auszuhelfen. In diesen ersten Tagen hatte sie oft für Unruhe gesorgt; ständig war sie den Tränen nahe, und ihre plötzlichen Gefühlsausbrüche kamen mir vor, als wollte sie damit erreichen, dass sich Debbie als ihre Schwester verpflichtet fühlte, ihr zu helfen.

Damals war ich auch nicht wirklich mit Linda warm geworden, aber zumindest hatte sie ihre Zeit oben in der Wohnung oder mit Shoppingtouren verbracht, sodass ich im Café meine Ruhe vor ihr hatte. Jetzt, da sie dort arbeitete, konnte ich ihr nicht mehr entkommen. Linda half im Café nicht nur aus; ihr Übereifer hatte etwas Heimtückisches an sich. Für mich bestand kein Zweifel, dass sie plante, das Geschäft selbst zu übernehmen, und ihren Schützling Ming nur deshalb anpries, weil sie sich davon einen Vorteil versprach. Der Zeitungsartikel bestätigte lediglich, was ich schon lange ahnte: Linda wollte die »Normalo-Katzen« aus dem Café verdrängen und sie durch schöne, exotische Katzen wie Ming ersetzen.

Seit Eddie verschwunden war, suchten Jasper und ich jeden Tag nach ihm. Jasper drehte tagsüber eine Runde durch die Gassen und kehrte erst bei Einbruch der Dunkelheit zurück. Jeden Abend hielt ich hoffnungsvoll von meinem Fensterplatz aus Ausschau und wartete darauf, dass er um die Ecke in unsere Straße einbog. Und jedes Mal verrieten mir seine herabhängenden Schnurrhaare und sein gesenkter Schwanz, dass seine Suche erfolglos geblieben war. Abends übernahm ich die Suche und klapperte wieder und wieder all die Orte ab, wo eine verängstigte, verletzte kleine Katze Zuflucht finden könnte: hinter den Mülltonnen auf dem Marktplatz, im Gebüsch neben der öffentlichen Toilette und auf jedem Parkplatz und jeder Grünfläche in der Stadt. Nirgends konnte ich eine Spur von Eddie entdecken.

Meine Sorge um ihn war größer denn je. Der Winter nahte, und draußen wurde es von Tag zu Tag kälter. Mit jeder Nacht, die verstrich, schienen die Chancen, dass Eddie wohlbehalten zurückkam, geringer zu werden. Debbie hatte alles Menschenmögliche getan, um die Leute auf sein Verschwinden aufmerksam zu machen; sie hatte die Gäste des Cafés gebeten, die Augen offenzuhalten, alle örtlichen Tierärzte angerufen und überall in der Stadt Vermisstenplakate an Laternenpfählen aufgehängt. Aber niemand hatte ihn gesehen. Ich fürchtete, Debbie könnte die Suche irgendwann aufgeben und mir schweren Herzens mitteilen, dass sie alles versucht hatte, uns aber nichts anderes übrig blieb, als zu akzeptieren, dass wir Eddie nie wiedersehen würden.

Eines Abends beschloss ich, noch einmal zum Marktkreuz zu gehen, wo Eddie zuletzt gesehen worden war. Ich war überzeugt, dass ich dort irgendeinen Hinweis finden würde, wohin er verschwunden war, wenn ich nur gründlich genug suchte. Der Platz war fast leer, und die Nachtluft war feucht und neblig, als hätte eine Wolke die Stadt in ihre frostige Umarmung gehüllt. Mein Blick richtete sich auf die schmale Gasse gegenüber vom Marktkreuz. Ich wusste, dass Jasper sie bereits durchsucht hatte, aber vielleicht könnte ich, wenn ich den Mut aufbrachte, mit der ansässigen

Straßenkatze zu reden, wenigstens herausfinden, ob Eddie dort durchgekommen war.

Ich überquerte die Straße und wagte mich ein paar zaghafte Schritte in den dunklen, feuchtkalten Durchgang hinein. Leise schlich ich vorwärts, fest entschlossen, mich nicht einschüchtern zu lassen, und wurde schnell von vollkommener Finsternis umfangen. Ich hielt mich nahe an der Wand, und so spürte ich eher, als dass ich sah oder hörte, dass jemand im Dunkeln vor mir lauerte und mich beobachtete. Angestrengt starrte ich in die Schwärze um mich herum, mein Herz hämmerte. »Hallo?«, fragte ich, denn ich hielt es für das Beste, so schnell wie möglich herauszufinden, welcher Gefahr ich gegenüberstand. Vor mir bewegte sich etwas, und ein dunkler, geduckter Schemen tauchte hinter einer Mülltonne auf. »Ich suche nur nach einer Katze«, sagte ich und merkte selbst, wie unsicher und ängstlich ich klang. Am Hintereingang der Apotheke ging die Sicherheitsbeleuchtung an, und plötzlich wurde die Gasse von kaltem weißem Licht durchflutet.

Der Straßenkater – jetzt konnte ich ihn deutlich sehen – sagte nichts, sondern kam wortlos auf mich zu. Er hatte verfilztes rötlich-braunes Fell und ein zerfetztes Ohr, und seine gelben Augen verengten sich bedrohlich, als er auf mich zuschritt. Ein leises, grollendes Knurren, das tief aus seiner Kehle drang, ließ keinen Zweifel daran, dass er auf einen Kampf vorbereitet war. Meine Arglosigkeit innerlich verfluchend, ergriff ich die Flucht und rannte so schnell wie möglich zurück. Ohne auch nur einen Moment innezuhalten, hastete ich über den nebligen Platz und zwang ein Auto zu einer Vollbremsung, indem ich direkt davor über die Straße lief. Erst als ich unsere Straße erreichte, wurde ich langsamer. Während ich verschnaufte, sah ich John am Eingang des Cafés stehen; seine stämmige Gestalt wirkte ungewöhnlich tröstlich auf mich.

»Hallo, Molly«, begrüßte er mich freundlich, als er mich auf sich zukommen sah. Er schloss die Tür auf, und ich huschte hinein, blieb auf der Fußmatte stehen und wartete mit aufgerichtetem Schwanz, dass er mich streichelte. Lächelnd beugte sich John zu mir herunter und kraulte mir die Ohren.

»Ganz schön kalt heute Abend, was?«, murmelte er und wischte mir sanft die kühle Feuchtigkeit aus dem Fell. Ich drehte mich zu ihm um und rieb meine Wange an seiner Hand, dankbar für seine beruhigende Berührung. Als er sich aufrichtete, lief ich schnurstracks zu meinem Kissen und machte mich daran, den penetranten Gassengeruch aus meinem Fell wegzuputzen.

John ging durch das Café zur Treppe. »Debbie, ich bin's«, rief er, »der Tisch ist für acht Uhr reserviert.«

»Ich komme gleich«, rief Debbie in unverkennbar gestresstem Ton zurück.

Schritte über uns deuteten darauf hin, dass sie ins Wohnzimmer gelaufen war. Durch die Decke hörte ich sie beschwichtigend, fast flehend auf jemanden einreden. Mitten im Satz unterbrach Sophie sie mit einem ärgerlichen Knurren und stampfte wütend davon.

»Kannst du mir das vorwerfen, Mum?«, rief sie vom Treppenabsatz her. »Wenigstens wohnt Matt in einem normalen Haus, mit einer normalen Familie! Dort hab ich genug Platz und Ruhe zum Nachdenken, und man kann sich auch mal über was anderes unterhalten als über Katzen!«

John warf resigniert einen Blick auf die Uhr und ging zum Kamin. Jasper lag auf einem der Sessel und hob schläfrig den Kopf, als John sich auf dem Platz ihm gegenüber niederließ. Vielleicht lag es an der Kameradschaft zwischen zwei Männern oder vielleicht fühlten sie sich einander verbunden, weil sie beide Teil des Cafés und doch nicht ganz zugehörig waren, aber John und Jasper hatten immer eine besondere Zuneigung füreinander empfunden. John beugte sich vor, um Jasper liebevoll zwischen den Ohren zu kraulen. »Ich weiß nicht, wie du das aushältst, Kumpel«, murmelte John, während Jasper die Augen schloss und genüsslich schnurrte.

Irgendwann kam Debbie sichtlich verlegen die Treppe heruntergerannt, und sie und John machten sich auf den Weg. In der Wohnung über mir kehrte Stille ein, und ich verbrachte ein paar tröstliche Stunden damit, die Erinnerung an den Straßenkater mit den bedrohlich funkelnden gelben Augen wegzuputzen. Erst als ich mich zum Schlafen zusammenrollte, kam mir wieder in den Sinn, was John zu Jasper gesagt hatte. *Ich weiß nicht, wie du das aushältst*, hatte er geseufzt, und etwas an seinem Ton beunruhigte mich. Ich hatte Johns Liebe zu Debbie immer als selbstverständlich angesehen und kaum je darüber nachgedacht, was für eine Wirkung das Drama im Café auf ihn haben könnte. Jetzt wurde mir auf einmal klar, dass seine Geduld vermutlich nicht endlos war und er es irgendwann leid sein würde, ständig außen vor zu bleiben, während Debbie eine Krise nach der anderen bewältigte.

Zum ersten Mal seit Langem kam mir der Gedanke, dass John zu dem Schluss gelangen könnte, dass er ohne uns besser dran wäre.

14

Die Kluft, die sich nach Mings Auftauchen zwischen den Kätzchen und mir aufgetan hatte, wurde durch Eddies Verschwinden noch größer. Ich war sicher, dass ihn mein Wutausbruch veranlasst hatte wegzulaufen, konnte mich aber trotzdem nicht dazu aufraffen, mit seinen Geschwistern darüber zu reden. Meine eigenen Schuldgefühle waren schlimm genug; ich könnte es nicht ertragen, wenn sie mir auch noch Vorwürfe machen würden.

Doch als unsere Suche nach einer Woche immer noch nichts ergeben hatte, fasste ich endlich den Mut, das Thema anzusprechen. Purdy wollte sich gerade wie jeden Morgen durch die Katzenklappe schieben, als ich sie an der Tür abfing.

»Kann ich mit dir über Eddie reden?«, fragte ich.

Es war lange her, dass ich mit einem der Kätzchen unter vier Augen gesprochen hatte, und ich wurde unerwartet nervös, als sie sich mit verwundertem, fragendem Blick zu mir umdrehte.

»Ich hab mich nur gefragt, ob Eddie irgendwas zu dir gesagt hat, bevor er verschwunden ist«, begann ich zögerlich. Mein Puls raste. Wenn Eddie seinen Geschwistern anvertraut hatte, dass er wütend auf mich war, dann würde Purdy ganz sicher nicht davor zurückschrecken, es mir ins Gesicht zu sagen.

Sie sah mir fest in die Augen. »Nein – nichts«, antwortete sie. Dann, nach einer kurzen Pause, fügte sie hinzu: »Du gehst vom Schlimmsten aus.«

»Wie meinst du das?«

»Na ja, du denkst, ihm muss etwas Schreckliches zugestoßen sein – dass er sich verirrt hat oder angegriffen wurde, aber …« Sie verstummte, plötzlich unsicher, ob sie weitersprechen sollte.

»Aber?«, hakte ich nach.

»Vielleicht ist er ja gegangen, weil er mehr von der Welt sehen wollte als nur das Café. Vielleicht war es einfach … der richtige Zeitpunkt für ihn zu gehen.«

Obwohl sie es taktvoll ausdrückte, machten mich ihre Worte wütend.

»Aber wenn er dachte, es sei Zeit für ihn zu gehen, hätte er uns das doch bestimmt gesagt«, erwiderte ich barscher als beabsichtigt.

Purdys Augen wurden schmal, und ich wusste, dass ihr meine Antwort wie ein Vorwurf vorkam. »Vielleicht, vielleicht auch nicht«, entgegnete sie. Sie klang gereizt, und ihr Schwanz peitschte ungeduldig hin und her. Sie warf mir einen Blick zu, der zu sagen schien: »Kann ich jetzt gehen?«

Widerwillig blinzelte ich ihr zu und gab so mein Einverständnis, und sie schlüpfte lautlos durch die Katzenklappe.

Ich wartete ein paar Sekunden auf der Fußmatte und folgte ihr dann nach draußen. Da Purdy noch vor Jos Haushaltswarenladen herumlungerte, ich ihr aber nicht das Gefühl geben wollte, dass ich ihr nachspionierte, schlug ich die entgegengesetzte Richtung ein und ließ mir ihre Worte unterwegs durch den Kopf gehen. Rückblickend war mir klar, dass meine schroffe Antwort sie verletzt haben musste. Wahrscheinlich hatte sie mir helfen wollen, indem sie mich darauf hinwies, dass Eddie einfach beschlossen haben könnte zu gehen – dass er vielleicht nur sehen wollte, was die Welt außerhalb des Cafés zu bieten hatte.

Aber mein mütterlicher Instinkt sagte mir, dass Purdy mit ihrer Vermutung falschlag; niemand kannte Eddie so gut wie ich; niemand wusste, wie sensibel er war, wie sehr er sein Zuhause liebte und dass er, obwohl er fast ausgewachsen war, im Herzen doch immer noch ein kleiner Junge war. Die Vorstellung, dass er die Behaglichkeit des Katzencafés aufgeben würde, um sein Glück auf der Straße zu versuchen, erschien mir unglaubhaft. Und dass er zu einer solchen Reise aufbrechen würde, ohne uns Bescheid zu geben, war völlig ausgeschlossen. Purdy mochte glauben, ihr Hinweis wäre hilfreich gewesen, aber im Grunde war er naiv.

Ich blickte mich um und erkannte, dass ich unbewusst meine übliche Route zum Marktplatz gelaufen war. Über Nacht waren Reihen um Reihen von Marktständen aufgebaut worden, deren gestreifte Markisen im kühlen Wind flatterten. Selbst in der Nebensaison zog der Markt am Samstag Scharen von Menschen an, und auf dem Platz drängten sich bereits unzählige Leute unter einem grauen, trüben Himmel. Ich setzte mich neben die Bank unter der Ulme und nahm die vertrauten Geräusche des Markttreibens in mich auf: das Zuschlagen von Autotüren, das aufgeregte Hundegebell und das gelegentliche Jammern überreizter Kinder.

Mein Blick schweifte über die Menschenmenge und die bunten Abdeckplanen zu den Gebäuden, die den Marktplatz umsäumten. Als ich zu meiner Linken eine Lücke zwischen dem Süßwarenladen und einem Antiquitätengeschäft entdeckte, schlug mein Herz unwillkürlich höher. Bisher hatte ich es fast immer Jasper überlassen, die Gassen abzusuchen, aber wenn ich mich recht erinnerte, war diese Gasse anders als die anderen …

Es dämmerte bereits, als ich durch die schmale Öffnung am Anfang der Gasse schlüpfte. Ich sprang auf die Bruchsteinmauer, die an einer Seite entlangführte, und lief vorsichtig über die raue, unebene Oberfläche. Vor mir, in einem Garten, der direkt an die Gasse grenzte, stand ein alter Schuppen an der Mauer, ringsum von verwilderten Brombeersträuchern umgeben. Den Blick auf das Dach gerichtet, schlich ich darauf zu. Als ich näher kam, bemerkte ich eine Bewegung im Gebüsch, und kurz darauf blitzten mitten in dem Dornengestrüpp goldfarbene Augen auf. Ich erstarrte, mein Herz pochte wild, und meine Pfote verharrte in der Luft, während ich wie gebannt auf die Stelle starrte, wo die Augen aufgetaucht waren.

»Entschuldigung«, sagte ich.

Aus dem Gebüsch kam eine kleine Schildpattkatze hervor und musterte mich mit durchdringendem Blick.

»Ich kenne dich«, sagte ich. »Wir haben uns schon einmal getroffen.«

Die Schildpattkatze näherte sich langsam über das Dach der kleinen Hütte und beäugte mich argwöhnisch. »Du warst vor langer Zeit hier«, sagte sie schließlich. »Du warst verletzt.«

»Ja, genau.« Tiefe Erleichterung durchflutete mich. »Ich wollte fragen, ob du mir noch einmal helfen könntest«, fuhr ich fort und schaute hoffnungsvoll in ihr Gesicht. »Ich suche nach meinem Sohn Eddie. Er ist verschwunden, und ich habe mich gefragt, ob du ihn vielleicht gesehen hast.«

Die goldfarbenen Augen der Schildpattkatze wurden schmal.

»Nun, ein schwarz-weißer Kater ist diese Woche schon ein paarmal hier durchgekommen.«

Mein Herz schlug schneller. »Trug er ein silbernes Halsband?«, fragte ich und versuchte, meine Aufregung im Zaum zu halten.

Sie zog nachdenklich die Nase kraus. »Hmm, an ein Halsband kann ich mich nicht erinnern. Er sah aus wie ein Straßenkater.«

Mein Herz wurde schwer; sie musste Jasper meinen, der auf seinem täglichen Rundgang durch die Gassen hier vorbeigekommen war.

Die Schildpattkatze legte den Kopf schräg. »Dein

kleiner Junge ist verschwunden?«, fragte sie. »Das ist traurig.« Ihre schlichte Mitleidsbekundung brachte mich fast zum Weinen.

»Der Kater, den du gesehen hast, war bestimmt sein Vater. Die beiden ähneln sich wie eine Maus der anderen. Eddie ist schon über eine Woche verschwunden, und das sieht ihm überhaupt nicht ähnlich. Er hat noch nie draußen gelebt.« Ich spürte ihren Blick auf mir, starrte aber unverwandt auf den spröden Stein zu meinen Pfoten.

»Wann ist er verschwunden?«, fragte die Schildpattkatze behutsam nach.

»Zum letzten Mal wurde er letzten Samstag am Marktkreuz gesehen.«

Ich beobachtete, wie sie nachdenklich die Augen schloss. Ihr Gesicht war rötlich braun, aber sie hatte einen schwarzen Fleck über dem einen Auge, durch den sie aussah wie ein Pirat. Unter ihrem Fell, das ein wilder Mix aus Rotbraun, Weiß und Schwarz war, verbarg sich ein schlanker, drahtiger Körper. Plötzlich wurde ich mir meiner eigenen molligen Statur, die ich einer reichhaltigen Diät aus Katzenfutter und allerlei Leckereien aus dem Café zu verdanken hatte, sehr bewusst und spürte eine tiefe Dankbarkeit, dass ich nicht draußen leben musste, wo ich dem Wetter so gut wie schutzlos ausgeliefert wäre und um jede Mahlzeit kämpfen müsste.

Die Augen der Schildpattkatze öffneten sich schlagartig. »Hör zu, ich weiß nicht, ob es dein Junge war, aber ich habe von einer Hauskatze gehört, die seit

Kurzem in den Straßen herumstreift«, flüsterte sie eindringlich, als fürchte sie, jemand könnte uns belauschen. »Er hat einen ziemlichen Aufruhr verursacht, weil er durch die Stadt getigert ist, als gehöre sie ihm; kreuz und quer durch die Gassen – ähnlich wie du, wenn ich's mir recht überlege«, fügte sie mit einem verschmitzten Glitzern in den Augen hinzu.

»Wann war das – weißt du das noch?«

»Ich bin mir nicht ganz sicher, aber vor einer Woche könnte hinkommen.«

Ich taxierte sie mit einem eindringlichen Blick. »Hast du eine Ahnung, wohin er gegangen sein könnte?«, fragte ich. Mein Herz pochte so laut, dass ich es hören konnte.

Plötzlich ließ die Schildpattkatze den Kopf hängen. »Soweit ich weiß, hat ihn eine Straßenkatze bis zu dem Ortsschild an der Hauptstraße im Süden gejagt. Was danach mit ihm passiert ist, weiß ich leider nicht«, sagte sie traurig.

Ich bedankte mich bei ihr und sprang von der Bruchsteinmauer. So schnell ich konnte, verließ ich die Gasse und rannte über den Platz, wich den Beinen der Einkaufsbummler aus und lief zwischen geparkten Autos hindurch, bis ich schließlich den Kirchhof erreichte. Als ich Jasper zwischen den Grabsteinen am anderen Ende herumschleichen sah, hastete ich zu ihm und scheuchte in meiner Eile einen Schwarm Krähen auf, die kreischend davonflatterten.

»Ich weiß, was mit Eddie passiert ist!«, keuchte ich atemlos. »Eine Katze hat ihn vor etwa einer Woche zur Hauptstraße im Süden gejagt. Eine Straßenkatze hat mir davon erzählt.«

Jaspers Augen wurden groß. »Eine Straßenkatze hat dir davon erzählt?«, wiederholte er ungläubig.

»Ja, die Schildpattkatze in der Gasse neben dem Süßwarenladen. Sie hat gesehen, wie du nach ihm gesucht hast, hat sich aber vor dir versteckt.«

Jasper starrte mich mit einer Mischung aus Überraschung und Bewunderung an.

»Ich hab's doch gewusst«, sagte ich und fühlte selbstgefällige Genugtuung in mir aufsteigen. Es war richtig gewesen, dass ich nicht auf Purdy gehört hatte; Eddie war nicht fortgegangen, um Abenteuer zu erleben, er war davongejagt worden. Aber meine Selbstzufriedenheit war nichts im Vergleich zu der tiefen Sorge, die mich durchströmte. Die Schildpattkatze hatte meine schlimmsten Befürchtungen bestätigt: Eddie war wirklich mit einer Straßenkatze aneinandergeraten und aus der Stadt gejagt worden. Er war irgendwo dort draußen, allein, hungrig und zu verängstigt, um nach Hause zu kommen.

Ich starrte Jasper herausfordernd an und beschwor ihn, den Ernst der Situation anzuerkennen. »Also, was machen wir jetzt?«

»Nun, es gibt nur eines, was wir tun können«, antwortete Jasper ruhig. »Ich muss ihm folgen.«

Noch am selben Abend verabschiedete sich Jasper von den Kätzchen und stahl sich hinaus in die Dunkelheit. Ich begleitete ihn durch die schmalen Gassen, bis wir die Hauptstraße nach Süden erreichten. Dort liefen wir, an zahlreichen Geschäften, der öffentlichen Toilette und dem Parkplatz vorbei, zu der Stelle, wo der Bürgersteig endete und in einen grasbewachsenen Abhang überging. Die Felder jenseits der Hecken überall um uns herum sahen im Dunkeln pechrabenschwarz aus. Eine Eule rief ungesehen in einem Baum ganz in der Nähe.

Wir stiegen vom Bordstein und liefen den feuchten Abhang hinunter zu den Hecken. Jasper konnte auf sich aufpassen, das wusste ich, und dennoch graute mir vor der Vorstellung, dass er fortgehen und ich keine Möglichkeit haben würde, ihn zu erreichen. So sehr er mich in letzter Zeit manchmal frustriert und geärgert hatte, war er doch mein Fels in der Brandung. Ohne ihn hatte ich niemanden, dem ich mich anvertrauen konnte und der sich immer Mühe gab, mich zu beruhigen.

Als hätte er meine Gedanken gelesen, murmelte Jasper: »Das wird schon wieder – ich werde Eddie finden.« Er schmiegte sein Gesicht an meins, und ich sah ihm tief in seine bernsteinfarbenen Augen und versuchte, mir ihren tröstlichen Blick einzuprägen.

Jasper schlüpfte in eine Lücke zwischen den Hecken; ein kurzes Rascheln, dann war er weg. Ich drehte mich um und ging langsam zurück zum Café. Jetzt konnte ich nichts anderes mehr tun als warten.

15

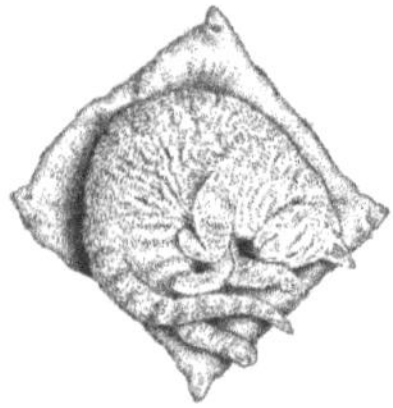

Als ich am Montagmorgen nach dem Frühstück die Treppe zum Café hinunterlief, begegnete ich Debbies suchendem Blick. Ich konnte fast sehen, wie sie uns im Kopf durchzählte, während sie beobachtete, wie die Kätzchen allmählich eintrudelten. Wenig später, als ich gerade meinen üblichen Platz auf der Fensterbank einnahm, hörte ich sie an der Hintertür eine Packung Leckerlis schütteln. »Jasper, Frühstück!«, rief sie hoffnungsvoll in die leere Gasse.

Linda, die sich am Spiegel neben dem Tresen die Haare zusammenband, bemerkte das besorgte Gesicht ihrer Schwester. »Was ist los, Debs?«, fragte sie in unbekümmertem Ton.

»Ich hab Jasper schon ein paar Tage nicht gesehen. Er ist nicht zum Frühstück gekommen, und er ist auch nicht in der Gasse«, antwortete Debbie sichtlich beunruhigt.

Linda blickte erneut auf ihr Spiegelbild. »Eine Katze zu verlieren ist ein Unglück. Zwei Katzen zu verlieren grenzt schon an Nachlässigkeit«, sagte sie mit einem süffisanten Lächeln, doch als sie Debbies eisigem Blick begegnete, hastete sie schnell davon, um die Serviettenspender nachzufüllen.

Noch am selben Morgen rief Debbie die Tierärztin an. »Oh, hallo, Debbie Walsh hier, vom *Mollys*. Ich fürchte, wir haben noch eine Katze verloren«, sagte sie aufgeregt. »Könnten Sie mir Bescheid geben, wenn Sie etwas hören?«

Allerdings hängte sie keine Vermisstenplakate auf, wie sie es bei Eddie getan hatte, und den Gästen gegenüber erwähnte sie Jaspers Verschwinden auch nicht. Ich vermutete, dass Lindas Kommentar einen Nerv getroffen hatte und sie sich dafür schämte, dass dem einzigen Katzencafé in Stourton nun schon zwei Katzen abhandengekommen waren.

Den ganzen Tag über warf Debbie mir immer wieder besorgte Blicke zu, während ich am Fenster saß und nervös Ausschau hielt. »Keine Sorge, Molls – Jasper wandert nur wieder umher«, versuchte sie, mich zu beruhigen. Ich rieb meine Wange an ihrer Hand und wünschte, ich könnte ihr erklären, was wirklich los war.

Ich sagte mir, dass Jasper Eddie finden und nach Hause bringen würde, hatte aber das Gefühl, dass ich keinen der beiden je wiedersehen würde. Selbst im Schlaf fand ich keine Ruhe: Mich plagten unruhige Träume, aus denen ich mit einem Ruck aufschreckte, und jedes Mal überkam mich das schreckliche Gefühl, dass ich mehr tun sollte – dass *ich* weiterhin nach Eddie hätte suchen sollen. Das Gefühl von Machtlosigkeit wurde immer unerträglicher, je länger ich hier im

Café ausharrte. Jedes Mal, wenn das Telefon klingelte, zog sich mein Herz zusammen, weil ich hoffte – und gleichzeitig fürchtete –, dass es um Eddie oder Jasper ging.

Obwohl die Kätzchen verstanden, warum ihr Vater weggegangen war, hatte der Verlust von Jasper – zusätzlich zu dem Verschwinden ihres Bruders – eine destabilisierende Wirkung auf unsere ohnehin schon gespaltene Familie. Ich zog mich noch mehr zurück und starrte stundenlang aus dem Fenster. In unserer kleinen Kolonie gab es nur noch Frauen, und die Leere, die Eddies und Jaspers Verschwinden hinterlassen hatte, machte die Kätzchen streitlustig, als würden sie um ihren Platz in der neuen Hierarchie kämpfen.

Purdy hatte sich immer bestimmte Vorrechte herausgenommen, weil sie selbstbewusster und draufgängerischer war als ihre Geschwister, aber jetzt wurden auch Abby und Bella wagemutiger und fochten Purdys Herrschaft an. Ich hielt mich aus ihren Streitereien heraus, weil ich dachte, es sei das Beste, sie ihre geschwisterlichen Rivalitäten unter sich klären zu lassen, aber es verging kaum ein Tag, an dem ich nicht plötzlich ein wütendes Fauchen hörte, wenn eine kleine Meinungsverschiedenheit in einen offenen Konflikt ausartete. Ihre Auseinandersetzungen endeten meistens damit, dass Purdy beleidigt durch die Katzenklappe abzog. Oft sprang sie auf Jos Van vor dem Haushaltswarenladen und schaute sich mit betont unbekümmertem Blick um, bevor sie sich ausgiebig putzte und damit zeigte: Das ist mein Revier.

Eines Morgens nahm Linda ein großes Paket an der Tür in Empfang, als Debbie und sie das Café gerade öffnen wollten.

»Was ist da drin?«, fragte Debbie, während sie zusah, wie Linda das Klebeband durchschnitt.

»Mings Mugs!«, rief Linda fröhlich und genoss Debbies verständnislosen Blick. Sie riss den Karton auf und holte eine weiße Emaille-Tasse hervor, auf der ein Bild von Ming prangte. Vor dem reinweißen Hintergrund traten ihr spitzes Kinn und ihre riesigen braunen Ohren noch deutlicher hervor, und ihre Augen erstrahlten in einem stechenden, künstlichen Blau. Unter dem Foto stand in pinkfarbener Schrift der Hashtag: #mingsmug.

Debbie machte ein entsetztes Gesicht. »Und was hast du damit vor?«, fragte sie argwöhnisch und ging um den Tresen herum, um sich die Tasse näher anzusehen.

»Na, ich verkaufe sie natürlich! Das nennt man Vermarktung, Debs«, erklärte Linda wichtigtuerisch. »Ich habe sechzig Stück bestellt.«

Sie wuchtete den Karton hoch und trug ihn zum Kamin, ohne auf Debbies fassungslosen Blick zu achten.

»Wir können sie neben der Spezialitäten-Tafel aufbauen, siehst du?« Linda hatte den Karton auf einem Sessel abgestellt und arrangierte die Tassen bereits auf dem Kaminsims. »All unsere Gäste lieben Ming, bestimmt zahlen sie gern drei …«

»Linda, hör auf!«, schrie Debbie plötzlich.

Die Kätzchen und ich erstarrten und sahen sie überrascht an – es kam nicht oft vor, dass sie die Stimme erhob. Lindas Hand verharrte über der Tassenpyramide auf dem Kaminsims.

»Was ist denn, Debs?«, fragte sie in unschuldigem Ton, ohne sich zu ihrer Schwester umzudrehen. »Gefallen sie dir nicht?«

Debbie stand direkt hinter ihr und atmete tief durch, um sich zu beruhigen. Als sie sprach, zitterte ihre Stimme vor unterdrückter Wut. »Linda, du hast das anscheinend nicht ganz begriffen. Das hier ist ein Café, kein … kein Ming-Erlebnispark!«

Einen Moment herrschte Stille, dann antwortete Linda heiter: »Nun, du könntest ja auch eine von Molly machen.«

»Darum geht es nicht!«, brauste Debbie auf.

Endlich wandte sich Linda zu ihr um. Auf ihren Lippen lag ein trotziges Lächeln, aber zwei rosarote Flecken waren auf ihren Wangen erschienen.

»Das hier ist ein Katzencafé«, sagte Debbie mit einer abfälligen Handbewegung in Richtung des Kartons voller Tassen, »kein … Geschirr-Warenhaus. Tut mir leid, Linda, aber diese Tassen sind … kitschig.« Sie nahm eine heraus und musterte sie missbilligend. »Und außerdem könnte hier genauso gut ›Ming's smug‹ stehen – Ming ist eingebildet.« Sie hielt die Tasse hoch und deutete auf den Hashtag. »Wer will schon Merchandising-Produkte von einer eingebildeten Katze kaufen?«

Linda stand einen Moment da wie ein begossener Pudel, dann drehte sie sich wortlos wieder zum Kaminsims um. »Wie du willst. Du hast hier schließlich das Sagen«, grummelte sie und begann, die Pyramide abzubauen – die Tassen stießen scheppernd aneinander, als sie sie an den Henkeln griff.

Nachdem sie den Karton wieder eingeräumt hatte, wuchtete sie ihn hoch und schleppte ihn zur Tür.

»Dann muss ich die wohl irgendeiner Wohltätigkeitsorganisation spenden«, sagte sie. Den Karton auf einem hochgezogenen Oberschenkel balancierend, mühte sie sich ein paar Minuten vergeblich ab, die Tür aufzuschließen, bis Debbie hinüberging und die Tür für sie öffnete. »Danke«, murmelte Linda grimmig, schlang beide Arme um die Kiste und rauschte hocherhobenen Hauptes davon.

Die Stimmung zwischen den beiden Schwestern blieb nach dem Tassendebakel angespannt. Am Freitag eilte Linda gleich nach oben, als das Café schloss, und in ihrer Ankündigung, dass sie den Abend mit Freunden verbringen würde, lag eine gewisse Genugtuung.

Debbie lächelte höflich. »Viel Spaß!«, rief sie ihrer Schwester nach, als diese die Treppe hinunterlief. Aber sobald die Tür des Cafés zuschlug, atmete sie erleichtert auf.

Später am Abend kam Jo mit einem Imbiss vorbei, und Debbie und ich gingen nach unten, um sie zu begrüßen. Als ich Jos Lockenmähne und ihr fröhliches Gesicht sah, hellte sich meine Stimmung sofort auf. Ihre bodenständige Art stand in krassem Kontrast zu Lindas Hang zu Drama und Selbstmitleid, und man konnte sich darauf verlassen, dass sie Debbie die lustige Seite jeder noch so vertrackten Situation aufzeigte.

Es dauerte nicht lange, bis Debbie ihren Frust wegen Linda bei ihr ablud. »Du hättest diese Tassen sehen sollen, Jo«, schimpfte sie und verzog das Gesicht, während sie zwei Gläser Wein einschenkte. »Ich hab noch nie im Leben etwas so Hässliches gesehen. Auf dem Foto sah die arme Ming aus wie ein schielendes Ungetüm!«

Jo war in die Hocke gegangen, um Purdy zu streicheln. Jo ging mit allen Kätzchen liebevoll um, aber sie hatte schon vor Langem die kühne Purdy zu ihrem Liebling auserkoren. Ihre braunen Locken bebten, so heftig lachte Jo. »Klingt, als sollten sie nicht ›Mings Mugs‹ heißen, sondern ›Mings Monster-Mugs‹.« Sie grinste, als Purdy sich an ihrem Knie rieb. »Ich wünschte, du hättest eine behalten, um sie mir zu zeigen – die waren bestimmt zum Brüllen.«

Sie stand auf und nahm ihre Brille vom Tresen, während Purdy zufrieden die Holzplanken zur Katzenhängematte hinaufstieg.

»Vielleicht hat sich Linda einfach zu sehr in das Ganze reingesteigert, nachdem ihre Glückskekse so gut angekommen sind«, meinte Jo diplomatisch und trank einen Schluck Wein.

Debbie zuckte die Schultern. »Mag sein. Ehrlich gesagt weiß ich nicht, ob sie ein Marketing-Genie oder total übergeschnappt ist. Aber sie treibt mich in den Wahnsinn.«

Jo sah zu, wie Debbie einen Stapel Alubehälter aus

der Tüte holte und sie auf den Tisch stellte. »Wenn sie dich wirklich so nervt, könntest du doch zu John ziehen«, schlug sie mit einem schelmischen Lächeln vor.

Meine Ohren stellten sich auf.

»Ist ja komisch«, erwiderte Debbie leise, »genau dasselbe hat John auch gesagt.«

Jo warf ihr über ihr Weinglas hinweg einen erstaunten Blick zu. »Ach ja? Wann?« Ihre Augen funkelten vor Aufregung, aber Debbie schüttelte entschieden den Kopf.

»Vor ein paar Wochen, aber ich hab Nein gesagt.«

»Warum?«, fragte Jo und ließ sich enttäuscht auf einen Stuhl plumpsen. »Das ist doch die beste Lösung. Es wäre der logische nächste Schritt für euch beide; und außerdem hättest du dann deine Ruhe vor Linda.«

Debbies Gesicht verdüsterte sich, und sie stützte sich schwer auf den Tresen. »So einfach ist das nicht, Jo. Was ist mit Sophie? Ich kann ihr nicht schon wieder einen Umzug zumuten – nicht so bald nach dem ganzen Scheidungsdrama. Außerdem ist diese Wohnung mein Zuhause, und ich will sie nicht aufgeben, nur weil …« Sie suchte nach den richtigen Worten. »… nur weil meine Schwester mich verrückt macht.«

Jo ließ niedergeschlagen die Schultern hängen.

»Und wenn John und ich irgendwann zusammenziehen, dann sollten wir uns dafür entscheiden, weil wir es beide wollen, nicht, weil es die einfachste Lösung für unser Platzproblem wäre.«

»Ich verstehe, was du meinst, Debs«, sagte Jo und

strich sich eine verirrte Locke aus den Augen. »Aber irgendwas muss sich ändern, oder? So kann es nicht ewig weitergehen. Vielleicht solltest du Linda bitten, dass sie auszieht.« Sie beobachtete ihre Freundin verstohlen, während sie an ihrem Wein nippte, und ich saß reglos auf meinem Fensterkissen und wartete mit angehaltenem Atem auf Debbies Antwort. Es kam mir vor, als würde *mein* Schicksal ebenso in der Schwebe hängen wie Lindas.

Debbie stieß ein lautes Stöhnen aus. »Ach, ich weiß es einfach nicht, Jo«, klagte sie. Obwohl sie es nicht gesagt hatte, wusste ich, was sie dachte: dass sie ihre Schwester in einer so schwierigen Zeit nicht im Stich lassen konnte. Deshalb kamen ihre nächsten Worte sehr überraschend. »Vielleicht hast du recht.« Sie seufzte. »Ich halte das nicht mehr lang aus. Ich werde morgen mit Linda reden.«

»Richtig so!«, rief Jo und hob ihr Glas zu einem ermutigenden Toast.

Debbie blickte auf, und ein kleines Lächeln erschien auf ihren Lippen. »Oder vielleicht könnte Linda einfach bei dir einziehen?«, witzelte sie.

Jo tat, als würde sie an ihrem Wein ersticken, dann setzte sie ein schicksalsergebenes Gesicht auf. »Womöglich wäre das gar keine so üble Idee«, murmelte sie. »So schlecht, wie das Geschäft momentan läuft, brauche ich vielleicht bald eine Mitbewohnerin, um mir die Miete leisten zu können.«

16

Später am Abend, als ich zusammengerollt am Fußende von Debbies Bett lag, ließ ich mir Jos und Debbies Gespräch noch einmal durch den Kopf gehen. Es hatte mich gleichermaßen beruhigt und aufgebracht. Dass John Debbie gebeten hatte, bei ihm einzuziehen, war ermutigend. Aber dennoch machte ich mir Sorgen, wie es für uns weitergehen würde, wenn Debbie und Sophie auszogen. Linda würde die Wohnung übernehmen, und wahrscheinlich würde sie auch das Café weiterführen. Das waren beängstigende Aussichten. Bestimmt würde sie gleich als Erstes meinen Namen von der Tür entfernen. Dann wäre es Mings Café, nicht mehr Mollys, und auf jeder Speisekarte, jeder Serviette und Schürze würde Mings hochnäsiges Gesicht prangen. Die Wohnung würde Beaus Herrschaftsgebiet werden, und die Kätzchen und ich würden sowohl oben als auch unten im Café Ausgestoßene sein.

Ich putzte fieberhaft mein Hinterbein, um die albtraumhafte Vision aus meinen Gedanken zu vertreiben. Ich rief mir in Erinnerung, dass Debbie den Vorschlag, auszuziehen, entschieden abgelehnt und sogar versprochen hatte, mit Linda zu reden. Als Jo schließlich gegangen war – sie sahen beide ziemlich mitgenommen aus –, hatte sie Debbie noch einmal daran erinnert: »Vergiss nicht: Du wirst morgen mit Linda über das Ganze reden.«

Debbie nickte bekräftigend. »Ja, auf jeden Fall«, sagte sie. »Ich werde Linda den Marsch blasen. Oder ich schicke sie zu dir!«

Ich schlief ein, beruhigt, dass es, sofern Debbie ihr Versprechen hielt, Grund zur Hoffnung gab, dass die Tortur, mit Linda zusammenwohnen zu müssen, schon bald ein Ende haben würde.

Doch in der Nacht warf sich Debbie unruhig hin und her, wachte fast stündlich auf und trank ein großes Glas Wasser. Als am Morgen der Wecker klingelte, wälzte sie sich mühevoll, mit dunklen Schatten unter ihren blutunterlaufenen Augen, aus dem Bett. Sie zog die Jalousien hoch und stöhnte, als helles Sonnenlicht hereinströmte.

Debbie hatte gerade Tee aufgesetzt, als Linda ebenso blass und mit zerzausten Haaren aus dem Wohnzimmer auftauchte. Sie war erst nach Hause gekommen, als Debbie schon im Bett lag, und ich vermutete, dass sie auch ziemlich viel getrunken hatte. Ich hatte gehört, wie sie durch den Flur gewankt war und Beau unverkennbar angeheitert eingeschärft hatte, still zu sein.

Sie schlurfte durch den Flur, während Debbie den blubbernden Wasserkocher im Auge behielt.

»Morgen«, murmelte Debbie, woraufhin Linda irgendetwas Unverständliches antwortete. Sie schienen eine stille Abmachung zu treffen, dass keine Unterhaltung möglich war, bis sie beide eine Tasse Tee getrunken hatten. Ich lief zwischen der Küche und dem Wohnzimmer hin und her, während sie das Frühstück vorbereiteten, und wartete nervös, dass Debbie ihr Versprechen einlöste.

Nachdem sie Tee und Toast zu sich genommen hatten und ihre Wangen allmählich wieder Farbe annahmen, fragte Debbie Linda, wie ihr Abend gewesen war. Linda ließ eine Unmenge Tratsch über ihre Freundinnen vom Stapel, den Debbie sich geduldig und mit einem Ausdruck höflicher Gleichgültigkeit anhörte.

»Sie hat darauf beharrt, dass sie keine Schönheits-OP hatte.« Linda grinste verschwörerisch, als sie zum Höhepunkt ihrer komplizierten Geschichte kam. »Aber ich hab noch nie eine *derart* effektive Gesichtscreme gesehen.« Sie zog die Augenbrauen hoch und warf Debbie über den Rand ihrer Teetasse einen wissenden Blick zu.

Debbie stieß ein unechtes Lachen aus, wartete einen Moment, um sicherzugehen, dass Linda wirklich fertig war, und beugte sich dann mit ernstem Gesicht vor.

»Hör mal, Linda, ich muss dich was fragen …«, setzte sie an, als über uns plötzlich eine Tür aufflog.

Sophie kam die Treppe heruntergepoltert und murrte, dass sie verschlafen hatte und sich schon vor zwanzig Minuten mit ihrer Freundin Jade hätte treffen sollen. Debbie verfiel sofort in ihren Krisenbewältigungsmodus und half ihrer Tochter, Schuhe und Tasche zu finden, während Sophie hektisch Jade auf dem Handy anrief. Als Sophie endlich fertig angezogen war und davoneilte, war Linda schon im Bad verschwunden.

Die Gelegenheit war verstrichen, und Debbie blieb nichts anderes übrig, als das Wohnzimmer aufzuräumen, während Linda duschte.

Als Linda endlich in einer duftenden Dampfwolke aus dem Bad kam, verkündete sie fröhlich: »Ich denke, es wird höchste Zeit, dass Beau auch mal ein Bad nimmt – er riecht in letzter Zeit ein bisschen … hündisch.«

Unter Debbies enttäuschtem, leicht missbilligendem Blick beugte sie sich über Beau, der im Wohnzimmer auf dem Boden lag. »Hab ich nicht recht, Baby? Wer ist ein miefiger Junge? Ja, *du*!«, säuselte sie, als er sich auf den Rücken drehte und ihr unterwürfig seinen Bauch präsentierte. Sie nahm das ungewaschene Ungetüm in den Arm, trug es ins Bad und verschloss die Tür hinter sich.

Nachdem sie Beau gewaschen und geföhnt hatte, setzte Linda ihn aufs Sofa, wo er reglos und mit schreckgeweiteten Augen hocken blieb wie ein geschockter Teddybär. Sobald Linda am Tisch Platz nahm, um Zeitung zu lesen, ergriff Debbie das Wort: »Linda, ich wollte mit dir reden …«

Dieses Mal bimmelte Lindas Handy und vibrierte eindringlich neben der Zeitung auf dem Tisch. »Sorry, Debs, darum muss ich mich kümmern«, entschuldigte sie sich. Es war eine Nachricht von Ray, und sie verbrachte die nächsten zwanzig Minuten damit, eine Antwort zu verfassen, wobei sie ständig die Stirn krauszog, die Augen verdrehte und wild auf dem Display herumtippte.

Währenddessen saß Debbie schweigend neben ihr und blätterte lustlos eine alte Zeitschrift durch.

Ich konnte sehen, dass Debbie mit jeder Minute, die sie das Gespräch hinausschieben musste, nervöser wurde. Wenn sie nicht bald dazu kam, würde sie womöglich endgültig die Nerven verlieren.

Doch sobald Linda mit ihrer Nachricht an Ray fertig war, legte Debbie die Zeitschrift weg und holte tief Luft: »Linda, wir müssen reden …«

Das Telefon klingelte. Debbie stöhnte frustriert.

»Moment, ich wimmle ihn schnell ab, wer immer es ist«, sagte sie, hob die Hand in einer »Bleib da«-Geste und eilte zum Telefon. »Hallo? Debbie hier.« Während sie sprach, behielt sie ihre Schwester im Auge, als wolle sie ihr einschärfen, sich nicht wegzubewegen. Sie lauschte aufmerksam der Stimme am anderen Ende der Leitung und drehte sich dann plötzlich zur Wand um. Als sie antwortete, war ihre Stimme leise und klang bedrückt. »Oh, verstehe. Das tut mir sehr leid.«

Ich blickte starr auf ihren Hinterkopf und kämpfte gegen die Panik an, die unwillkürlich in mir aufstieg.

»Danke, dass Sie mich informiert haben«, sagte Debbie mit zittriger Stimme und legte dann auf.

»Stimmt was nicht?«, fragte Linda und knuddelte

Beau, der sich von seinem Bad erholt hatte, zum Tisch herübergetrottet und auf ihren Schoß gesprungen war.

Als sich Debbie zu uns umwandte, hatte sie Tränen in den Augen, und ihre Lippe zitterte.

Ich lief zu ihr und setzte mich vor sie auf den Boden. Das Blut rauschte mir in den Ohren, und ich wusste mit absoluter Gewissheit, worum es bei dem Telefonat gegangen war. Die Frage war nur: Betraf es Eddie oder Jasper? Oder beide …?

Debbie sah zu mir herunter, und eine Träne rann ihr über die Wange. »Oh, Molly. Es tut mir so leid. Margery ist gestorben.«

Ich hatte das Gefühl, als würde ich den Boden unter den Füßen verlieren. Verwirrt blickte ich zu Debbie hoch. Ich war mir so sicher gewesen, dass ich wusste, was mich erwartete, dass ihre Worte im ersten Moment überhaupt keinen Sinn ergaben. Ich stand vollkommen reglos da, wie gelähmt vor Schock. Dann, als Debbie sich zu mir herunterbeugte, um mich zu streicheln, und ich ihre Worte zu begreifen begann, schoss mir ein einziger schrecklicher Gedanke durch den Kopf: *Wenigstens war es nicht Eddie*. Fast sofort durchflutete mich eine Welle von Schuldgefühlen; wie konnte ich in einem solchen Moment so etwas denken?

Debbie streichelte mir über den Kopf und gab sich alle Mühe, mich zu trösten, aber Trost war nicht das, was ich jetzt brauchte. Ich war völlig verwirrt und wie betäubt, und plötzlich wurde mir klar, dass ich allein sein musste, um diese schreckliche, erschütternde Neuigkeit in Ruhe zu verdauen. Blitzschnell eilte ich aus dem Zimmer, die Treppe hinunter und durch die Katzenklappe. Draußen hielt ich einen Augenblick inne, blickte mich in blinder Panik um und überlegte, welche Richtung ich einschlagen sollte. Fast sofort wurde mir klar, dass ich mich an meinen sicheren Ort zurückziehen musste: die Feuerleiter in der Gasse. Ich hastete um das Café herum, den Durchgang entlang und hielt direkt auf die Stahltreppe zu.

Meine Gedanken überschlugen sich, als ich mich zu erinnern versuchte, wann ich Margery zum letzten Mal gesehen hatte. Irgendwie fühlte es sich wichtig an, dass ich mir unsere letzte Begegnung und ihre letzten Worte ins Gedächtnis rief. Dann fiel es mir ein: Es war an diesem stürmischen Sonntag gewesen – an genau dem Tag, an dem Eddie verschwunden war. Margery war unruhig und aufgewühlt, weswegen wir nicht lange geblieben waren, und auf dem Weg nach draußen hatten wir David getroffen. Mein Herz krampfte sich zusammen, als mir klar wurde, dass Margery bei unserer letzten Begegnung anscheinend nicht mehr gewusst hatte, wer ich war.

Ich schloss die Augen und ließ eine Woge der Reue über mich hinwegspülen. Hätte ich gewusst, dass ich sie nie wiedersehen würde, wäre ich auf ihren Schoß gesprungen und laut schnurrend dort sitzen geblieben, bis sie mich erkannte – damit sie wusste, dass ich sie immer lieben würde. Aber dafür war es jetzt zu spät. Ich hatte meine letzte Chance verpasst, mich von ihr zu verabschieden.

Ich tigerte langsam über die flachgedrückte Pappe unter der Feuertreppe und lauschte den Geräuschen der Gasse. Eine einsame Taube gurrte leise auf einem Dach hinter mir, und ein Eichhörnchen huschte die Wand gegenüber hinauf. Eine seltsame Leere breitete sich in mir aus; ich fühlte mich ausgehöhlt und substanzlos. Es schien, als würde ich nicht mehr dadurch definiert, wer ich war, sondern dadurch, wen ich verloren hatte: Eddie, Jasper und jetzt auch noch Margery. Vollkommen allein rollte ich mich auf der Pappe zusammen, schloss die Augen und hoffte auf Erleichterung von meinem inneren Aufruhr, die nur der Schlaf mir bringen konnte.

In jener Nacht schlief ich tief und traumlos und erwachte erst, als mich die Krähen früh am Morgen mit ihrem Krächzen aufschreckten. Die Sonne ging gerade auf, der Himmel erstrahlte in einem atemberaubenden, mit Gold durchzogenen Rosarot, und die Luft war winterlich kalt, als ich unter der Stahltreppe hervorkam. Das Gras auf dem Kirchhof knirschte unter meinen Pfoten, als ich den Weg zum Marktplatz einschlug, zur Ulme tapste und auf die Bank unter ihren kahlen Ästen sprang.

Ich wohnte nun schon fast zwei Jahre in Stourton und hatte einen genauso großen Teil meines Lebens ohne Margery verbracht wie mit ihr. Ich quälte mich selbst mit einer fast unerträglichen Überlegung: Wenn ich in der Zeit zurückreisen und mit Margery in ihrem gemütlichen kleinen Bungalow bleiben könnte, würde ich es tun? Dann gäbe es kein Katzencafé und auch keine Debbie, keine Kätzchen, keinen Jasper, aber ich hätte noch zwei weitere Jahre mit Margery.

Doch es gab nichts, was ich tun konnte, um die verlorene Zeit zurückzugewinnen; keinen Handel, den ich eingehen könnte, keine rückwirkende Abmachung, die ich treffen könnte. Ich hatte schon vor zwei Jahren gedacht, ich hätte Margery verloren, doch das Schicksal hatte eingegriffen, und wundersamerweise war sie zu mir zurückgekehrt. Aber jetzt war sie wirklich fort, und ich musste akzeptieren, dass ich sie nie wiedersehen würde.

17

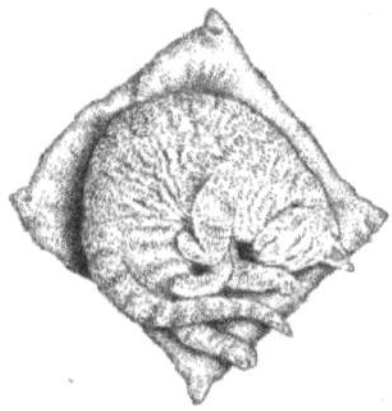

Als ich schließlich zum Café zurücktrottete, war mein Kopf wie vernebelt und meine Beine bleischwer vor Erschöpfung. Ich schob mich durch die Katzenklappe, stand einen Moment mit unruhig hin und her peitschendem Schwanz auf der Fußmatte und blickte mich um. Die Kätzchen waren nirgends zu sehen, aber Ming hatte ihre übliche meditative Pose auf dem Katzenbaum eingenommen; mit geschlossenen Augen lag sie da, dem Fenster zugewandt, ihren schokobraunen Schwanz ordentlich um ihre Pfoten drapiert. Ich starrte sie eine Weile reglos an. Ihre Fähigkeit, sich vollkommen von allem um sie herum auszuklinken, war mir bisher immer verdächtig erschienen, aber diesmal beneidete ich sie um ihre unerschütterliche Gemütsruhe.

Vielleicht hatte Ming gespürt, dass sie beobachtet wurde, denn plötzlich öffneten sich ihre Augen und sie wandte mir langsam den Kopf zu. Ihr Blick war intensiv, aber undurchschaubar, weder feindselig noch herzlich, doch in meiner Trauer konnte ich die kühle Musterung ihrer strahlend blauen Augen nicht ertragen. Den Schwanz so hoch wie möglich erhoben, durchquerte ich das Café auf zittrigen Beinen und lief die Treppe zur Wohnung hinauf.

Oben hörte ich Debbie über das Plätschern des Wasserhahns an der Spüle leise vor sich hin summen. »Da bist du ja, Molls!«, sagte sie liebevoll, als sie mich sah. »Wo warst du? Ich hab mir schon Sorgen gemacht.« Sie ging in die Hocke und kraulte mir die Ohren. »Du Arme, du vermisst Margery bestimmt sehr.«

Plötzlich hatte ich einen dicken Kloß im Hals, und ich schmiegte meinen Kopf in ihre Handfläche und sog den vertrauten Duft ihrer Haut tief ein.

»Möchtest du Frühstück?«, fragte sie, als könnte Essen meine Trauer lindern. Sie stand auf, holte eine Dose Katzenfutter aus dem Schrank und füllte den Inhalt in meinen Napf.

Ich starrte trübselig auf den Haufen kleiner Fleischbrocken, hatte aber nicht die Kraft zu essen.

»Keinen Hunger?«, fragte Debbie, als ich reglos vor dem Napf stehen blieb. »Schon in Ordnung, Molly. Ich lasse es einfach hier, falls du später noch was willst, ja?« Sie hockte sich erneut hin und stupste mich sanft mit der Fingerspitze auf die Nase.

Ihre Fürsorglichkeit tröstete mich, und ich begann erst zaghaft, dann immer lauter zu schnurren, während sie mich streichelte. Ich strich ihr um die Beine und legte meinen Schwanz vertrauensvoll an ihren Oberschenkel. Auf einmal wurde mir bewusst, wie wenig Zeit Debbie und ich zusammen verbracht hatten, seit Linda und Beau aufgetaucht waren. Wir hatten die kostbaren Momente verloren, die wir früher jeden Tag miteinander verbracht hatten: die Abende, an denen wir auf dem Sofa kuschelten, und die wundervoll faulen Sonntagmorgen, an denen wir lange im Bett dösten. Plötzlich wurde mir klar, wie sehr ich es vermisste, in ihren Armen zu liegen.

Wie aufs Stichwort kam Linda mit dem lieblich duftenden, flauschigen Beau herein. Ich sprang auf die Arbeitsplatte, damit niemand auf mich trat. Vorsichtig stieg ich über das Gerümpel hinweg und fand ein kleines Plätzchen zwischen dem verstaubten NutriBullet und dem Wasserkocher, wo ich mich hinsetzen konnte.

»Tee?«, fragte Linda fröhlich und griff nach dem Wasserkocher neben mir, ohne mich zu beachten.

»Nein, danke, ich hab gerade einen getrunken«, antwortete Debbie.

Beau beäugte gierig den Napf voller Katzenfutter, ihm tropfte schon der Sabber aus dem Mund. Linda, die von seinem schändlichen Vorhaben nichts mitbekam, schob sich an Debbie vorbei zur Spüle, und so musste Debbie ihm den Napf vor der Schnauze wegschnappen und ihn außer Reichweite auf die Fensterbank stellen.

»Ich gehe noch schnell zum Bioladen, wenn ich mit Beau draußen war. Soll ich irgendwas fürs Abendessen mitbringen?«, fragte Linda und hielt den Wasserkocher unter den laufenden Wasserhahn.

»Das wär toll, danke«, murmelte Debbie halbherzig.

Linda knallte den Wasserkocher zurück auf den Untersatz und ging wieder ins Wohnzimmer, mit einem enttäuschten Beau im Schlepptau.

Lindas guter Laune und Debbies bedrücktem Gesichtsausdruck nach zu schließen, hatte Debbie ihre Schwester noch nicht gebeten auszuziehen. Das überraschte mich nicht wirklich. Ich konnte mir vorstellen, was sich nach meiner Flucht in die Gasse zu Hause abgespielt hatte: Nach der Nachricht von Margerys Tod war Debbie bestimmt zu traurig gewesen, um Lindas theatralisches Getue auszuhalten, wenn sie erfuhr, dass sie nicht länger willkommen war. Mich überkam eine dumpfe Enttäuschung, aber angesichts dessen, wie mies ich mich ohnehin schon fühlte, machte die Erkenntnis, dass Linda und Beau wohl auf unbestimmte Zeit bei uns bleiben würden, kaum noch einen Unterschied.

Nachdem ich von Margerys Tod erfahren hatte, verfiel ich in eine anhaltende Lethargie. Ich hatte keine Kraft, irgendetwas anderes zu tun als das absolut Notwendige; Putzen, Essen und Schlafen. Weiter nach Eddie und Jasper zu suchen, das erschien mir sinnlos; ich hatte schon überall nachgesehen – ohne Erfolg. Stattdessen saß ich den ganzen Tag über am Fenster und hielt vergeblich nach ihnen Ausschau, und wenn es Abend wurde und das Café zumachte, schlich ich nach draußen in die Gasse.

Die Lücke unter der Feuerleiter wurde zu meinem Zufluchtsort; ein Platz, an dem ich an Jasper und Eddie denken und mich an Margery erinnern konnte.

Manchmal hörte ich das gellende Kreischen von Straßenkatzen, die sich irgendwo in der Ferne zu einem Kampf bereit machten. Ich erschauderte, denn das Geräusch erinnerte mich unwillkürlich daran, was Eddie an dem Tag, an dem er verschwunden war, hatte durchmachen müssen. Ich quälte mich selbst, indem ich das ganze Szenario im Kopf durchspielte: Wie Eddie sich ahnungslos in einen unbekannten Teil der Stadt verirrt hatte und erkennen musste, dass die Straßenkatze, die auf ihn zukam, kein Freund war. Die Vorstellung, welch furchtbare Angst er gehabt haben musste, war fast noch schwerer zu ertragen als mein eigener Verlust – wie sehr er sich gewünscht haben musste, ich wäre bei ihm, um ihn zu beschützen …

War das alles meine Schuld, weil ich meine Kleinen nicht gewarnt hatte, wie gefährlich die Welt war – dass die Liebe und Geborgenheit, mit der wir zu Hause umsorgt wurden, uns außerhalb des Katzencafés nicht schützte? Hatte das verwöhnte, behagliche Leben, das wir geführt hatten, mich blind für meine Pflichten als Mutter gemacht? Wenn Eddie den Preis für meine Gedankenlosigkeit bezahlt hatte, würde ich mir das nie verzeihen.

Meine schlechte Stimmung besserte sich keineswegs, als in Stourton immer mehr Anzeichen dafür auftauchten, dass Weihnachten vor der Tür stand. Überall in unserer Straße hingen bunte Lichterketten an Fenstern und Terrassen, und aus dem Küchenradio im Café tönten blechern Weihnachtslieder. An Weihnachten wollte ich überhaupt nicht denken und freute mich erst recht nicht darauf. Bei der Vorstellung, Weihnachten ohne Eddie und Jasper zu verbringen, zog sich mein Herz schmerzhaft zusammen. Und beim Gedanken, dass Linda, Beau und Ming voraussichtlich ihren Platz einnehmen würden, wurde mir übel.

Etwa eine Woche, nachdem wir die Nachricht von Margerys Tod erhalten hatten, riss Debbie einen Brief auf, der auf der Fußmatte gelandet war. »Seltsam«, murmelte sie stirnrunzelnd. »Der ist von einem Anwalt, der mit mir sprechen möchte.«

»Worüber will er mit dir sprechen?«, fragte Linda und warf einen Blick über Debbies Schulter.

»Es hat irgendwas mit Margerys Nachlass zu tun. Mehr steht hier nicht.« Debbie drehte das Blatt um, als hoffe sie, auf der Rückseite einen Hinweis zu finden. »Ich rufe ihn morgen an«, sagte sie sichtlich verdutzt.

Aber der Brief hatte Lindas Neugier geweckt, und noch am selben Abend hakte sie weiter nach. »Also, sag mir doch noch mal«, setzte sie in ihrem »Ich hab mich nur gefragt«-Ton an, »woher genau kanntest du Margery?«

»Sie war Mollys Besitzerin«, antwortete Debbie.

Lindas Augenbrauen zogen sich zusammen. »Ich dachte, Molly wäre eine Streunerin gewesen, als du sie gefunden hast.«

»Ja, das war sie« – Debbie lachte –, »aber bevor sie zur Streunerin wurde, war sie Margerys Hauskatze. Dann musste Margery ins Pflegeheim, und Molly ist auf der Straße gelandet. Es war purer Zufall, dass Margery eines Tages ins Café kam, aber Molly hat sie natürlich sofort wiedererkannt.« Die Erinnerung zauberte ein versonnenes Lächeln auf Debbies Lippen.

»Das ist eine großartige Geschichte«, meinte Linda. »›Café bringt ältere Dame mit ihrer verloren geglaubten Katze zusammen‹. Das ist tolle PR für das Café!«

»Das hat nichts mit PR zu tun, Linda«, erwiderte Debbie. »Es war einfach schön, dass die beiden einander wiedergefunden haben. Für mich war es auch schön. Margery war eine wundervolle Frau.« Bei diesen Worten kamen ihr die Tränen.

Ein paar Tage später ging Debbie schon früh aus dem Haus, um sich mit dem Anwalt zu treffen, und überließ Linda die Leitung des Cafés.

Zur Mittagszeit kam sie zurück, blass und sichtlich durcheinander, tauschte rasch ihren Mantel gegen ihre Schürze und ignorierte dabei Lindas fragenden Blick. Den ganzen Rest des Tages ging Debbie ihrer Schwester aus dem Weg und wich all ihren Versuchen, ihren Blick zu erhaschen oder ein Gespräch anzufangen, aus. Lindas Neugier war deutlich spürbar, und obwohl ich gut verstehen konnte, warum Debbie sie nicht informieren wollte, wusste ich, dass Linda immer unerträglicher werden würde, je länger sie sie warten ließ.

Schließlich stellte Linda Debbie abends in ihrem Schlafzimmer, als sie sich gerade für ihr Treffen mit John fertig machte. Ich saß auf ihrem Bett und putzte mich, als Linda an die Tür klopfte und, ohne eine Antwort abzuwarten, hereinkam.

»Also, was hat der Anwalt gesagt?«, fragte sie in betont gelassenem Ton, der nicht gerade überzeugend wirkte.

Ich schaute zu Debbie hinüber, die am Frisiertisch saß und sich schminkte. Ich konnte ihren verschlossenen Gesichtsausdruck im Spiegel sehen. »Ähm, nicht viel«, murmelte sie.

Lindas Blick bohrte sich in Debbies Rücken. »Nun, irgendwas muss er doch gesagt haben – warum hätte er dich sonst um ein Treffen bitten sollen?«

Debbie murmelte irgendetwas Unverständliches und begann, in ihrem Kosmetiktäschchen herumzuwühlen.

»Sorry, Debs – ich hab dich nicht verstanden«, hakte Linda nach.

Debbie ließ die Schultern hängen und drehte sich zu ihrer Schwester um. »Es ging um Margerys Testament«, erklärte sie widerwillig, während ich mich einem Büschel zerzaustem Fell an meiner Schwanzspitze widmete. »Molly wird darin bedacht.« Ein Bein hinter dem Ohr und mit herausgestreckter Zunge, blickte ich überrascht zu ihr auf.

»Molly!«, johlte Linda höhnisch. »Ha, wirklich? Was hat Margery ihr hinterlassen? Einen Jahresvorrat an Leckerlis? Eine selbst gestrickte Decke?« Sie grinste breit, aber Debbies Gesicht blieb ausdruckslos.

»Alles«, erwiderte sie nüchtern, den Blick starr auf die Bettdecke gerichtet. »Margery hat Molly ihren gesamten Besitz hinterlassen. Und mich zu ihrem Vormund ernannt.«

Einen Moment herrschte Schweigen, und ich blickte fassungslos von Debbie zu Linda und wieder zurück. Mir war bewusst, wie albern ich mit meinem hinters Ohr geklemmten Bein aussehen musste, aber mein Gehirn hatte einen Aussetzer, sodass ich im Moment nicht fähig war, es zu senken.

»Wie war das … was?« Linda blinzelte ihre Schwester ungläubig an.

Debbie atmete zu flach, und alle Farbe war aus ihrem Gesicht gewichen. »Anscheinend soll Molly Margerys gesamtes Erbe bekommen, und ich bin ihr offizieller Vormund«, wiederholte sie, und diesmal lag ein leichtes Zittern in ihrer Stimme.

Linda stieß ein seltsames prustendes Geräusch aus. »Und, haben sie dir gesagt, wie viel Margery hinterlassen hat?«, fragte sie mit leuchtenden Augen.

Debbie warf ihr einen missbilligenden Blick zu. »Danach hab ich nicht gefragt, Linda!«

Linda biss sich auf die Lippe, starrte Debbie aber weiterhin durchdringend an, die damit beschäftigt schien, ihre auf dem Schoß verschränkten Hände zu inspizieren. Schließlich sagte Debbie, ohne ihre Schwester auch nur eine Sekunde anzusehen: »Der Anwalt hat etwas über ein Haus in Oxford und einige Ersparnisse und Geldanlagen gesagt, aber mehr weiß ich noch nicht.«

Lindas Augen sahen aus, als würden sie ihr jeden Moment aus dem Kopf springen. »Ein Haus in Oxford? *Und* Geldanlagen?«, kreischte sie förmlich. »O Mann, Debbie – das klingt, als hätte sie weit mehr als einen Notgroschen zurückgelegt!«

Debbie ignorierte die Bemerkung und begann, nervös an ihrem Pony herumzuzupfen.

Linda wandte sich mir zu. »Na, Molly, du bist wohl eine echte Glückskatze, was?«

Debbie warf ihrer Schwester einen angewiderten Blick zu. »Linda, hör auf! Hätte ich das Ganze doch bloß nie erwähnt. Ich wusste, dass du so reagierst«, sagte sie und drehte sich wieder zum Frisiertisch um.

»Oh, sei doch nicht so, Debs«, versuchte Linda, sie zu beschwichtigen. »Ich bin nur überrascht, weiter nichts.«

Debbie schminkte sich wortlos zu Ende, als wäre Linda gar nicht da.

Ich senkte mein Bein und nahm eine ordentliche Brot-Form auf der Bettdecke ein, während ich die schockierenden Neuigkeiten zu verarbeiten versuchte.

»Und, was hast du jetzt vor?«, fragte Linda schließlich und versuchte, gleichmütig zu klingen – ohne Erfolg.

Debbie trug gerade Mascara auf, aber bei Lindas Worten sank sie förmlich in sich zusammen. »Na ja, natürlich kann ich das nicht annehmen. Margery hatte eine Familie. Das Erbe steht ihnen zu, nicht Molly. Ich werde morgen ihren Sohn David anrufen.«

Linda kaute auf der Unterlippe und taxierte Debbie von hinten mit einem eisigen Blick. »Bist du sicher, dass du nicht vorschnell handelst, Debbie?«

»Ja, absolut«, gab Debbie zurück.

Linda blieb noch ein paar Minuten am Bett stehen. Ich spürte, dass sie das Gespräch gern weitergeführt hätte, aber Debbie wandte ihr hartnäckig den Rücken zu. Schließlich musste sie einsehen, dass sie gegen Debbies beharrliches Schweigen nicht ankam, und verließ wortlos das Zimmer.

An diesem Abend wechselten sie kein Wort mehr miteinander. Genauer gesagt hatte ich das Gefühl, dass Debbie absichtlich einen Bogen um ihre Schwester machte. Sie brauchte viel länger als üblich, um sich fertig zu machen, und rannte nach unten, sobald sie die Glocke über der Tür klingeln hörte, anstatt John wie üblich einfach hereinzurufen.

Während Debbie weg war, tigerte Linda in der Wohnung auf und ab wie eine rastlose Katze. Sie versuchte halbherzig, ein bisschen Ordnung in das Chaos in ihrer Zimmerecke zu bringen, hantierte auf dem Sofa mit ihrem Handy herum und kochte sich eine Tasse Kräutertee. Ihre Nervosität machte mich so unruhig, dass ich irgendwann nach unten ins Café ging – sogar Mings stille Beobachtung war mir immer noch lieber als Lindas rastloses Herumgerenne.

Ich rollte mich auf dem Fenstersims zusammen, geplagt von der unguten Vorahnung, dass mein Leben schon bald noch viel komplizierter werden würde.

18

Als Debbie und John zurückkamen, schlief ich schon fest, und das Geräusch des Schlüssels im Schloss erschreckte mich. Mein Traum geriet in Vergessenheit, sobald ich die Augen aufschlug, aber zurück blieben nagende Schuldgefühle und die vage Ahnung, dass ich ein großes Unglück verursacht hatte. Ich schüttelte heftig den Kopf und ließ meinen Blick auf Debbie ruhen, die die Jalousien heruntergelassen hatte und eine Lampe auf dem Tresen anknipste, woraufhin das Café von warmem gelbem Licht erfüllt wurde. John kam mit zwei Gläsern aus der Küche zurück, und sie stießen an, bevor sie sich in die Sessel vor dem Kamin sinken ließen.

»Und?«, fragte John.

»Und was?«, erwiderte Debbie leicht angespannt.

»Und, willst du mir sagen, warum du schon den ganzen Abend über so unruhig bist?«, erkundigte sich John sanft, in einem Ton, der nicht Kritik, sondern Sorge ausdrückte. Debbie trank einen Schluck und starrte missmutig auf den kalten Kamin. »Na, diese lächerliche Erbschaft natürlich.« Sie seufzte.

»Was ist daran lächerlich?«

Debbie stieß ein freudloses Lachen aus. »Absolut alles, John. Margery hat ihren Sohn enterbt und Molly ihr gesamtes Vermögen hinterlassen, und jetzt muss ich diesen Schlamassel irgendwie in Ordnung bringen.«

Ihre schonungslos offene Einschätzung der Situation und die Erkenntnis, dass ich an ihrer misslichen Lage schuld war, versetzten mir einen Stich.

Ich musste die Augen zusammenkneifen, um Debbies Gesicht im Schatten, den die Lampe hinter ihr warf, erkennen zu können.

»Aber ich hab doch recht, oder?«, fragte sie und blickte John nach Bestätigung suchend an. »Ich meine, ich kann das Geld doch nicht in Mollys Namen annehmen, oder?« Ihr Ton klang eindringlich, fast verzweifelt. Ich rollte mich auf meinem Kissen zusammen und beschwor John im Stillen, zuzustimmen und ihr zu raten, die Erbschaft abzulehnen, sodass wir die ganze Angelegenheit so schnell wie möglich hinter uns lassen konnten.

John zuckte ratlos die Schultern. »Ich weiß nicht, was in dieser Situation richtig oder falsch ist«, erklärte er. »Ich kannte Margery nicht, und ich habe keine Ahnung, warum sie Molly ihr gesamtes Vermögen hinterlassen hat. Vielleicht hat sie sich bewusst dazu entschlossen, bevor sie an Demenz erkrankt ist …« Er verstummte, als ihm klar wurde, dass seine Worte nicht halfen. Debbie wandte sich ab, noch genauso sorgengeplagt wie zuvor. »Ich denke, du musst tun, was du für das Richtige hältst«, fügte er schließlich hinzu.

Debbie drehte sich mit einem Ruck wieder zu ihm um, und ihre Augen blitzten wütend. »Verstehst du das denn nicht, John? Was ich für das Richtige halte, ist in diesem Fall völlig egal. Es geht allein darum, was für Margery und für ihre Familie das Richtige ist. Dieses Geld hat nichts mit mir oder Molly zu tun«, entgegnete sie heftig, und ihre Finger krampften sich um ihr Glas.

John hob in einer beschwichtigenden Geste die Hand. »Nun, da hast du deine Antwort«, sagte er sanft.

Sichtlich erleichtert ließ sich Debbie zurücksinken und trank einen Schluck.

Mir wurde plötzlich bewusst, dass ich die ganze Zeit die Luft angehalten hatte. Jetzt atmete ich erleichtert auf, froh, dass Debbie zu einer Entscheidung gelangt war, mit der sie offenbar zufrieden war.

»Hattest du wirklich keine Ahnung, dass Margery so etwas vorhatte?«, fragte John und blickte auf sein Glas hinunter, während er es träge schwenkte.

Debbie zog die Stirn kraus. »Natürlich nicht! Woher hätte ich das wissen sollen?«

John zuckte die Schultern. »Okay. Es ist nur … Du hast in den letzten Monaten viel Zeit mit Margery verbracht. Ich dachte, vielleicht hätte sie mal was in der Richtung erwähnt.« Sein Ton war unbeschwert, aber im Schatten des Cafés schien sich Debbies Gesicht zu verfinstern.

»Nein, ich wusste nichts davon«, sagte sie und

sprach jedes Wort überdeutlich aus. »Ich habe nie mit Margery über ihr Geld oder ihr Testament geredet. Wir haben uns über Molly und das Café unterhalten. Nichts weiter.«

Als John bemerkte, wie verärgert Debbie war, streckte er eine Hand nach ihr aus. »Okay, okay, keine Sorge – ich wollte es nur wissen«, versicherte er ihr.

Debbie sah auf seinen Arm hinunter, der unbeholfen auf ihrer Armlehne lag, und fragte kühl: »Was wolltest du wissen?«

»Ich meinte nur …«, setzte John an, doch bevor er ausreden konnte, fiel Debbie ihm ins Wort. »Du meintest, dass ich *bestimmt* wusste, dass Margery ihr Vermögen Molly hinterlassen wollte. Ich habe doch so viel Zeit mit ihr verbracht, wie hätte ich das *nicht* wissen können?« Sie funkelte ihn wütend an.

John zog den Arm hastig zurück, wie um sich zu schützen. »Nein, das meinte ich ganz und gar nicht«, sagte er und starrte niedergeschlagen auf seinen Drink hinunter, während Debbie ihr Glas schweigend austrank. Die behagliche, intime Atmosphäre des Cafés war mit einem Mal angespannt und bedrückend.

Ich blickte die beiden hilflos an. Wie hatte das passieren können? Gerade waren sie sich doch noch einig gewesen, dass Debbie die Erbschaft ablehnen würde, und jetzt hatten sie sich so zerstritten, dass John verletzt und Debbie wütend war. Ich war nicht sicher, wer den plötzlichen Stimmungsumschwung verursacht hatte; ob Debbie sich zu Recht gekränkt fühlte oder eine Verdächtigung in Johns Worte hineininterpretierte, die ihm gar nicht in den Sinn gekommen war. Aber ich hatte schon genug Auseinandersetzungen zwischen Debbie und Sophie miterlebt, um zu wissen, dass die beiden sich in eine Sackgasse manövriert hatten und inzwischen zu aufgebracht waren, um sich zu versöhnen.

Debbie gähnte und stellte ihr Glas auf den niedrigen Tisch zwischen den Sesseln. John sah auf die Uhr und murmelte irgendetwas davon, dass er früh raus musste. Er beugte sich vor und gab ihr einen flüchtigen Kuss, aber in der Berührung lag keine echte Zärtlichkeit. Ich konnte nur zusehen, wie er seine Jacke nahm und ohne ein weiteres Wort ging.

Am nächsten Abend beobachtete ich durchs Fenster, wie ein Mann die dunkle Straße zum Café entlangkam. In einer Hand trug er eine Aktentasche, mit der anderen zog er seinen Anorak fest um sich. Den Kopf hielt er zum Schutz gegen die Kälte gesenkt, und als er eine Laterne passierte, peitschte ihm der Wind entgegen, der durch unsere Straße fegte. Im sanften orangeroten Laternenschein schienen seine schütteren Haare um seine Ohren zu tanzen. Er stieß die Tür des Cafés unsanft auf, blieb einen Moment auf der Fußmatte stehen und strich die verirrten Strähnen glatt. Mein Magen krampfte sich zusammen, als ich ihn erkannte.

»Hallo, David«, begrüßte Debbie ihn herzlich, als sie aus der Küche kam. »Ich bin gleich fertig. Setzen

Sie sich doch schon mal, dann bringe ich Ihnen eine Tasse Tee.«

David grunzte nur. Sogar für seine Verhältnisse wirkte er heute ganz besonders unleidlich, als er an der Tür stand und sich seine kalten Hände rieb.

Als er das prasselnde Feuer im Kamin sah, ging er darauf zu. Hinter ihm drang Gelächter aus der Küche – Debbie scherzte mit dem Küchenpersonal. Ihr fröhliches Lachen stand in scharfem Gegensatz zu der Kälte, die David ausstrahlte.

»Danke, ihr Lieben, wir sehen uns morgen«, verabschiedete sich Debbie und schloss die Hintertür ab, als sie gegangen waren.

David hängte seine Jacke über einen Stuhl und setzte sich. Er trug wie gewohnt eine Palette aus Beige- und Grautönen, und ohne seinen Anorak war seine hagere, sehnige Gestalt deutlicher zu erkennen.

Ich lag regungslos auf meinem Kissen, um ihn nicht auf mich aufmerksam zu machen, doch als er sich im Café umblickte, bemerkte er mich. Ich hielt seinem Blick stand, fest entschlossen, nicht als Erste wegzusehen, und schließlich wandte er sich mit einem leicht verächtlichen Grinsen ab.

»Hier, bitte schön«, sagte Debbie lächelnd und stellte ein Tablett mit Erfrischungen vor ihm ab. David hob seine Aktentasche auf den Schoß, ließ den Verschluss aufschnappen und zog einen dünnen Pappordner hervor, ohne Debbie auch nur eines Blickes zu würdigen, während sie die Teetassen und den Teller Kekse vorsichtig auf die gestreifte Tischdecke stellte.

Er legte den Ordner auf sein Platzdeckchen und wartete mit geschürzten Lippen, während Debbie sich den Pony aus den Augen strich und sich ihm gegenüber hinsetzte. Mit kaum verhohlener Ungeduld sah er zu, wie sie den Tee einschenkte.

»Milch?«, erkundigte sie sich. David nickte kurz. »Und Zucker?«

»Zwei Stück, bitte«, antwortete er barsch.

»Greifen Sie zu«, sagte sie und schob ihm den Teller Kekse hin.

David schnaubte und starrte die Kekse ärgerlich an, als würden die nur seine Zeit vergeuden. Obwohl Debbie sich alle Mühe gab, ruhig und gefasst zu wirken, spürte ich, dass seine Schroffheit sie nervös machte.

»Das mit Margery tut mir so leid«, setzte Debbie an, während sie ihren Tee umrührte. »Sie war eine wundervolle Frau.«

David sog scharf die Luft ein. »Nun ja, wahrscheinlich ist es besser so. Sie hatte ein langes, erfülltes Leben«, meinte er nüchtern.

Debbie zog sichtlich überrascht die Augenbrauen hoch, erwiderte jedoch nichts.

»Das sollte nicht lange dauern«, sagte David und legte die Fingerspitzen auf den Ordner.

Debbie, die immer noch ihren Tee umrührte, warf einen Blick darauf. »Oh, okay«, antwortete sie unsicher.

»Das ist für Sie, Debbie.« David wollte ihr den Ordner zuschieben, aber der Tisch war so vollgestellt, dass er immer wieder stecken blieb, ein paar Zuckertütchen zu Boden fegte und um ein Haar die winzige Vase umwarf. Mit einem missbilligenden Knurren nahm David den Ordner in die Hand und reichte ihn Debbie.

Debbie nahm ihn mit einem höflichen Lächeln entgegen, und David sah ungeduldig zu, wie sie ihre Brille aus ihrer Schürzentasche fischte, sie aus dem Etui holte und aufsetzte. Dann schlug sie den Ordner auf und begann zu lesen.

»Ähm, entschuldigen Sie, David, aber was ist das?«, erkundigte sie sich.

Als sie aufblickte, sah sie, dass David sich vorgebeugt hatte und ihr einen Stift hinhielt. Er hatte den Deckel abgenommen, und die Stahlfeder glitzerte im Feuerschein. Debbie betrachtete den Stift und die kaum verhohlene Streitlust in Davids Augen mit fragendem Blick.

»Was ist das, David?«, wiederholte sie zaghaft.

»Eine Verzichtserklärung, mit der Sie jeglichen Anspruch auf das Vermögen meiner Mutter an mich abtreten.« Davids Stimme klang ruhig, allerdings absolut unnachgiebig. »Ich wäre dankbar, wenn Sie sie sofort unterschreiben würden«, fügte er hinzu, als wüsste Debbie nicht, was es bedeutete, dass er ihr seinen Stift unter die Nase hielt.

Debbie öffnete den Mund, schloss ihn aber gleich wieder. »Ähm, aber ich konnte sie noch nicht einmal lesen«, protestierte sie schwach.

David schnaubte erneut und lehnte sich auf seinem

Stuhl zurück. Mit großer Geste erteilte er ihr die Erlaubnis, sich das Dokument durchzulesen. Während Debbie das Schreiben überflog, nun sichtlich verlegen, spielte er an seinem Stift herum.

»Das ist also ein Schreiben in meinem Namen, aber wer hat es verfasst?«, fragte sie, während sie das Dokument angestrengt studierte. David nickte nur. Debbie räusperte sich. *»Ich, Deborah Walsh, verzichte hiermit auf jeglichen Anspruch auf Margery Hinckleys Vermögen«*, las sie laut vor.

»Genau«, sagte David schlicht, und sein Mundwinkel zuckte.

»Aber ich habe doch überhaupt keinen Anspruch auf Margerys Vermögen erhoben, David«, erwiderte Debbie, und nun schwang auch in ihrer Stimme eine leichte Verärgerung mit. »Und außerdem hat Margery in ihrem Testament nicht mich genannt, sondern Molly.«

David stieß ein lautes, bellendes Lachen aus, das mich erschrocken zusammenfahren ließ. »Dann sollte ich wohl Molly bitten, die Verzichtserklärung zu unterschreiben.« Seine Lippen verzogen sich zu einem hämischen Grinsen und entblößten seine gelblichen, schiefen Zähne. Er wandte sich mir zu und neigte in einer spöttischen Karikatur von Höflichkeit den Kopf zur Seite. »Molly, könntest du bitte mal herkommen und dieses Dokument unterschreiben?«, fragte er sarkastisch.

Ich starrte ihn bitterböse an und spürte unbändige Wut in mir aufwallen.

»Nein? Dachte ich's mir doch.« Er grinste boshaft und drehte sich wieder zu Debbie um, die heftig errötete. Auch ich spürte, wie mir die Hitze ins Gesicht stieg.

David machte eine wegwerfende Handbewegung. »Es spielt keine Rolle, wer diese Erklärung geschrieben hat – wir brauchen einfach etwas Schriftliches, um die Sache ins Rollen zu bringen. Den Rest erledigen die Anwälte«, erklärte er in geschäftsmäßigem Ton und streckte Debbie erneut seinen Stift entgegen.

Sie sah auf das Dokument hinunter. »Aber David, dieses Schreiben ist nicht von mir. Das sind nicht meine Worte …«

»Das ist vollkommen gleichgültig«, unterbrach David sie ungehalten. »Sie müssen es nur unterschreiben. Weiter nichts.«

Mein Fell sträubte sich, als ich seinen aggressiven Tonfall hörte. Mein Herz hämmerte, und ich fühlte das Blut durch meine Adern rauschen; so bedroht hatte ich mich nicht mehr gefühlt, seit ich auf der Suche nach Eddie der Straßenkatze mit den gelben Augen begegnet war.

Debbie nahm ihre Brille ab und legte sie auf den Tisch. »Mir ist es nicht gleichgültig, David«, erwiderte sie leise. »Wie ich Ihnen schon am Telefon gesagt habe, werde ich dem Anwalt schreiben und ihm erklären, warum ich die Erbschaft Ihrer Mutter in Mollys Namen ablehnen muss. Aber das möchte ich selbst tun, in meinen eigenen Worten.« Sie warf einen Blick auf den vor ihr in der Luft schwebenden Füller. »Und ich werde mit meinem eigenen Stift unterzeichnen«, fügte sie hinzu, klappte den Ordner zu und reichte ihn David. »Tut mir leid, David, aber ich werde dieses Schreiben nicht unterzeichnen.«

Davids Gesichts war puterrot angelaufen. »Ich wusste immer, dass Sie irgendwas im Schilde führen«, murmelte er grimmig, steckte den Deckel auf den Füller und riss Debbie den Ordner aus der Hand.

»Wie bitte?«, entgegnete Debbie sichtlich entrüstet.

»Warum hätten Sie meine Mutter sonst so oft besuchen sollen? Warum sollten Sie sich die Mühe machen, eine völlig Fremde im Pflegeheim zu besuchen? Ich wusste, an der ganzen Sache ist etwas faul.«

Debbie starrte ihn fassungslos an. »Margery war keine Fremde, David«, rief sie aus. »Sie war ein Stammgast im Café und Mollys Besitzerin. Ich habe sie mit Molly besucht!«

David schnaubte. »Ach, erzählen Sie doch keinen Unsinn. Denken Sie ernsthaft, das würde irgendjemand glauben? Wer würde sich so viel Mühe machen, damit eine alte Frau mit Demenz ihre *Katze* sehen kann?« An seiner Schläfe pulsierte eine Ader, und ihm brach der Schweiß aus.

Debbie atmete schnell, war sichtlich aufgebracht, aber sie nahm sich Zeit, sich zu beruhigen, ehe sie antwortete. »Jemand, der verstehen konnte, wie viel Molly Margery bedeutet hat, David. Jemand wie ich.«

»Nun, da bin ich anderer Ansicht«, fauchte David,

öffnete seine Aktentasche und steckte den Ordner hinein. »Ich glaube, so etwas macht nur jemand, der hofft, wenn er genug Zeit mit einer alten Frau verbringt, wird er vielleicht in ihrem Testament bedacht. Für so jemanden halte ich Sie.«

Debbies Gesicht war fast so rot angelaufen wie Davids, und ihre Unterlippe zitterte. Mit tränennassen Augen musterte sie den Tisch; den rasch abkühlenden Tee und den Teller Kekse, die David nicht einmal angerührt hatte.

»Ich denke, Sie sollten jetzt gehen«, sagte sie in würdevollem Ton.

David schob seinen Stuhl laut scharrend zurück und zog seine Jacke an. »Nur damit Sie es wissen: Egal, ob Sie das Schreiben unterzeichnen oder nicht, das Vermächtnis können Sie sich abschminken«, sagte er. »Kein Gericht der Welt würde dem Geschreibsel einer senilen alten Frau auf dem Sterbebett Glauben schenken. Und wenn es nötig sein sollte«, spie er förmlich aus, »gehe ich auch vor Gericht, um es Ihnen zu beweisen.«

Damit griff er sich seine Aktentasche, marschierte aus dem Café und knallte die Tür so heftig zu, dass der Fensterrahmen hinter mir erzitterte und ich befürchtete, die kleine Messingglocke über der Tür könnte kaputtgehen.

Debbie vergrub das Gesicht in den Händen, und ihre Schultern fingen an zu beben. Ohne zu zögern, sprang ich von meinem Kissen herunter und lief zu ihr. Sie weinte lautlos, dicke Tränen rannen ihr über die Wangen und tropften auf ihre Schürze. Als ich mich an ihrem Bein rieb, sah sie mich mit fassungslosem Blick an.

»Oh, Molly«, schluchzte sie. »Was habe ich nur getan?«

19

»Nun, das klang wie ein fulminanter Erfolg«, sagte Linda grinsend, als Debbie die Treppe hinaufgestapft kam.

Zu benommen, um auf die sarkastische Bemerkung ihrer Schwester einzugehen, schleppte sich Debbie ins Wohnzimmer und ließ sich auf die Couch fallen. Ich kletterte in meinen Schuhkarton und sah zu, wie Linda den schnarchenden Beau vom Sofa scheuchte und sich ebenfalls setzte.

»Ich fasse es nicht«, flüsterte Debbie heiser. »Ich kann nicht … ich hab nicht … Linda, was ist da gerade passiert?«, stammelte sie, mit den Nerven völlig am Ende.

»Nach allem, was ich gehört habe«, sagte Linda, »hast du David gezeigt, wo's langgeht. David wollte dich schikanieren und erniedrigen, dieses kleine, selbstgerechte Ar…«

»Aber Linda«, fiel Debbie ihr ins Wort, »darum geht es nicht! Seine Mutter ist gerade gestorben, und ich habe mich geweigert, dieses Schreiben zu unterzeichnen. Und jetzt denkt er, ich hätte Margery nur besucht, weil ich auf ihr Geld scharf war, und er wird mich vor Gericht schleifen und ...« Debbies Augen füllten sich mit Tränen, als ihr der Ernst der Lage schlagartig wieder bewusst wurde, und sie stieß ein frustriertes Stöhnen aus.

Linda legte ihrer Schwester aufmunternd die Hand auf den Arm. »Keine Sorge, Debs, er wird sich schon wieder einkriegen«, versicherte sie ihr. »Mich überrascht es kein bisschen, dass du nicht unterschrieben hast, so wie er mit dir geredet hat. Genaugenommen hätte ich sogar weit weniger Respekt vor dir, wenn du einfach unterschrieben hättest.«

Debbie blickte sie mit tränennassen Augen an. »Wirklich?«, fragte sie zaghaft.

»Natürlich!«, rief Linda. »Wie kann der Typ es wagen, einfach hier aufzukreuzen und von dir zu verlangen, dass du seinen Wisch auf der Stelle unterschreibst? Tote Mutter hin oder her, der ist doch nicht ganz bei Trost, dieser arrogante kleine Sa...«

»Aber Linda«, unterbrach Debbie sie, »er wollte nur, dass ich das tue, was ich ihm versprochen hatte. Ich habe ihm gesagt, dass ich die Erbschaft abtrete, aber als es dann so weit war, hab ich mich geweigert. O Gott, bestimmt hält er mich für völlig verrückt!« Sie holte ein Taschentuch aus ihrer Schürzentasche und putzte sich geräuschvoll die Nase. Dann wiegte sie sich auf dem Sofa vor und zurück, ihre Augen glasig und unfokussiert, und murmelte leise vor sich hin: »Was habe ich nur getan?«

Linda taxierte ihre Schwester mit strengem Blick.

»Debbie«, sagte sie, »du musst dich zusammenreißen.«

Debbie schien sie nicht zu hören und schaukelte wortlos weiter vor und zurück.

»Was gerade passiert ist, war sehr unangenehm«, räumte Linda ein, »aber wir können das klären. Niemand wird vor Gericht gezerrt.«

Bei der Erwähnung eines Gerichtsverfahrens warf Debbie ihrer Schwester einen ängstlichen Blick zu und schaukelte noch schneller.

»Oh, um Himmels willen.« Linda stöhnte und lehnte sich auf der Couch zurück. Ihr Gesicht nahm einen nachdenklichen Ausdruck an. »Weißt du, was? Man kann das Ganze auch anders sehen.«

»Ach ja? Und wie?«, erwiderte Debbie matt.

»Na ja, jetzt hast du zumindest Zeit zum Nachdenken. So wie ich das sehe, hat David dir gezeigt, wer er wirklich ist: ein durch und durch unsympathischer Fiesling.«

Debbie zuckte die Schultern. »Und?«

»Nun ja, ich frage mich, ob es vielleicht einen Grund gab, warum Margery ihn enterbt hat …« Sie verstummte und bedachte ihre Schwester mit einem vielsagenden Blick.

Debbies Augenbrauen zogen sich zusammen. »Was willst du damit sagen, Linda? Dass er seine Mutter schikaniert hat? Dass er …«

Linda beugte sich vor und verschränkte die Hände im Schoß. »Ich weiß es nicht sicher, Debbie. Wie könnte ich das? Ich meine nur, dass es vielleicht falsch wäre, Margerys Wünsche einfach zu ignorieren.« Sie sprach voller Inbrunst, und ihre Wangen röteten sich. »In ihrer Familie könnte etwas passiert sein, von dem du nichts weißt. Vielleicht wollte Margery ihr Vermögen aus gutem Grund nicht ihrem Sohn vererben.« Linda zog die Augenbrauen hoch und nickte bekräftigend.

Auf Debbies Gesicht machte sich der Ausdruck von Panik breit. »O Gott«, schluchzte sie. »Oh, Linda, warum musstest du das sagen? Jetzt weiß ich erst recht nicht mehr, was ich tun soll!«

Linda lehnte sich wieder zurück und blickte auf Beau hinunter, der sehnsüchtig auf ihren Schoß blickte, seit sie ihn vom Sofa heruntergehoben hatte. Ihren Blick fasste er als Einladung auf, sprang auf die Couch und machte es sich zwischen den beiden Schwestern gemütlich. Debbie hatte mit der Schaukelei aufgehört und starrte wie in Trance in die Luft, während Linda an ihrem abgeblätterten Nagellack herumzupfte. Beau bekam von dem ganzen Drama um ihn herum nichts mit; er streckte ein Bein zur Seite und begann, sich geräuschvoll die Genitalien zu lecken.

Mein Schwanz peitschte vor Frustration hin und her. Ich sollte zwischen Debbie und ihrer Schwester sitzen, nicht Beau, und ich hätte sie trösten sollen, nicht Linda. Mein ruhiges, besänftigendes Schnurren hätte sie viel eher getröstet als Lindas dahingesagte Versicherungen und finstere Spekulationen. Zugegeben, ich konnte ihr nicht sagen, wie stolz ich auf sie war, weil sie sich so würdevoll gegen David zur Wehr gesetzt hatte, oder dass ich wusste, dass ihre Zuneigung zu Margery nichts mit Geld zu tun hatte. Aber dennoch war ich fest davon überzeugt, dass ich ihr, ohne ein Wort zu sagen, weit mehr hätte helfen können als Linda.

Erst als Sophie unerwartet auftauchte und verkündete, dass sie zum Abendessen zu Hause sein würde, erwachte Debbie aus ihrer Trance, ging hinaus auf den Flur, um ihre Tochter zu begrüßen, und war kurz darauf voll und ganz damit beschäftigt, das Essen für alle vorzubereiten.

Nach Davids Besuch blieb die Stimmung in unserer Wohnung noch tagelang angespannt. Debbie schien gar nicht richtig da zu sein, als wäre sie zwar körperlich anwesend, aber in Gedanken ganz woanders. Sie verlor kein Wort über Margery, David oder die Erbschaft und ignorierte Linda, wenn diese mal mehr, mal weniger auffällig versuchte, sie darauf anzusprechen. Linda stellte ein und dieselbe Frage auf unzählige verschiedene Arten, aber immer im gleichen lockeren Tonfall – »Hast du was von David gehört?«, »Hat sich der Anwalt gemeldet?«, »Hast du noch mal darüber nachgedacht, was ich gesagt habe?« –, und jedes Mal antwortete Debbie in ausdruckslosem Ton: »Nein«, bevor sie ohne ein weiteres Wort das Zimmer verließ.

Mit der Zeit wurde immer offensichtlicher, wie sehr Debbies Verweigerung ihre Schwester frustrierte; ihr stilles Augenrollen ging in entnervtes Murren über, bis sie Debbie schließlich ärgerlich nachrief: »Du kannst nicht ewig den Kopf in den Sand stecken!« Vergeblich. Da Debbie sich beharrlich weigerte, über die Erbschaft zu reden, musste Linda das Thema irgendwann fallen lassen, und Margerys Nachlass wurde in unserer Wohnung zum Tabuthema.

Eines Morgens, während ich zusah, wie die beiden schweigend frühstückten, wurde mir bewusst, dass es mittlerweile so viele Themen gab, über die die Schwestern nicht sprachen, dass es an ein Wunder grenzte, wenn sie überhaupt noch miteinander redeten. Genau wie Margerys Nachlass wurde auch die Frage, wann Linda ausziehen würde, mit keinem Wort erwähnt; entweder hatte Debbie das Versprechen vergessen, das sie Jo gegeben hatte, oder sie war zu sehr mit Margerys Nachlass beschäftigt, um das Thema erneut anzuschneiden. Sophie verbrachte weiterhin so wenig Zeit wie möglich zu Hause, aber auch das wollte oder konnte Debbie offenbar nicht offen ansprechen.

Eddie war nun schon über einen Monat verschwunden, aber auch über seine und Jaspers Abwesenheit wurde nicht gesprochen, obwohl ich Debbie jeden Morgen ihre Namen in die Gasse rufen hörte – sie vermisste die beiden furchtbar, das wusste ich. Als wäre das noch nicht genug, schien sich meine Befürchtung, John könnte zu dem Schluss kommen, dass er genug von uns hatte, zu bestätigen. Seit Debbies und Johns letztem Treffen, als sie sich wegen der Erbschaft gestritten hatten, war schon fast eine Woche vergangen.

Soweit ich wusste, hatten sie seither nicht miteinander geredet.

All das führte dazu, dass in der Wohnung nicht viel mehr besprochen wurde als alltägliche Belange des Cafés und die Frage, was es zum Abendessen geben würde. Eines Abends versuchte Linda, ihre Schwester aufzumuntern, indem sie vorschlug, einen Weihnachtsbaum zu kaufen.

»Hmm, noch nicht, Lind, dafür ist es noch zu früh«, murmelte Debbie apathisch.

»Komm schon, Debs, Weihnachten ist bereits in ein paar Wochen. Lass ein bisschen Festtagsstimmung aufkommen! Das ist gut fürs Geschäft«, drängte Linda, aber Debbie ließ sich nicht umstimmen. Die Tatsache, dass Weihnachten immer näher rückte, schien sie genauso wenig zur Kenntnis nehmen zu wollen wie ich.

Ihr Plan, einen Baum anzuschaffen, mochte gescheitert sein, aber das hielt Linda nicht davon ab, heimlich für Weihnachtsstimmung im Café zu sorgen. Sie steckte Tannenzweige in die Vasen, und eines Morgens stellte ich fest, dass sie über Nacht eine Lichterkette am Fenster angebracht hatte.

»Keine Sorge, Debs, die sind sehr geschmackvoll«, versicherte sie ihrer Schwester, während ich missbilligend an den Plastiksternchen schnüffelte, die sich um mein Kissen wanden.

Ein paar Tage später kam Linda mit einem großen grünen Pflanzenbüschel vom Markt zurück.

»Schau mal, Debs«, sagte sie, »ein Mistelzweig – der

macht sich doch bestimmt super über dem Katzenbaum. Ich hänge ein Foto von Ming daran auf; nennen wir ihn doch *Ming-istelzweig*!«

»Wie du meinst, Linda«, antwortete Debbie resigniert. Mit verschränkten Armen sah sie zu, wie Linda auf einen Stuhl kletterte und versuchte, den Mistelzweig an einem Deckenbalken zu befestigen. Sie hantierte schon ein paar Minuten mit Reißzwecken und Schnur, wobei sie sich ganz schön den Hals verrenken musste, als Debbie mit einem schelmischen Grinsen sagte: »Wenn wir einen Ming-istelzweig haben, sollten wir das Café aber auch mit *boughs of Molly* schmücken!«

Einen Moment herrschte Schweigen, und Debbie biss sich auf die Lippe, um ihr Lächeln zu verbergen.

»Hmm, ja, das könnten wir«, antwortete Linda vage. »Warum kümmerst du dich nicht darum, Debs?«

»Vielleicht werde ich das«, erwiderte Debbie und ging zurück in die Küche.

Am nächsten Tag rauschte Linda herein, als das Café gerade zugemacht hatte. »Rate mal, was ich in der Tierhandlung gefunden habe«, sagte sie grinsend und legte eine Plastiktüte auf den Tresen.

Debbie kam näher, als Linda die Tüte aufmachte und darin herumwühlte.

»Eine Weihnachtsmütze – für eine Katze!«, rief sie und holte eine Miniatur-Weihnachtsmütze hervor. »Ist das nicht total süß?« Die rote Zipfelmütze war mit weißem Fell eingefasst, und an der Spitze baumelte ein dicker, flauschiger Bommel. »Sie hat sogar

Schlitze für die Ohren – ist das nicht *herzallerliebst*?«, schwärmte sie und hielt Debbie die Mütze zur Begutachtung hin.

Debbie seufzte. »Ja, Linda, die ist echt süß, aber glaubst du wirklich, dass irgendeine Katze sie tragen wird?«

Das nahm Linda als Herausforderung, drehte sich auf dem Absatz um und hielt nach einer Katze Ausschau, die als Modell für ihren Kauf herhalten würde. Purdy kam auf dem Weg zur Katzenklappe zufällig vorbei und war schockiert und alles andere als begeistert, als Linda sie hochhob und durch den Raum trug. *Das dürfte interessant werden*, dachte ich, als Purdy unsanft auf dem Tresen abgeladen wurde. Sie fing an zu knurren, noch ehe Linda die Mütze aus der Packung geholt hatte, und als sie ihr das Ding auf den Kopf setzen wollte, stieß sie einen warnenden Schrei aus.

»Komm schon, Purdy, sei ein braves Mädchen«, versuchte Linda, sie zu beschwatzen.

Purdy hatte die Ohren flach angelegt, und das Weiße in ihren Augen war deutlich zu sehen.

»Linda, ich glaube, das solltest du lieber nicht …«, warnte Debbie, aber es war schon zu spät.

Linda legte Purdy mit einem steifen Lächeln eine Hand auf die Schultern, um sie ruhig zu halten, und schob ihr mit der anderen Hand die Mütze über ihre angelegten Ohren. Ein wildes Fauchen erklang, und Linda fluchte laut, ließ die Mütze fallen und zog ihre Hand hastig zurück. »Au!«, rief sie und steckte sich ihre blutenden Fingerknöchel in den Mund. Purdy sprang vom Tresen und lief zur Tür. »Diese Katze ist gemeingefährlich«, murrte Linda und warf einen bösen Blick auf die Katzenklappe, durch die Purdy geflohen war.

»Nein, Linda, sie ist nicht gemeingefährlich«, erklärte Debbie geduldig, »sie ist einfach eine Katze. Es gibt einen Grund, warum man Katzen nicht oft mit einer Mütze auf dem Kopf sieht. Sie mögen allgemein keine Mützen.«

»Hm«, machte Linda und hob ihr verschmähtes Mitbringsel vom Tresen auf. »Nun, vielleicht trifft das auf manche Katzen zu. Aber ich wette, Ming würde sie tragen«, erklärte sie und sah zu Ming hinüber, die zusammengerollt auf ihrer Plattform lag und tief und fest schlief. »Aber Mings Ohren sind so groß, ich glaube nicht, dass sie durch die Löcher passen.« Sie seufzte enttäuscht und steckte ihre blutigen Finger durch die Schlitze im Filz.

Ein kleines Lächeln schlich sich auf Debbies Lippen. »Vielleicht ist Beau in Sachen Kostüme ein bisschen … fügsamer?«, schlug sie vor.

Linda antwortete nicht, sondern hob ihre geballte Faust an den Mund und saugte ausgiebig an den Fingerknöcheln. Debbie stand ihr am Tresen gegenüber und versuchte vergeblich, ein Grinsen zu unterdrücken.

Linda warf ihr beleidigt einen Blick zu. »Das ist nicht witzig«, grummelte sie, ihre Worte gedämpft von der Hand.

Debbies Schultern bebten, und sie biss sich fest auf die Lippe. »Sorry, Lind, aber … du hättest dein Gesicht sehen sollen!«

Linda ließ die Hand sinken. »Debbie, hör auf zu lachen. Das tut echt weh!«

Jetzt bog sich Debbie vor Lachen, und ein hilfloses Schnauben entrang sich ihrer Kehle. »Weihnachtsmützen für Katzen! Du weißt echt nicht viel über Katzen, oder?«, prustete sie, während Linda sie wütend anfunkelte. Debbie presste sich eine Hand auf den Mund und starrte wild entschlossen auf die Kasse, versuchte mit aller Macht, ihren Lachanfall unter Kontrolle zu bekommen.

Erneut an ihren verletzten Fingern nuckelnd und mit einem gekränkten, enttäuschten Ausdruck im Gesicht, wandte Linda sich ab und stapfte die Treppe hinauf.

Debbie wischte sich die Tränen aus den Augen, hob die Mütze auf und warf sie in den Müll.

Ich blinzelte ihr beifällig zu; nicht nur, weil sie die grauenhafte Mütze weggeworfen hatte, sondern weil sie zum ersten Mal seit Langem wieder lachte. Und dass sie sich auf Lindas Kosten amüsierte, das freute mich umso mehr.

20

»Deb, der Anwalt hat noch einen Brief geschickt«, sagte Linda, als sie am nächsten Morgen die Post von der Fußmatte aufsammelte. Sie platzierte den Umschlag mit dem Briefkopf der Anwaltskanzlei oben auf dem Stapel und reichte ihn Debbie.

Debbie betrachtete den Brief argwöhnisch wie eine Granate, die jederzeit hochgehen könnte. »Darum kümmere ich mich später«, murmelte sie und legte ihn ins Regal neben der Kasse.

Linda ging von Tisch zu Tisch und tat so, als wolle sie nur die Zuckerschälchen nachfüllen, behielt ihre Schwester dabei aber aufmerksam im Auge.

Eine Weile später fing sie Debbie in der Küche ab. »Was stand in dem Brief vom Anwalt?«, fragte sie und holte eine Handvoll Besteck aus der Schublade.

»Keine Ahnung, ich hab ihn noch nicht gelesen«, gestand Debbie und fügte verdrossen hinzu: »Wahrscheinlich ist es eine Vorladung.«

»Nein, ganz sicher nicht. Sei nicht albern, Debs«, rügte Linda ihre Schwester. »Du kannst das nicht ewig vor dir herschieben.«

Von meiner Position im Flur aus nahmen Lindas Beine den größten Teil meines Sichtfelds ein, aber als sie die Schublade mit der Hüfte zustieß, sah ich, wie Debbie sich nervös den Pony aus der Stirn strich – eine Angewohnheit, die mir in letzter Zeit an ihr auffiel.

»Hast du noch mal darüber nachgedacht, was ich gesagt habe, Debs – dass Margery vielleicht ...«, fuhr Linda fort, aber Debbie unterbrach sie, ehe sie den Satz beenden konnte.

»Ja, natürlich habe ich darüber nachgedacht, Linda«, brauste sie auf. »Seit über einer Woche denke ich an kaum was anderes.« Obwohl ihr Gesicht wieder hinter Lindas Rücken verschwunden war, erkannte ich ihre Abwehrhaltung an ihrem Ton.

Linda zog den ungeöffneten Brief des Anwalts aus ihrer Gesäßtasche. »Na, dann los – es hat keinen Sinn, diese Quälerei noch weiter in die Länge zu ziehen«, sagte sie entschieden und hielt ihn ihrer Schwester hin.

Ich hörte Debbie seufzen und dann das Geräusch zerreißenden Papiers, als sie den Umschlag öffnete.

»Und?«, fragte Linda ungeduldig.

»Es ist keine Vorladung«, antwortete Debbie hörbar erleichtert. »Sie möchten nur wissen, ob ich bezüglich Margerys Testament schon eine Entscheidung getroffen habe. Und sie betonen, dass es *äußerst wichtig ist, diese Angelegenheit so schnell wie möglich zu klären*.«

Linda klopfte mit dem Besteck auf ihren Oberschenkel. »Hmm, ich wette, dahinter steckt David«, spekulierte sie. »Er sitzt dem Anwalt bestimmt im Nacken wie ein lästiger Ausschlag.«

»Na ja, er will wohl einfach wissen, was los ist«, erwiderte Debbie. »Was verständlich ist, würde ich sagen ...«

Linda schnaubte abfällig, drehte sich auf dem Absatz um und marschierte an mir vorbei, das Besteck in der Hand wie eine Waffe.

Sobald Debbie mit dem Essen hereinkam und sich zu ihrer Schwester an den Tisch setzte, wandte sich Linda wieder an sie. »Also, Debbie, ich möchte dir etwas vorschlagen«, sagte sie mit einem einnehmenden Lächeln.

»Das klingt ominös«, sagte Debbie.

»Nun, genaugenommen ist es ein Geschäftsangebot«, erklärte Linda.

Debbies Gesicht nahm einen Ausdruck höflicher Neugier an, während ich überlegte, was für ein Ming-Merchandising sich Linda jetzt wieder ausgedacht hatte.

»Ich arbeite jetzt schon eine ganze Weile im Café«, begann Linda ziemlich wichtigtuerisch, »und wie du weißt, habe ich meine Marketing-Kenntnisse mit eingebracht.«

Der Anflug eines sarkastischen Lächelns huschte über Debbies Gesicht, als sie wie zur Bestätigung den Kopf neigte.

»Ich habe lang über das *Mollys* nachgedacht – seine Stärken und Schwächen –, und wie es weitergehen könnte.«

Erneut nickte Debbie kurz.

»Versteh mich nicht falsch«, fuhr Linda fort, »das Café ist fantastisch. Es ist beliebt, die Katzen sind großartig und, was das Wichtigste ist, es bringt Geld ein.«

Debbie zog die Augenbrauen hoch, womit sie deutlich machte – zumindest mir –, dass Linda zur Sache kommen sollte.

»Aber das Problem an deinem derzeitigen Geschäftsmodell ist, dass es einfach nicht ausbaufähig ist«, verkündete Linda in düsterem Ton.

»Ausbaufähig?« Debbie zog die Stirn kraus.

»Ja. Ein kleines Café zu führen, das ist ja schön und gut, Debs, aber du musst dringend weiter vorausplanen. Kleine Geschäfte haben es in diesen Zeiten sehr schwer, und du hast hier in Stourton viel Konkurrenz.«

»Konkurrenz?«, fragte Debbie verdutzt. »In Stourton gibt es kein einziges anderes Katzencafé – und auch sonst nirgendwo in den Cotswolds.«

»Noch nicht«, erwiderte Linda, »aber wie lange wird das wohl so bleiben, wenn die Leute vom Erfolg des *Mollys* erfahren? Denkst du wirklich, du wirst für immer das Monopol auf verrückte Katzenliebhaber haben?«

»Ich … ich glaube nicht …«, stammelte Debbie. Lindas Worte hatten ihr den Wind aus den Segeln genommen.

Linda schüttelte traurig den Kopf, als widerstrebe es ihr, ihrer Schwester diese schlechte Nachricht überbringen zu müssen. »Das da draußen ist eine harte Welt, Debs, wenn dein Geschäft nicht wächst, wird es eingehen.«

Debbies Gefasstheit war völliger Verwirrung gewichen, in die sich jetzt auch noch Bestürzung mischte. »Aber wie sollte das *Mollys* ausbaufähig sein? Es gibt nur eine Molly und nur ein Café. Ich weiß nicht …«

»Debs«, unterbrach Linda sie eindringlich, »lass es mich dir erklären.« Plötzlich drehte sie sich um und schaute direkt zu mir. »Was siehst du da drüben in der Schuhschachtel?«, fragte sie und taxierte mich mit durchdringendem Blick.

Debbie wandte sich ebenfalls mir zu. »Ich sehe … Molly«, antwortete sie zaghaft.

»Und was ist Molly?«, fragte Linda lächelnd.

Debbie hielt inne. Sie sah aus, als befürchte sie, in eine Falle zu tappen. »Eine Katze?«

Linda grinste; Debbie hatte genau die Antwort gegeben, die sie erwartet hatte. »Für dich mag sie eine Katze sein, Debs«, proklamierte sie hochtrabend, »aber für mich ist sie ein Markenname.«

Debbie und ich starrten Linda beide verständnislos an.

Linda streckte den Arm aus und zeigte mit einem pinkfarbenen Fingernagel auf mich. »Diese Katze, die dort drüben in der Schuhschachtel sitzt, hat großes Potenzial.« Sie glühte förmlich vor leidenschaftlicher Überzeugung. »Oder besser gesagt, ihr *Name* hat Potenzial. Ich persönlich finde ja, dass Ming eine viel bessere Marketing-Ikone wäre, aber den Namen können wir leider nicht mehr ändern.« Linda seufzte schwer, als sie sich den kommerziellen Erfolg vorstellte, den sie hätte genießen können, wenn das Café nach Ming und nicht nach mir benannt worden wäre.

Debbie sah völlig verdattert aus, und mir schwirrte der Kopf. Seit Linda ein »Geschäftsangebot« angekündigt hatte, hatte nur sehr wenig von dem, was aus ihrem Mund kam, einen Sinn für mich ergeben. Ich hatte keine Ahnung von Geschäftsmodellen, Marketing und Ausbaufähigkeit. Das Einzige, was ich sicher wusste, während ich mich Lindas gründlicher, unbarmherziger Inspektion ausgesetzt sah, war, dass ich auf keinen Fall ein »Markenname« werden wollte. Es war schon anspruchsvoll genug, einfach nur eine Katze zu sein.

»Denk doch mal nach, Debs. Willst du immer noch Tische abwischen, Kassen auffüllen und ... das Katzenklo sauber machen, wenn du sechzig bist?«, fragte Linda.

»Die Katzen benutzen kein Katzenklo«, wandte Debbie kleinlaut ein.

»Du weißt, was ich meine«, entgegnete Linda und tat den Einwand mit einer abfälligen Geste ab. »Wäre es nicht schön, ein paar der ... unangenehmen Aspekte deiner Arbeit anderen zu übertragen?« Sie warf einen vielsagenden Blick in meine Richtung, und mein Fell sträubte sich vor Wut, als ich begriff, dass sie mich als einen dieser unangenehmen Aspekte ansah.

Debbie öffnete ein paarmal den Mund, aber es kam nicht ein Wort heraus.

»Hör zu, ich weiß, das ist ziemlich viel auf einmal«, fuhr Linda gelassen fort. »Du musst nicht gleich eine Entscheidung treffen, aber es würde bestimmt nicht schaden, dir einige Gedanken über die Zukunft zu machen. Schließlich bist du nicht mehr die Jüngste. Du wirst in ein paar Jahren fünfzig, und von der ständigen Schufterei tun dir schon jetzt die Knie weh, oder?«

Debbie nickte widerstrebend.

»Glaubst du, du kannst noch bis zur Rente kellnern?«, hakte Linda mit einem dünnen Lächeln nach.

Debbie zuckte die Schultern.

»Niemand will übers Älterwerden nachdenken, aber du musst damit anfangen vorauszuplanen, Debs. Du weißt, dass ich recht habe.«

Triumphierend lehnte sich Linda auf ihrem Stuhl zurück. Debbie ließ den Kopf hängen und schaute so niedergeschlagen drein wie ein heftig zurechtgewiesenes Kind.

»Mit meiner Hilfe könnten wir die Marke bekannt machen, Debs«, fuhr Linda fort. »In fünf Jahren könnte es überall in den Cotswolds *Mollys*-Zweigstellen geben.«

Debbie spielte an ihren Haaren herum und blickte starr zu Boden. »Aber, Linda«, sagte sie schließlich, »was, wenn ich nicht für eine ganze Kette von Cafés verantwortlich sein will? Es ist schon genug Verantwortung, dieses eine am Laufen zu halten.«

»Genau darum geht es doch«, entgegnete Linda heiter. »Mit mir als deiner Geschäftspartnerin und einem Management-Team bräuchtest du dich um den alltäglichen Kram nicht mehr zu kümmern – das könntest du alles delegieren.«

Debbie starrte ihre Schwester völlig entgeistert an, als seien ihr angesichts deren erbarmungsloser Verkaufstaktik die Argumente ausgegangen. Eine Weile saß sie schweigend da und versuchte, ihre Gedanken zu ordnen. Schließlich sagte sie: »Und wie sollte ich diese *Expansion* finanzieren? Im Moment läuft das *Mollys* gut, aber neue Geschäftsstellen zu eröffnen ... Ich habe nicht genug Geld, um ... Oh!« Entsetzen machte sich auf ihrem Gesicht breit, während Lindas Lippen sich zu einem Grinsen verzogen.

»Aber du könntest es dir leisten, wenn du Margerys Erbschaft annimmst, nicht wahr, Debs?«

Debbie hob abwehrend die Hände. »Nein, Linda, das kommt nicht infrage!«, rief sie bestürzt aus.

»Ach wirklich, Debs? Sagt wer?« Linda beugte sich zu ihr vor. »Margery hat das Geld Molly hinterlassen, damit sie immer gut versorgt ist. Und wie könntest du besser dafür sorgen, dass es ihr an nichts fehlt, als wenn du ihre Zukunft – und die Zukunft des Cafés – sicherst?«

Debbie ließ die Hände sinken und die Schultern hängen. Sie wirkte völlig resigniert.

»Versprich mir einfach, dass du darüber nachdenkst«, bat Linda. »Das hätte Margery sich gewünscht.«

21

Am nächsten Tag zogen unheilvoll dunkle Wolken über den Himmel, und zur Mittagszeit fing es an, in Strömen zu regnen. Der Gedanke, dass Eddie die winterliche Kälte ganz allein und schutzlos da draußen verbringen musste, ließ mir keine Ruhe. Trotz des schlechten Wetters schlich ich mich hinaus, lief auf schnellstem Weg zur Feuerleiter und rollte mich darunter zusammen. Den erbarmungslos herunterprasselnden Regen auf den Eisenstufen über mir zu hören und die Kälte tief in meinen Knochen zu spüren, war eine Art Sühne für mich, als würde ich Eddies Probleme auf diese Art zumindest in einem gewissen Maß teilen.

Als ich an diesem Abend aus der Gasse zurückkam, sah ich Jo vor dem Café. Sie bemühte sich, im peitschenden Regen ihren Schirm über den Kopf zu halten, und drückte mit ihrer freien Hand eine Tüte mit Essen vom Inder an sich. Ich lief schneller und schlüpfte hinter ihr durch die Tür. Ein kalter Luftzug wehte mit uns herein, sodass die Papierservietten in ihren Halterungen flatterten und die Jalousien klappernd gegen die Fenster stießen.

»Hey, Debs, das Essen ist da!«, rief Jo und schüttelte ihren Schirm auf der Türschwelle aus. Sie durchquerte das Café, machte aber vor dem Katzenbaum halt, um mit amüsiertem Blick das Foto von Ming am Mistelzweig zu betrachten.

»Das ist ein Ming-istelzweig. Lindas Idee«, erklärte Debbie, ohne eine Miene zu verziehen, als sie mit einer Flasche Wein und zwei Gläsern aus der Küche kam.

»Natürlich«, murmelte Jo und musste sich ein Grinsen verkneifen.

Sie stellte die Tüte mit Essen auf dem Tresen ab und ging zum Kamin. Purdy, die sich auf dem Boden ausgestreckt hatte, sprang auf, strich um Jos Beine und markierte voller Enthusiasmus mit dem Maul deren Jeans.

»Hallo, Purdy«, flötete Jo und beugte sich vor, um ihr den Nacken zu kraulen. Ich konnte Purdys Schnurren vom Fenstersims aus hören.

»Und, wie läuft's bei dir, Debs?«, erkundigte sich Jo, während sie ihre regennassen Beine am Kaminfeuer wärmte.

Debbie machte ein Gesicht, halb Grimasse, halb Lächeln, und zog etwas aus ihrer Gesäßtasche. »Lies das mal«, sagte sie und reichte Jo den zusammengefalteten Umschlag. Der Brief war heute Morgen in der Post gewesen; ich hatte das Logo der Kanzlei erkannt und bemerkt, wie Debbie den Umschlag hastig in ihrer Schürzentasche hatte verschwinden lassen, damit Linda nichts mitbekam.

»Hmm, die machen echt Druck, oder?«, sagte Jo und

überflog das Schreiben, während Debbie Teller und Besteck holte.

»Das kann ich ihnen kaum verübeln«, erwiderte Debbie. »Sie müssen wissen, was ich plane, aber …« Ihre Schultern sackten nach vorn, und sie starrte das Geschirr vor ihr finster an.

»Aber was?«, fragte Jo. »Ich dachte, du hättest dich schon entschieden, die Erbschaft abzulehnen.«

»Ja, das hatte ich, Jo!«, rief Debbie frustriert aus. »Aber das war, bevor Linda davon angefangen hat, dass Margery vielleicht nicht wollte, dass David alles erbt. Sie ist der Meinung, dass David mich schikaniert und dass ich Margerys Wunsch nachkommen sollte, und … Oh, ich weiß einfach nicht weiter.«

Jo zog einen Stuhl an den Tresen, setzte sich und riss eine Tüte Papadams auf.

»Sie verunsichert mich, Jo«, fuhr Debbie niedergeschlagen fort. »Ist es naiv von mir, zu glauben, dass das Geld, unabhängig von Margerys Testament, an David gehen sollte? Ich weiß, wie viel Molly Margery bedeutet hat, und David ist sicher nicht der netteste Mensch …«

»Das klingt nach einer Untertreibung, Debs«, warf Jo ein und aß ein Papadam.

Debbie ließ den Kopf hängen. »Er war grausam, Jo. Ich bin mir noch nie so gedemütigt vorgekommen«, gestand sie ein. »Aber deswegen sollte er nicht gleich enterbt werden, oder?«

»Es gibt keine einfache Lösung«, stimmte Jo zu. »Aber mit einem hat Linda recht. Ein bisschen finanzielle Sicherheit für dich und Sophie könnte nicht schaden, oder?«

Debbie verzog das Gesicht. »Denkst du, das weiß ich nicht? Gerade deswegen ist diese ganze Situation ja so furchtbar. Linda weiß, dass ich keine Rente kriege und von niemandem finanziell unterstützt werde. Sie weiß, dass mir der Gedanke an die Zukunft eine Heidenangst macht, und das nutzt sie aus, um mir einzureden, dass ich die Erbschaft annehmen sollte.«

Jo tat ihr Bestes, Mitgefühl zu zeigen, obwohl sie sich eine Handvoll Papadams in den Mund stopfte.

»Wenn du dich dadurch besser fühlst, Debs«, sagte sie, während Debbie und sie ihr Essen zum Tisch hinüberbrachten und sich setzten, »ich weiß genau, wie es ist, keine finanzielle Sicherheit zu haben.«

Debbie löste sich aus ihrer Starre und sah ihre Freundin besorgt an. »Läuft das Geschäft immer noch so schlecht?«, erkundigte sie sich einfühlsam.

»Stourton hat sich verändert, Debs«, klagte Jo. »Mein bescheidenes Haushaltswarengeschäft kann dabei nicht mithalten. Es passt nicht zu den ganzen Schönheitssalons, Designerboutiquen und … Katzencafés, die es hier überall gibt.«

Debbie schenkte ihnen Wein ein. »Ich entschuldige mich im Namen der Katzencafés«, sagte sie aufrichtig und reichte Jo ein Glas. »Aber die Leute werden doch immer Staubsaugerbeutel brauchen, oder?«

»Ja, schon, aber die können sie sich auch auf dem Markt besorgen. Genau wie alles andere, was ich anbiete.«

Debbie warf ihrer Freundin einen mitfühlenden Blick zu, und eine Weile kehrte solidarisches Schweigen ein, während die beiden aßen und tranken.

»Ich muss ehrlich sein, Debs«, sagte Jo schließlich bedrückt. »Wenn jemand Bernard in seinem Testament Geld hinterlassen hätte, würde ich mir zweimal überlegen, ob ich es ablehne.« Sie rang sich ein kleines Lächeln ab und trank einen Schluck Wein.

»Das könnte doch durchaus passieren«, erwiderte Debbie, entschlossen, ihre Freundin aufzumuntern. »Bestimmt gibt es irgendwo da draußen einen reichen Gönner mit einer Schwäche für Hunde, die an Arthritis leiden.«

»An Arthritis leidende Hunde, die ein bisschen inkontinent sind und manchmal ziemlich stinken«, stellte Jo klar.

Debbie lachte leise. »Wie geht's Bernard eigentlich?«, erkundigte sie sich.

Genau wie Jo sich immer für mich und die Kätzchen interessiert hatte, brachte Debbie auch Jos Hund eine liebevolle Zuneigung entgegen.

»Oh, er schleppt sich tapfer durchs Leben«, antwortete Jo. »Ich hab ihn letztes Wochenende zu meinem Dad auf die Farm mitgenommen. Die beiden sahen sich so ähnlich, wie sie schnaufend zusammen über den Hof gehumpelt sind.« Sie lächelte, aber ihre Augen füllten sich mit Tränen.

Plötzlich ertönte ein lautes Klappern und Bimmeln, gefolgt von einem kalten Luftzug, als die Tür aufging. Debbie und Jo sahen beide überrascht auf.

»Oh, hi, Süße«, sagte Debbie, als sie Sophie in der Tür stehen sah. »Du bist aber früh zu Hause.«

Sophie zuckte die Schultern. »Meine Pläne haben sich geändert. Was esst ihr da?«, fragte sie und kam, angezogen vom würzigen Duft des indischen Essens, zu ihrem Tisch herüber.

»Indisch. Es ist noch reichlich da. Du kannst dir gern auch was nehmen.«

Sophie stand neben ihnen und ließ sich das Angebot durch den Kopf gehen. »Okay«, sagte sie schließlich und verschwand in der Küche, um sich einen Teller zu holen.

»Wie geht's dir?«, fragte Jo, als Sophie sich zu ihnen gesetzt hatte und sich eine Ladung lauwarmes Curry auf den Teller lud. »Ich hab dich in letzter Zeit kaum gesehen.«

»Weil sie fast nie da ist!«, warf Debbie ein und bedachte ihre Tochter mit einem vielsagenden Blick.

»Warum wohl, Mum?«, entgegnete Sophie trocken.

Einen Moment herrschte Schweigen, und Jo sah fragend zwischen Mutter und Tochter hin und her. »Ich schätze, es ist momentan ein bisschen … voll in der Wohnung?«, versuchte sie zu vermitteln.

»Das kannst du laut sagen«, erwiderte Sophie verdrossen, riss ein Stück von ihrem Naan-Brot ab und tunkte es in die Soße auf ihrem Teller.

Debbie schaute betreten drein und schien in sich zusammenzusinken. Jo aß weiter, beobachtete die beiden dabei aber verstohlen.

»Also«, sagte sie in unverkennbarem Wechseln-wirlieber-das-Thema-Ton, »was denkst du über Margerys Erbschaft, Soph? Was sollte deine Mum deiner Meinung nach machen?«

Bei dieser Frage erstarrte Debbie.

»Keine Ahnung«, sagte Sophie schulterzuckend. »Ich find's komisch, einer Katze sein ganzes Geld zu hinterlassen. Aber David klingt wie ein echtes A…«

»Sophie!«, mahnte Debbie.

Sophie verdrehte die Augen und grübelte weiter über das leidige Thema nach, während sie kaute. »Ich denke«, sagte sie schließlich, »dass du, selbst wenn du das Geld nicht annimmst, die Entscheidung so lange wie möglich hinauszögern solltest. Lass David zappeln. Dann behandelt er die Leute wenigstens nicht mehr wie Sch…«

»Okay, dankeschön, Sophie«, sagte Debbie streng und richtete sich auf.

»Sie hat nicht ganz unrecht, Debs«, meinte Jo lachend. »Vielleicht solltest du wirklich noch bis Neujahr warten. Lass dir ein bisschen Zeit, bevor du dich endgültig entscheidest.«

»Dann müsste ich dieses ganze Drama ja noch länger ertragen.« Debbie verzog das Gesicht. »Nein, danke. Ich will an Weihnachten keine Vorladung kriegen, auch wenn euch das nicht zu kümmern scheint.« Sie stieß einen tiefen Seufzer aus.

»Okay«, sagte Jo und schaute zu Sophie hinüber, die genervt die Augen verdrehte. »Was sagt John dazu?«, fragte Jo hoffnungsvoll. Aber bei der Erwähnung von John sank Debbie erneut in sich zusammen.

»Nicht viel.« Sie seufzte. »Ich hab seit ein paar Wochen nichts von ihm gehört. Er hat wohl genug von mir.«

Eine düstere Stille senkte sich über das Café. Je angestrengter Jo versuchte, Debbie aufzuheitern, desto entschlossener schien sie, nur das Schlechteste an ihrer Situation sehen zu wollen. Eine Weile sprach niemand, bis Sophie schließlich das Schweigen brach.

»Oh, um Himmels Willen, Mum«, fauchte sie ärgerlich, »hör endlich auf, dich in Selbstmitleid zu suhlen.«

»Wie bitte?«, keuchte Debbie verletzt.

»Überrascht es dich wirklich, dass John sich nicht mehr meldet?«, fuhr Sophie gereizt fort. »Als ihr euch zum letzten Mal gesehen habt, hast du ihn wegen dieser dämlichen Erbschaft zur Sau gemacht!«

Debbies Augenbrauen zogen sich zusammen, und sie sah hilfesuchend zu Jo. Aber Jo hielt den Blick starr auf ihr Weinglas gerichtet, entschlossen, sich nicht einzumischen.

Obwohl Jo bei ihnen saß, hielt Sophie sich nicht zurück. »Ehrlich, Mum, du kapierst das einfach nicht, oder? Erst warst du nur mit dieser unsäglichen Linda-Geschichte beschäftigt, dann mit dieser ebenso unsäglichen Erbschaftsgeschichte, und dabei hast du anscheinend komplett vergessen, dass andere Leute auch Gefühle haben und ihnen auch blöde Sachen passieren! Du bist nicht die Einzige, die Probleme hat!«

Debbie starrte Sophie betroffen an. »Aber ich wollte nicht … Ich versuche nur, für alle das Richtige zu tun, Soph. Ich hab nicht darum gebeten …«

»Ich weiß, dass du nicht darum gebeten hast, Mum«, unterbrach sie Sophie ungehalten. »Das wissen wir alle. Aber warum unternimmst du nicht endlich was, anstatt dass dir Linda und David auf der Nase rumtanzen?« Ihre Augen blitzten wütend.

Debbie hatte wie zur Erwiderung den Mund aufgemacht, sagte aber nichts. Auf der anderen Seite des Tisches wurde Jo offensichtlich immer unbehaglicher zumute.

»Echt jetzt, Mum«, sagte Sophie in einem gouvernantenhaften Ton, »du musst dein Leben selbst in die Hand nehmen. Wenn du die Erbschaft ablehnen willst, dann tu das. Und wenn Lindas Einmischung dich runterzieht, dann sag ihr doch einfach, sie soll sich verp...«

»Okay, danke, Soph«, unterbrach Jo sie, angespannt lächelnd. »Du hast deine Argumente sehr deutlich vorgebracht.«

Sophie lehnte sich auf ihrem Stuhl zurück. Debbie neben ihr wirkte völlig verblüfft. »Du hast recht, Soph«, sagte sie. »Ich war in letzter Zeit wohl wirklich ein bisschen ... selbstsüchtig.« Sophie sah ihrer Mutter nicht in die Augen, knurrte aber zustimmend. »Und vor allem hast du vollkommen recht damit, dass ich selbst entscheiden muss, was ich tun werde.«

Noch ein Knurren.

Debbie legte ihrer Tochter die Hand auf den Arm und musterte sie mit einem Ausdruck scharfsinniger Sorge. »Also ... ich habe wohl auch vergessen zu fragen, was bei dir los ist, hm?«

Sophie starrte wortlos auf das Brot in ihren Händen und zerriss es in kleine Stücke, bis nur noch Krümel übrig waren.

Jo leerte ihr Glas, kippte die ebenfalls leere Weinflasche um und taxierte sie mit grimmigem Blick. »Ich hole schnell noch eine Flasche«, murmelte sie, stand auf und holte ihre Jacke vom Tresen. In Sekundenschnelle hatte sie das Café verlassen, damit Mutter und Tochter in Ruhe reden konnten. Sophies Wangen hatten sich gerötet, und sie sah aus, als kämpfe sie gegen Tränen an.

»Erzähl«, ermunterte sie Debbie sanft.

»Also, wenn du's wissen willst: Matt und ich haben Schluss gemacht«, murmelte Sophie, und ihre Unterlippe zitterte.

»Oh, Schatz«, sagte Debbie und legte einen Arm um Sophies Schultern. »Das tut mir sehr leid. Wann ist das passiert?«

»Heute Abend«, flüsterte Sophie.

Als Debbie sich näher zu ihr beugte, konnte Sophie nicht mehr an sich halten, und ein lautes, zittriges Schluchzen entrang sich ihrer Kehle. Debbie nahm ihre Tochter in den Arm, ließ Sophies Kopf an ihrer Halsbeuge ruhen und strich ihr zärtlich über die Haare. Als Sophie anfing zu weinen, flüsterte Debbie ihr tröstend ins Ohr: »Das wird wieder, Süße, versprochen. Alles wird gut.«

22

Als Linda am nächsten Morgen aus dem Bad kam, fing Debbie sie im Flur ab.

»John kommt heute Abend zum Essen, Linda. Könntest du dich solange verdrücken?«

Ich beobachtete die beiden von der Küchentür aus. Linda rückte ihren Handtuchturban zurecht, sichtlich verblüfft. »Ja, klar«, willigte sie ein.

»Super, danke«, sagte Debbie, marschierte schnurstracks ins Bad und schloss die Tür hinter sich ab.

Als Sophie etwas später mit verquollenen Augen und bleichem Gesicht im Pyjama heruntergetrottet kam, klopfte Debbie auf einen Stuhl und bedeutete ihr, sich zu setzen. Sie verschwand in der Küche und kam kurz darauf mit einem Teller voll klebrigem Gebäck und einer Tasse heißer Schokolade, gekrönt mit Schlagsahne und Marshmallows, zurück.

»Hier, bitte schön, Soph. Zucker und Kohlenhydrate. Das beste Heilmittel für ein gebrochenes Herz«, sagte sie und stellte alles auf den Tisch.

»Danke, Mum.« Auf Sophies Gesicht erschien ein Lächeln. »Hab ich dich sagen hören, dass John zum

Essen kommt?«, fragte sie und leckte sich den Zuckerguss von den Fingern.

»Ja«, antwortete Debbie, »ich habe den Rat meiner sehr erwachsenen siebzehnjährigen Tochter beherzigt« – Sophie grinste verlegen – »und ihm heute Morgen geschrieben, um ihn einzuladen und mich für mein Verhalten in letzter Zeit zu entschuldigen.«

Sophie wirkte ziemlich beeindruckt. »Gut gemacht, Mum«, sagte sie und schlürfte einen Schluck Kakao durch die dicke Sahnehaube.

Nach dem Frühstück zog sich Sophie in ihr Zimmer zurück, Linda ging mit Beau Gassi, und Debbie machte sich voller Tatendrang daran, die Wohnung aufzuräumen. Ich sah vom Sofa aus zu, wie sie stapelweise Zeitungen entsorgte, den Papierkorb leerte und alles Gerümpel vom Esstisch räumte, das sich mit der Zeit dort angesammelt hatte. Ein Blick auf den Berg von Lindas Sachen in der Ecke genügte, und sie marschierte entschlossen hinüber und stopfte so viele der Klamotten wie möglich in Lindas Koffer. Als er zum Bersten voll war, drückte sie ihn zu und schob ihn neben Beaus Transportbox an die Wand. Dann wischte sie Staub und staubsaugte mit grimmiger Entschlossenheit die ganze Wohnung. Als endlich alles zu ihrer Zufriedenheit erledigt war, ließ sie sich erschöpft zu mir aufs Sofa plumpsen. »Schon viel besser, oder, Molls?«, keuchte sie.

Der Abend begann gut. Wie sie ihrer Schwester versprochen hatte, war Linda ausgegangen und hatte als zusätzlichen Bonus auch Beau mitgenommen. Ich tapste durch die blitzblanke Wohnung und genoss die Atmosphäre, die ohne Linda gleich viel angenehmer war. Das Licht im Wohnzimmer war gedämpft, auf dem Tisch flackerten Kerzen, und im Hintergrund spielte leise Musik. Debbie hatte ganze Arbeit mit dem Raumspray geleistet; auch die letzten Überreste von Beaus muffigem Geruch wurden von dem künstlichen Blumenduft überlagert. Während ich von Raum zu Raum lief, überkam mich ein territorialer Stolz, den ich seit Langem nicht mehr empfunden hatte – zum ersten Mal seit Ewigkeiten fühlte sich die Wohnung wieder wie unser Zuhause an.

Debbie und Sophie waren in der Küche, als John die Treppe heraufkam, frisch rasiert und von einem angenehmen Aftershave-Geruch umgeben. Er reichte Debbie einen Strauß Blumen, den sie heftig errötend entgegennahm.

»Hi, Sophie«, sagte er überrascht, als er einen Blick durch die Küchentür warf und sah, wie sie sich Essen in der Mikrowelle aufwärmte. »Seit wann bleibst du denn an einem Samstagabend zu Hause?«

Debbie, die gerade eine Vase mit Wasser füllte, warf ihm einen eindringlichen Blick zu und schüttelte warnend den Kopf.

»Ich … äh, sorry …«, stammelte er völlig perplex.

»Schon okay«, sagte Sophie erstaunlich heiter. »Mum versucht nur, dir *total taktvoll* zu sagen, dass ich gestern mit Matt Schluss gemacht hab.«

»Oh, das tut mir leid«, sagte John mitfühlend und

sah zu, wie sie sich das Essen auf einen Teller lud. »Hey, nur zur Info: Ich hab schon ein paar Klempner-Jobs für Matts Mum erledigt und weiß daher, wo er wohnt, also wenn du willst, dass ich mal vorbeifahre und ihm die Beine breche, gib mir Bescheid.« John tippte sich mit verschwörerischem Gesichtsausdruck an die Nase.

»Danke, aber ich glaub, das ist nicht nötig«, antwortete Sophie trocken.

»Oder ich könnte auch einfach ein bisschen an der Zentralheizung herumschrauben, damit ihm an Weihnachten so richtig schön kalt ist«, schlug John vor.

»Okay super, ich denk drüber nach«, erwiderte Sophie mit einem neckischen Grinsen, füllte sich ein Glas Leitungswasser ein und stellte es neben ihren Teller auf das Tablett. »Viel Spaß euch beiden«, sagte sie und ging hoch in ihr Zimmer.

Ich folgte Debbie und John durch den Flur ins Wohnzimmer und sprang aufs Sofa, als sie sich zum Essen hinsetzten. Ich schloss die Augen, eingehüllt vom Klang ihrer Stimmen und dem Klappern von Besteck. Die Atmosphäre in dem strahlend sauberen, mit Kerzen beleuchteten Zimmer war so angenehm, dass ich im Nu einschlief und schon selig träumte, als mich Lindas Stimme plötzlich aufschreckte.

»Ich bin's nur, Debs. Ich wollte nur schnell Beau vorbeibringen«, rief sie die Treppe hinauf.

Mit der Ruhe war es schlagartig vorbei, als Beau Sekunden später ins Wohnzimmer gerannt kam, neben mir aufs Sofa sprang und wie wild zu scharren anfing. Ich funkelte ihn bitterböse an, aber er war zu beschäftigt, um meinen missbilligenden Blick auch nur zu bemerken.

Als Linda in der Wohnzimmertür erschien, stand John auf, um sie zu begrüßen, doch Debbie blieb sitzen, aß weiter und ignorierte ihre Schwester demonstrativ.

»Beachtet mich gar nicht, ich bin gleich wieder weg. Ich wollte nur schnell Beau abliefern, bevor ich mich mit Freunden treffe«, erklärte Linda mit einem schuldbewussten Blick zu Debbie. »Wie geht's dir, John?«, erkundigte sie sich.

»Gut, danke«, murmelte er.

Linda blieb in der Tür stehen und nahm die romantische, intime Atmosphäre in Augenschein. John stand neben ihr, während Debbie immer noch am Tisch saß und grimmig auf ihr Essen starrte. Die Stille wurde nur von Beaus Aktivitäten unterbrochen.

»Okay, ich bin dann mal weg. Hat mich gefreut, dich zu sehen, John«, sagte Linda fröhlich, fest entschlossen, die angespannte Stimmung zu ignorieren. Sie zog den Reißverschluss ihrer Steppjacke zu und fischte ihren Autoschlüssel aus der Tasche, dann wandte sie sich zum Gehen. Doch bevor sie ging, sagte sie noch wie beiläufig: »Vielleicht kannst du Debbie ja wegen dieser ganzen Erbschaftsgeschichte zur Vernunft bringen.«

Mit einem lauten Klappern ließ Debbie ihre Gabel fallen. »Wie bitte?«, sagte sie, und ihre Augen schienen sich zu verdunkeln, als sie sich ihrer Schwester zum ersten Mal an diesem Abend zuwandte. »Er soll mich ›zur Vernunft bringen‹? Was soll das heißen, Linda?«, fragte sie in eisigem Ton.

»Ich dachte nur, dass es hilfreich sein könnte, das Ganze mit John zu besprechen, um zu sehen, was er darüber denkt«, verteidigte sich Linda.

Debbie starrte ihre Schwester wütend an. »Nein, Linda, du wolltest sagen: Vielleicht kann John dich ja überzeugen, das Geld zu behalten.« Es war eine Feststellung, keine Frage, aber Linda schüttelte vehement den Kopf. Debbie wandte sich an John. »Meiner Schwester fällt es schwer, sich vorzustellen, dass man ein Erbe, vor allem Geld, ablehnen kann. Das war schon immer so.«

John, der an der Tür stand, zwischen den beiden Schwestern und somit zwischen den Fronten, starrte betreten auf seine Schuhe hinunter.

»Deborah! Wie kannst du so was sagen?«, rief Linda empört, und ihre orange verfärbten Wangen liefen hochrot an.

»Oh, um Himmels willen, Linda! Sei bitte einfach mal ehrlich.« Jetzt wurde auch Debbie laut. »Du willst, dass ich die Erbschaft annehme, und du hoffst, dass John mich dazu überredet.«

Linda straffte sich. »Ja, ich finde, du solltest die Erbschaft annehmen, Debbie, aber nur, weil ich denke, dass du Margerys Wünsche respektieren solltest.«

»Pah«, schnaubte Debbie. »Das ist doch Unsinn, und das weißt du genau. Du bist nur deswegen so scharf darauf, dass ich das Geld annehme, weil *du* ein Geschäftsimperium aufbauen willst. Du erträgst es nicht, dass das *Mollys* auch ohne deine Hilfe Erfolg hatte. Jetzt willst du dich in mein Geschäft drängen, um deine *Marke* zu etablieren« – sie zog das Wort spöttisch in die Länge –, »und dafür brauchst du Margerys Geld.« Debbies Gesicht war starr vor Wut.

Lindas Mund formte sich vor Empörung zu einem lautlosen O. John sah aus, als wäre er am liebsten irgendwo anders, nur nicht im Kreuzfeuer der beiden Schwestern.

»Ich weiß nicht, warum mich das überrascht«, fuhr Debbie bitter fort. »Dir ging's immer nur ums Geld.«

»Oh, das ist ja reizend«, gab Linda ärgerlich zurück – jetzt, da der Schock nachließ, wurde sie wütend. »Ich arbeite nun schon seit Wochen im Café – *unbezahlt*, wenn ich das anmerken darf. Du hast dich nie beschwert, wenn ich dreckiges Geschirr abgeschrubbt und für dich die Spülmaschine eingeräumt hab. Ich hab dich nie auch nur um einen Penny gebeten, oder? Wenn ich gewusst hätte, dass du so darüber denkst, hätte ich mir die Mühe gar nicht erst gemacht.«

»Das ist nicht fair, Linda! Wir hatten uns darauf geeinigt, dass du im Café arbeitest und dafür hier wohnen kannst«, entgegnete Debbie.

»Ja, und ich hab mir den Hintern abgearbeitet, oder?«, erwiderte Linda heftig. »Ich war nicht nur deine Kellnerin und dein Dienstmädchen, ich habe alles in meiner Macht Stehende getan, um für das Café zu werben. Ich hab die Presse auf uns aufmerksam gemacht, eine Marketing-Strategie entwickelt, Merchandising entworfen …«

Bei diesen Worten stieß Debbie ein verächtliches Schnauben aus, und ich wusste, dass sie an *Mings Mugs* dachte.

Lindas Augen wurden schmal. »Du willst doch hoffentlich nicht abstreiten, dass das Café, seit ich die Ming-Marketing-Kampagne gestartet habe, mehr Geld eingebracht hat?«

Debbie stöhnte. »Genau darum geht es mir doch, Linda«, rief sie frustriert und schlug so laut auf den Tisch, dass Beau mit seinem irren Scharren aufhörte und sich erschrocken zu ihr umwandte. »Du kapierst es einfach nicht, oder? Ming ist eine *Katze*, keine Marketing-Strategie! Und ob es dir gefällt oder nicht, Molly ist auch eine Katze und keine *Marke*!« Debbies Augen schleuderten Blitze. »Bei dir dreht sich nur alles ums Geld, oder? Du kreuzt hier auf und erwartest, dass ich dich und Beau auf unbestimmte Zeit hier wohnen lasse, und ich darf keinen Widerspruch einlegen, weil *manche* deiner Ideen dem Café ein paar zusätzliche Kröten eingebracht haben?«

Als das Telefon klingelte, war John sichtlich erleichtert. Er eilte sofort hin, nahm ab und hielt sich das andere Ohr zu.

Während Linda im Türrahmen stand und zuhörte, wie ihre Schwester ihrer aufgestaute Frustration Luft machte, füllten sich ihre Augen mit Tränen. »Nun, wenn ich gewusst hätte, dass du so denkst, Debs, wäre ich nie hierhergekommen. Meine Ehe war gerade in die Brüche gegangen, falls du das vergessen hast, und ich wusste nicht, wohin ich sonst gehen sollte. Für dich ist alles in Ordnung, mit deinem hübschen Café und deiner gemütlichen Wohnung. Das Leben besteht nicht für jeden nur aus Cupcakes und Kätzchen, okay? Manche von uns haben echte Probleme.«

Wenn Linda gehofft hatte, dass das Debbies Mitgefühl erregen würde, hatte sie sich geirrt.

»*Echte Probleme?*«, wiederholte Debbie sarkastisch. »Linda, das einzige Problem, das du je hattest, ist die Frage, wie du das Geld deines Mannes am besten ausgeben kannst. O mein Gott, das machst du sogar jetzt noch! Denkst du, ich hätte das ganze Zeug in Beaus Transportbox nicht gesehen?« Bei diesen Worten errötete Linda heftig, aber Debbie war noch nicht fertig. »Wenn du wissen willst, wie sich echte Probleme anfühlen, hättest du die letzten Jahre in meiner Haut stecken sollen. Mein Exmann hat mich völlig pleite zurückgelassen, mit einer Tochter im Teenageralter, die ich allein großziehen muss, schon vergessen?«

Linda sah aus, als würde sie jeden Moment in Tränen ausbrechen, aber Debbie ließ nicht locker; die Wut, die wochenlang in ihr gebrodelt hatte, ergoss sich nun in einer unaufhaltsamen Flut von Bitterkeit und Schuldzuweisungen. »Du warst schon immer so, Linda, schon seit wir klein waren. Du hattest schon immer ein Talent dafür, andere dazu zu bringen, dir aus der Patsche zu helfen. Erst Mum und Dad, dann Ray. Und jetzt, wo er dir den Hahn zudreht, kannst du es nicht erwarten, mein Geld auszugeben!«

John schlüpfte wortlos an Linda vorbei aus dem Zimmer und ließ die Schwestern allein. Ich hatte mich darauf gefasst gemacht, dass Linda wieder in ihr theatralisches Gehabe verfallen würde wie schon nach ihrem Einzug, aber stattdessen nahm ihr Gesicht einen Ausdruck stoischer Duldsamkeit an.

Als sie schließlich das Wort ergriff, klang ihre Stimme unheimlich ruhig und ihr Gesicht war ausdruckslos. »Jetzt ist es also *dein* Geld, ja? Ich dachte, es gehört Margerys Familie.« Einen Moment herrschte unbehagliches Schweigen, und Debbie schoss die Röte ins Gesicht. »Vielleicht sind wir doch gar nicht so verschieden, Schwesterherz«, sagte Linda in eisigem Ton.

»Ich meinte nicht ... ich weiß, dass es nicht ...« Ich konnte sehen, dass ihr Versprecher Debbie selbst am meisten entsetzte.

Die Anspannung im Raum war überdeutlich spürbar – nur nicht für Beau, der, nachdem er sich ausgiebig gekratzt hatte, eingepennt war und auf dem Sofa neben mir laut schnarchte.

»Also schön«, sagte Linda plötzlich. »Wenn du mich nicht hierhaben willst, werde ich dir nicht länger zur Last fallen.« Sie durchquerte das Zimmer und griff sich ihren Koffer. »Komm, Beau!«

Mit einem schläfrigen Bellen wurde Beau wach und blickte sich hektisch um, als Linda ihn unvermittelt hochhob. Ihren Koffer unbeholfen hinter sich herziehend, den völlig konsternierten Köter unter den Arm geklemmt, marschierte sie so würdevoll wie möglich zur Tür.

Dort blieb sie kurz stehen und warf einen Blick über die Schulter. »Natürlich gehört das Geld rechtlich weder dir noch Margerys Familie. Es gehört Molly«, schnaubte sie und funkelte mich hämisch an. »Vielleicht könntest du dir die ganzen Probleme ersparen und sie fragen, was sie damit machen will.«

Bevor Debbie irgendetwas erwidern konnte, war Linda davongerauscht. Debbie starrte fassungslos den leeren Türrahmen an und hörte zu, wie Lindas Koffer die Treppe hinunterpolterte.

Mir schlug das Herz bis zum Hals. Ich war außer mir vor Wut, dass Linda Debbies Chance, sich mit John zu versöhnen, ruiniert und mich in ihrem Streit als Waffe benutzt hatte. Aber darunter verbarg sich noch etwas anderes. Was am meisten wehtat, war die schreckliche Erkenntnis, dass Linda recht hatte. Ob es mir gefiel oder nicht, Margery hatte mir ihr Geld hinterlassen. Der ganze Aufruhr in letzter Zeit – von Debbies unschöner Begegnung mit David über ihren Streit mit John bis hin zum großen Showdown mit Linda heute Abend – war allein darauf zurückzuführen, dass Debbie diese Entscheidung für mich treffen musste. Es ließ sich nicht leugnen, dass Margerys Nachlass der Hauptgrund für Debbies Misere war. Wenn jemand an ihrer Notlage schuld war, dann ich.

23

Sobald die Tür unten zuschlug, brach Debbie in Tränen aus. Sie schleppte sich zum Sofa und ließ sich neben mich fallen.

»Oh, Molly, was für ein furchtbarer Schlamassel«, schluchzte sie.

Draußen hatte der Wind aufgefrischt, und die Fensterläden klapperten unheilvoll. Ich kletterte auf Debbies Schoß, knetete mit den Pfoten ihre Beine und blickte laut schnurrend zu ihr auf. Ich wollte sie unbedingt trösten, auch wenn ich wusste, dass ich ihr nicht wirklich helfen konnte.

Nach ein paar Minuten hörte ich Sophie leise durch den Flur tapsen. »Mum?«, fragte sie und spähte vorsichtig durch die Wohnzimmertür. Ihre langen blonden Haare waren offen, und sie trug ihren Schlafanzug und Pantoffeln. Einen Ausdruck liebevoller Sorge im Gesicht, setzte sie sich zu uns aufs Sofa. »Was ist passiert?«, erkundigte sie sich.

»Linda ist passiert«, antwortete Debbie matt. »Sie hat schon wieder von Margerys Nachlass angefangen, und da hab ich einfach die Fassung verloren. Ich hab ihr unverblümt gesagt, was ich von ihr halte, Soph. Du solltest stolz auf mich sein.«

»Ich bin stolz auf dich, Mum.« Sophie lachte. »Aber hättest du dir keinen besseren Zeitpunkt aussuchen können, es ihr zu sagen? Du wolltest doch einen romantischen Abend mit John verbringen, schon vergessen?«

Debbie hatte das Gesicht in den Händen vergraben. »Ich weiß«, stöhnte sie. »Ich hab das nicht geplant! Linda hat versprochen, sie würde heute Abend wegbleiben.«

Sophie blickte sich um und sah das halb gegessene Abendessen auf dem Tisch stehen. »Wo ist John?«, fragte sie beunruhigt.

»Er ist gegangen«, antwortete Debbie niedergeschlagen.

»Was soll das heißen, er ist gegangen? Hast du dich auch mit ihm gestritten?«

Debbie schüttelte den Kopf. »Ich bin mir nicht sicher, was passiert ist. Im einen Moment stand er zwischen mir und Linda und machte den Eindruck, als würde er am liebsten im Boden versinken, im nächsten Moment war er verschwunden. Er muss gegangen sein, während wir uns angeschrien haben«, erklärte sie.

Sophie lehnte sich mit einem irritierten Stirnrunzeln an die Armlehne des Sofas. »Hast du versucht, ihn anzurufen?«, fragte sie sachlich.

Mit einem leicht verwirrten Gesichtsausdruck, als wäre ihr dieser Gedanke noch gar nicht gekommen, beugte sich Debbie vor und fischte ihr Handy aus ihrer Handtasche. Sie tippte auf das Display und hielt es sich dann ans Ohr, wobei sie nervös auf der Unterlippe kaute. »Die Mailbox geht dran«, sagte sie und hinterließ eine kurze Nachricht: »Hi, John, ich bin's. Kannst du mich zurückrufen, wenn du das abhörst?«

»Es ist bestimmt alles okay, Mum«, versicherte Sophie ihr, als Debbie das Telefon in ihre Tasche zurückwarf.

»Vielleicht dachte er, er würde stören, und wollte dir ein bisschen Freiraum geben.«

»Hm, da bin ich mir nicht so sicher, Süße.« Debbie rang sich ein schwaches Lächeln ab. »Wahrscheinlich hat er einfach genug von mir und meiner Schwester. Und wer könnte ihm das verdenken?« Sie konnte nur mit Mühe die Tränen zurückhalten.

Sophie wirkte zunehmend verzweifelt, als hätte sie alle Möglichkeiten, ihre Mutter aufzumuntern, erschöpft und als zermartere sie sich den Kopf, was sie noch sagen könnte. »Soll ich dir eine Tasse Tee machen?«, fragte sie schließlich.

Debbie schenkte ihr ein dankbares Lächeln. »Das wär total lieb, Soph, danke.«

Nachdem Sophie zwei Tassen Tee gemacht und sie auf dem Couchtisch abgestellt hatte, griff sie sich die Fernbedienung und kuschelte sich zu Debbie aufs Sofa. Auf die Armlehne zurückgelehnt, die Füße an Debbies Oberschenkel gedrückt, sodass ihre Zehen mein Fell berührten, zappte sie durch die Kanäle. Ich streckte mich auf Debbies Schoß aus, ließ mein Kinn auf ihren Knien ruhen und schnurrte, während sie mir gedankenverloren den Rücken streichelte. Ich schloss die Augen und schwelgte in der wundervollen Vorstellung, dass Linda endgültig weg war und ich sie nie wiedersehen würde. Während ich so genüsslich zwischen Schlaf und Wachsein dahintrieb, verlor ich jegliches Zeitgefühl – vielleicht vergingen nur ein paar Minuten, vielleicht aber auch ein paar Stunden, bevor plötzlich die Eingangstür des Cafés mit einem lauten Krachen zuschlug.

Mit einem Mal war ich hellwach und versenkte vor Schreck instinktiv meine Krallen in Debbies Bein. »Au, Molly!«, schrie sie und sog scharf die Luft ein, während sie meine Krallen eine nach der anderen behutsam löste. »Hallo?«, rief sie mit gequälter Stimme und rutschte auf dem Sofa unter mir ein Stück vor.

Desorientiert blickte ich mich um und sah, dass die Kerzen ziemlich weit heruntergebrannt waren, seit ich sie zum letzten Mal bewusst wahrgenommen hatte.

»Debbie, ich bin's. Komm schnell runter.« Es war John. Irgendetwas an seinem Ton ließ mein Herz schneller schlagen.

Debbie und Sophie wechselten über meinen Kopf hinweg überrascht einen Blick, dann sprangen wir alle gleichzeitig auf und liefen zur Treppe, Debbie vorneweg, dahinter Sophie, und ich bildete das Schlusslicht. Ich war noch nicht ganz unten, als ich Debbie erschrocken ausrufen hörte: »Wer ist das?« Mein Herz setzte einen Schlag aus, und ich hastete, so schnell ich konnte, die restlichen Stufen hinunter.

John stand auf der Fußmatte und nahm seinen Schal ab. Im Bruchteil einer Sekunde bemerkte ich den Transportkorb auf dem Boden vor ihm. Debbie eilte sofort darauf zu und entsperrte hastig und mit zitternden Fingern die Tür. Ich fühlte mich seltsam losgelöst, als würde ich das Ganze aus weiter Ferne beobachten. Als Debbie die Tür aufriss, hörte ich das leise Rascheln von Zeitungspapier und erhaschte einen Blick auf schwarzes Fell. Dann kroch langsam, zaghaft Eddie heraus.

Er schaute sich argwöhnisch um, zuerst fanden seine Augen Debbie, dann Sophie. Schließlich, *endlich*, trafen sich unsere Blicke. Im selben Moment blitzte eine Flut von Gefühlen in seinem Gesicht auf: Erleichterung, Scham, Freude – das alles lag in dem Blick, den er mir durch das Café zuwarf.

Mich ergriff ein wundervolles, unbeschreibliches Hochgefühl. Als Eddie vorsichtig auf mich zukam, verschlang ich ihn förmlich mit Blicken. Was mir am deutlichsten auffiel, war seine Größe – ich hatte vergessen, wie groß und erwachsen er war. Während er verschwunden war, hatte ich ihn immer als schmächtiges Kätzchen vor Augen gehabt. Jetzt, wo ich ihn wiedersah, wurde ich daran erinnert, dass der langgliedrige Kater, der auf mich zukam, zumindest äußerlich nichts Kätzchenhaftes mehr an sich hatte.

Eine weitere Überraschung war seine stämmige Statur. Ich war davon ausgegangen, dass er nach so langer Zeit auf der Straße völlig ausgehungert sein würde, doch ich sah keine hohlen Wangen, keine hervorstehenden Hüftknochen und auch keine nach innen gewölbten Flanken. Wo auch immer er die letzten Wochen verbracht hatte, er hatte offensichtlich etwas zu fressen gefunden, erkannte ich voller Erleichterung. Eines seiner Ohren wies eine Narbe auf, die er sich im Kampf zugezogen haben musste, und sein Fell sah ein bisschen stumpf und ungepflegt aus. Aber abgesehen davon war er wohlbehalten; sein Gang war selbstbewusst und seine Augen so strahlend wie eh und je.

Als er mich fast erreicht hatte, wurde sein argwöhnischer Gesichtsausdruck sanfter, als würde die Nähe zu mir seine Verletzlichkeit zum Vorschein bringen. Er setzte sich vor mich, senkte den Kopf und blickte unterwürfig zu mir auf wie früher, wenn er als kleines Kätzchen eine Standpauke erwartet hatte. »Es tut mir so leid«, sagte er leise.

Meine Kehle war plötzlich wie zugeschnürt, und meine Augen brannten. Ich beugte mich zu ihm, sodass sich unsere Nasen berührten, und schmiegte mein Gesicht in das weiche Fell an seiner Halsbeuge. Ich schloss die Augen, damit ich mich ganz auf meinen Geruchssinn konzentrieren und so viel wie möglich über den Ort in Erfahrung bringen konnte, an dem er gewesen war. Er roch nach Hecken und feuchter Erde, aber auch nach Möbelpolitur, Holzfeuer und Menschen.

»Molly, sieh mal.«

Ich öffnete die Augen, einen Moment genervt von der Störung. Debbie, die am anderen Ende des Cafés stand, lächelte mich strahlend an und deutete in Richtung Tür. Ich folgte ihrem ausgestreckten Arm, und mein Herz machte einen Satz; vor dem offenen Transportkorb, mit einem Ausdruck väterlicher Zufriedenheit im Gesicht, saß Jasper. Ich starrte ihn fassungslos an, und als er mich mit einem fröhlichen Glitzern in seinen bernsteinfarbenen Augen anblinzelte, hatte ich das Gefühl, als würde mein Herz vor Freude bersten.

Eddies lautes Schnurren erfüllte das Wohnzimmer, während ich meine Zunge über jeden Quadratzentimeter seines Fells gleiten ließ, fest entschlossen, alle zerzausten oder verfilzten Stellen zu putzen, damit er wieder nach unserem Zuhause roch. Wir lagen im Schuhkarton, und Purdy beobachtete uns mit wachsamem, neugierigem Blick von der Armlehne des Sofas aus, während Abby und Bella sich in der Zimmerecke zusammengekuschelt hatten und abwechselnd hinter Beaus Transportbox hervorspähten. Jasper hatte sich auf dem Teppich vor dem Kamin breitgemacht, und Maisie saß neben ihm und putzte sich eifrig, um bei ihm Eindruck zu schinden.

Auf der anderen Seite des Zimmers saßen Debbie und John am Tisch und stocherten in den kalten Überresten ihres Essens herum. Die Kerzen waren zu Stummeln heruntergebrannt, doch die Flammen tanzten in dem frischen Luftzug, der zum Fenster hereinwehte.

»Vorhin, als Linda da war, hat eine Frau angerufen«, erklärte John. »Sie sagte, sie hätte deine Katzen, aber ich wollte dir keine Hoffnungen machen, solange ich es nicht sicher wusste. Und außerdem warst du da gerade ziemlich beschäftigt, also hab ich mich einfach rausgeschlichen.«

Debbie lächelte reumütig. »Und, wo waren sie?«, fragte sie und schob sich ein kaltes Kartoffelstück in den Mund.

»In einem Dorf ein paar Meilen südlich von hier. Die Frau meinte, Eddie wäre schon eine Weile immer wieder mal vorbeigekommen. Sie dachte, er gehöre einem Nachbarn, aber als sie herumgefragt hat, stellte sich heraus, dass er im Dorf keinen Besitzer hatte. Jasper trieb sich auch dort herum, aber sie glaubte, er und Eddie wären dieselbe Katze, bis sie sie irgendwann zusammen im Garten gesehen hat. Es hat ein paar Tage gedauert, bis sie sie einfangen und zum Tierarzt bringen konnte, um sie durchchecken zu lassen. Sie dachte, der Tierarzt mache Witze, als er ihr sagte, dass beide Katzen ein und derselben Frau gehören.«

Debbie lachte leise.

»Was für ein Zufall, dass sie beide dort gelandet sind«, sagte sie fassungslos. »Jasper ist einige Tage nach Eddie verschwunden.« Fragend schaute sie zu uns herüber.

»Ich versuch schon gar nicht mehr zu verstehen, was deine Katzen so treiben«, meinte John schulterzuckend. »Ich hab schon lange den Verdacht, dass sie uns an der Nase rumführen.«

Ich warf ihm einen überraschten Blick zu, während ich Eddies Kopf leckte, aber er hatte sich bereits wieder zu Debbie umgewandt.

Als ich Eddie sauber geputzt hatte, schlief er rasch ein, seinen warmen Körper eng an mich geschmiegt, seine Beine mit meinen verhakt. Debbie und John waren mit ihren Drinks aufs Sofa umgesiedelt und redeten über Linda.

»Ich weiß, dass ich ein bisschen zu sehr auf den Putz gehauen hab«, sagte Debbie bedauernd, »aber ehrlich gesagt bin ich froh, dass sie weg ist. Die Sache mit Margerys Nachlass noch zusätzlich zu dem ganzen anderen Stress … da ist mir einfach der Kragen geplatzt.« Sie verstummte, und auf ihrem Gesicht zeigte sich der mir vertraute Ausdruck einer Erschöpfung, den ich in letzter Zeit öfter bemerkt hatte.

»Ich glaube, das war längst überfällig«, meinte John. »Was immer du zu ihr gesagt hast, es musste endlich mal gesagt werden.«

Debbie gähnte und streckte die Beine auf seinem Schoß aus. »Als ich gemerkt hab, dass du weg bist, dachte ich, ich hätte endgültig alles kaputtgemacht«, sagte sie mit einem müden Lächeln.

»Es braucht schon mehr als einen Streit mit Linda, um mich abzuschrecken«, versicherte John ihr und massierte ihr die Füße.

»Du sahst aus, als wolltest du am liebsten im Boden versinken«, neckte sie ihn. »Und da ich die letzten paar Wochen nichts von dir gehört hatte …« Sie biss sich nervös auf die Unterlippe.

»Ich wollte nicht, dass du denkst, ich hätte es auf die Erbschaft abgesehen – dass ich deshalb will, dass du sie behältst, und nur bei dir bleibe, weil ich hinter dem Geld her bin. Aber anscheinend hab ich es in die andere Richtung übertrieben und mich ein bisschen zu sehr zurückgezogen«, sagte John entschuldigend.

»Vielleicht ein bisschen«, antwortete Debbie. Ihre Lider wurden schwer. »Was für ein Tag …«, murmelte sie schläfrig. Dann schlossen sich ihre Augen, und ihr Kopf sank seitlich aufs Sofapolster.

John blieb noch eine Weile auf der Couch sitzen und sah ihr beim Schlafen zu, bevor er sich vorsichtig erhob. Er nahm den flauschigen Überwurf von der Armlehne, wo Debbie ihn vorhin ordentlich zusammengefaltet hingelegt hatte, und breitete ihn über seine schlummernde Freundin. Dann küsste er sie zärtlich auf den Kopf, blies die Kerzen aus und ging.

24

Als ich am nächsten Morgen aufwachte, war das Wohnzimmer in kühles, winterliches Licht getaucht. Es war jetzt Mitte Dezember, und draußen vor dem Fenster tanzten die ersten Schneeflocken durch die Luft und landeten sanft auf dem Glas. Ich streckte mich ausgiebig, sprang vom Sofa herab und tapste an dem Schuhkarton vorbei, in dem Eddie friedlich schlummerte, seine langen Gliedmaßen hingen über den Rand der Schachtel. Ich hüpfte auf das Fensterbrett und schaute auf die Gasse hinaus, wo das Graubraun von Stein und Asphalt rasch von einer blütenweißen Schneeschicht überdeckt wurde.

Da ich unten keine Spur von Jasper entdecken konnte, schob ich mich durch die Katzenklappe und huschte, den Kopf zum Schutz gegen die herumwirbelnden Flocken eingezogen, durch die Gasse. Meine Pfoten hinterließen flache Spuren im Schnee, und schon bald waren meine Fußballen nass und eisig kalt.

Ich fand Jasper auf dem Kirchhof, wo er unter den tiefhängenden Ästen eines Rhododendrons Zuflucht gefunden hatte.

»Ich bin gestern gar nicht dazu gekommen, dir zu danken, dass du Eddie gefunden hast«, sagte ich, drängte mich zu ihm durch und genoss seinen vertrauten Duft und die Wärme seines Körpers.

»Gern geschehen«, antwortete er zufrieden.

Wir saßen Seite an Seite und sahen zu, wie die Schneeflocken lautlos zu Boden tanzten.

»Denkst du, Eddie kommt klar, nach allem, was passiert ist?«, fragte ich und bemühte mich, mir meine mütterliche Sorge nicht zu deutlich anhören zu lassen.

»Ich denke, Eddie geht's gut«, erwiderte Jasper ruhig. »Er war gezwungen, schnell erwachsen zu werden. Sich plötzlich allein durchschlagen zu müssen, das war ein ziemlicher Schock für ihn, nachdem er zuvor sehr verhätschelt worden war.«

Ich wandte mich ab. Die angedeutete Kritik versetzte mir einen Stich; Jasper hatte immer die Meinung vertreten, dass die Kätzchen zu sehr verwöhnt wurden und deshalb kein eigenständiges Leben führen konnten.

»Aber er scheint gut damit zurechtzukommen«, fügte Jasper hastig hinzu, als er sah, dass mich seine Worte verletzt hatten. »Was ihm an Erfahrung im Leben auf der Straße mangelt, macht er mit seinem Charme mehr als wett.«

Ich wandte mich Jasper wieder zu und wartete, dass er das näher ausführte.

»Als ich ihn gefunden habe, stand schon die gesamte Nachbarschaft Schlange, um ihn zu versorgen. Er hatte die freie Wahl zwischen mindestens einem Dutzend Häusern. Er ist nie Gefahr gelaufen zu verhungern«, erzählte er in einem Ton, aus dem ich widerwillige Anerkennung heraushörte.

Mich überkam eine Welle der Erleichterung, gemischt mit Stolz. Rückblickend erschien es mir offensichtlich, dass mein süßer, liebenswerter Junge kein Problem haben würde, Leute zu finden, die sich um ihn kümmerten.

»Das heißt natürlich nicht, dass er nicht nach Hause kommen wollte«, versicherte mir Jasper und rieb zärtlich seine Schnauze an meinem Ohr, womit er mir ein wohliges Schnurren entlockte.

Mittlerweile hatte sich der Himmel zu einem milchigen Weiß aufgehellt, und der Schneefall ließ allmählich nach. Ich ging vorsichtig ein paar Schritte und spähte unter dem Blätterdach unseres Unterschlupfs hervor. Die honigfarbene Kirche sah aus, als wäre sie mit weißer Glasur überzogen worden, und ein einziges entschlossenes Rotkehlchen flatterte auf der Suche nach Insekten von einem schneebedeckten Grabstein zum nächsten.

»Kommst du mit frühstücken?«, fragte ich fröhlich, als mein Magen zu grummeln anfing.

Zurück im Café, blieb ich auf der Fußmatte stehen und schüttelte die Eiskristalle aus meinem Fell. Eddie war nach unten gekommen, tigerte im Raum herum und rieb seine Wange an jedem einzelnen Tisch, um alles zu markieren. Maisie folgte ihm mit ein paar Schritten Abstand.

»Was ist mit deinem Ohr passiert?«, erkundigte sie sich, und in ihrer Stimme lag geschwisterliche Sorge.

Eddie warf sich in die Brust. »Ich hab mit einer Straßenkatze gekämpft«, sagte er beiläufig. »Keine große Sache.«

Maisies Augen weiteten sich, und als Eddie forschen Schrittes auf die Sessel zumarschierte, lief sie ihm eilig nach.

»Und wie hast du dir in der Wildnis genug zu fressen besorgt?«

Eddie hielt einen Moment inne, und sein Blick schweifte in die Ferne. »Hauptsächlich habe ich gejagt. Es war nicht leicht, aber man tut, was man tun muss, um zu überleben.«

Ich unterdrückte ein amüsiertes Lächeln. Eddies Bericht von seiner Zeit »in der Wildnis« unterschied sich beträchtlich von Jaspers Version. Ich fragte mich, ob Maisie auch so beeindruckt wäre, wenn sie die Wahrheit wüsste: dass Eddie die meiste Zeit, die er weg gewesen war, in einem Dorf voller Ersatzfrauchen und -herrchen durchgefüttert worden war. Trotz seiner Großspurigkeit konnte ich Eddie seinen Wunsch, die liebevolle Bewunderung seiner kleinen Schwester auszukosten, nicht verdenken. Mit seinem angeberischen Verhalten verbarg er die Angst, die er zweifellos ausgestanden hatte, als er allein und schutzlos auf der Straße gelandet war. Soll er seinen Moment des Ruhmes ruhig genießen, dachte ich, und legte mich zum Trocknen auf die warmen Fliesen.

Am Nachmittag erschien Debbie mit einer großen Schachtel voller Weihnachtsdekoration. Sie stellte sie auf einem leeren Stuhl ab und rief die Treppe hinauf: »Komm schon, Soph, ich brauch deine Hilfe!«

Als Sophie ein paar Minuten später die Treppe heruntergeschlurft kam, wühlte Debbie bereits in der Schachtel herum. »Entwirr die bitte mal, ja, Liebes?«, bat sie und drückte Sophie eine völlig verhedderte Lichterkette in die Hand.

Mit einem tiefen Seufzen band sich Sophie die Haare zu einem Pferdeschwanz zusammen und machte sich daran, die Kabel zu entwirren.

Nachdem sie die Deko zu unordentlichen Haufen auf dem Tisch sortiert hatten, begannen sie damit, das Café zu schmücken. Debbie sang die Weihnachtslieder, die im Radio liefen, mit und ignorierte Sophies demonstratives Schaudern und Augenrollen, während die Kätzchen die ganze Prozedur nach Kräften behinderten, indem sie in die Schachtel und wieder hinaus sprangen oder nach dem raschelnden Lametta schlugen, das allzu verlockend über die Tischkante hing. Ming beobachtete das Ganze von ihrer Plattform aus mit der üblichen unbeteiligten Neugier.

Etwas später kam John mit einem Weihnachtsbaum, den er am Stamm gepackt hielt und hereinschleppte. Er stellte ihn vorsichtig neben den Kamin und schnitt das Netz auf, in das er eingepackt war. Sofort schnellten die Tannenzweige in alle Richtungen und erfüllten das Café mit dem herrlichen Duft frischer Luft und Nadelbäume.

Als Jo mit Bernard an ihrer Seite am Fenster vorbeikam, klopfte sie ans Glas und winkte fröhlich.

»Wie findest du unseren Baum, Jo?«, fragte Debbie, als sie ihr die Tür aufmachte.

»Wird aber auch Zeit, Debs!«, neckte Jo sie und wischte sich mit dem Handrücken die Schneeflocken von der Jacke. Ihre Nase war vor Kälte gerötet, und ihre gestrickte Bommelmütze rutschte immer wieder von ihren widerspenstigen Haaren herab. Bernard tappte hinter ihr ins Café herein und ließ sich dankbar auf die Fußmatte sinken.

»Hallo, Bernard, mein süßer alter Junge«, murmelte Debbie und beugte sich hinunter, um ihm den Bauch zu kraulen. Bernards Schwanz schlug auf die Fußmatte, und schon bald war der alte Hund eingeschlafen.

Debbie reichte Gläser mit warmem Glühwein herum, und während sich der Nachmittagshimmel draußen langsam verdunkelte, halfen alle dabei, den Baum zu schmücken. Die Kätzchen taten ihr Bestes, die Weihnachtskugeln, sobald sie aufgehängt waren, mit ihren Pfötchen wieder herunterzufegen, bis sie sich, erschöpft von den Anstrengungen, auf ihre üblichen Plätze zurückzogen, um ein Nickerchen zu machen. Als der Baum endlich fertig war, trat Debbie einen Schritt zurück und begutachtete ihr Werk. »Bereit?«, fragte sie, einen Ausdruck kindlicher Aufregung im Gesicht.

Sie nickte Sophie zu, die das Licht ausknipste, und eine atemlose Stille legte sich über den dunklen Raum. Selbst Bernard hob schläfrig den Kopf, als spüre er die gespannte Erwartung. Debbie betätigte einen Schalter, und mit einem Mal war das Café wie verwandelt. Überall, wohin ich auch sah, funkelten Lichter. Um den Baum rankten sich winzige, an Beeren erinnernde Lämpchen, die hypnotisch blinkten. Weiße Lichter schlängelten sich über den Kamin, und ein Kranz aus funkelnden Sternen umrahmte den Tresen. Im Halbdunkel leuchteten Mings Augen und die der Kätzchen strahlend grün, und ich musste zweimal hinsehen, um zu erkennen, was Katzenaugen und was die Lämpchen waren.

»Oh, Debs, das ist wunderschön«, rief Jo.

»Ja, oder?« Debbie strahlte vor Stolz. »Linda wäre bestimmt auch begeistert«, sagte sie, und plötzlich schlich sich ein Hauch Wehmut in ihre Stimme.

Sie schaltete die Deckenlampe wieder ein, und hellgelbes Licht durchflutete das Café. Bernard gab ein leises protestierendes Knurren von sich und legte sich auf die andere Seite.

»Hast du seit gestern irgendwas von Linda gehört?«, fragte Jo behutsam, während Debbie die roten Socken am Kamin zurechtzupfte.

Debbie schüttelte den Kopf. »Ich weiß, wie sie ist – sie wird eine gewisse Zeit brauchen, um sich zu beruhigen, bevor sie wieder mit mir redet«, erklärte sie. »Ich warte noch ein paar Tage, dann ruf ich sie an. Ich muss ihr ja auch erzählen, wie ich mich wegen der Erbschaft entschieden habe.«

Die anderen tauschten hinter ihrem Rücken überraschte Blicke.

»Klingt fair«, meinte Jo vorsichtig. »Also, Debs, ich hoffe, das ist nicht unhöflich, aber wie hast du dich denn entschieden?«

Am Montagmorgen war draußen immer noch alles von Schnee bedeckt, im Ofen prasselte ein heimeliges Feuer, und der festlich geschmückte Baum versetzte alle in Weihnachtsstimmung. Debbie hatte ein Schild im Fenster aufgehängt – *Die Jungs sind zurück. Willkommen zu Hause, Eddie und Jasper!* –, was der Feierlaune eine noch aufregendere Note verlieh, und schon bald liefen sich Debbie und ihre Kellnerinnen die Hacken ab, so viele Stammgäste und Leute auf Weihnachts-Shoppingtour strömten ins Café. Eddie wurde mit Aufmerksamkeit überhäuft, während Debbie gewissenhaft immer und immer wieder die Geschichte erzählte, wie er und Jasper gefunden worden waren.

Es war schon fast sieben Uhr, als die Mitarbeiter ihre Schürzen abnahmen und nach Hause gingen. Debbie ließ sich auf einen Stuhl fallen und atmete erleichtert auf. Sie hatte sich gerade erst hingesetzt, als sich die Eingangstür des Cafés öffnete.

Mein Magen krampfte sich zusammen, da ich David auf der Fußmatte stehen sah. Beim Anblick des weihnachtlich geschmückten Cafés wirkte er noch griesgrämiger als zuvor.

»Oh, hallo, David«, sagte Debbie und warf ihm ein höfliches Lächeln zu, aber ich spürte eine gewisse Reserviertheit.

David nickte kurz und streifte seine nassen Schuhe

an der Fußmatte ab, behielt Debbie aber misstrauisch im Blick, als sie zum Tresen ging und ein Blatt Papier hinter der Kasse hervorholte. Das Dokument fest in der Hand, setzte sie sich an den nächsten Tisch und bedeutete David, ebenfalls Platz zu nehmen. Mir fiel auf, dass sie ihm diesmal keine Tasse Tee und keine Kekse anbot. David setzte sich ihr gegenüber, und eine Weile herrschte unbehagliches Schweigen, denn offenbar wollte niemand als Erstes das Wort ergreifen.

»Danke, dass Sie gekommen sind, David«, begann Debbie schließlich und fingerte nervös an dem Schreiben herum. »Sie können sich wahrscheinlich denken, warum ich Sie hergebeten habe – um die Angelegenheit der Erbschaft Ihrer Mutter zu klären.«

David neigte den Kopf ein wenig zur Seite, sagte aber kein Wort. Debbie schluckte schwer; sie sah aus, als müsste sie all ihren Mut zusammennehmen, um weiterzusprechen.

»Was bei unserem letzten Treffen passiert ist – das ganze Gerede, dass wir uns vor Gericht wiedersehen … ich bin sicher, keiner von uns will, dass es so weit kommt«, fuhr sie fort und warf David einen bangen Blick zu.

Er blinzelte sie an, aber sein verkniffenes Gesicht verriet nichts.

Debbie preschte tapfer weiter vor. »Jedenfalls habe ich viel über Margery nachgedacht und darüber, warum sie Molly ihr Vermögen hinterlassen hat.«

Bei diesen Worten setzte David zu einer Erwiderung

an, doch Debbie redete schnell weiter, bevor er sie unterbrechen konnte.

»Aber ich habe auch über Sie nachgedacht und darüber, dass Sie gerade erst Ihre Mutter verloren hatten, als Sie von dem Testament erfahren haben. Es war bestimmt nicht leicht, feststellen zu müssen, dass Sie zugunsten einer Katze … übergangen wurden …« Sie verstummte und blickte nervös in Davids finsteres Gesicht.

»Das kann man so sagen«, stimmte er zu.

»Ich glaube, wenn mir so etwas passiert wäre, wäre ich sehr wütend«, versuchte Debbie, ihn zum Weiterreden zu ermuntern.

David starrte grimmig auf das Platzdeckchen auf dem Tisch. »Es war ein ziemlicher Schock«, gab er schließlich zu. »Sie hat nie etwas davon erwähnt. Jedenfalls nicht mir gegenüber«, sagte er und bedachte Debbie mit einem argwöhnischen Blick.

»Mir gegenüber auch nicht«, versicherte Debbie ihm. »Ehrlich, David, ich hatte keine Ahnung von Margerys Testament. Ihre Entscheidung, alles Molly zu hinterlassen, hat mich genauso überrascht wie Sie.«

David starrte weiterhin mürrisch auf das Platzdeckchen.

»Also«, fuhr Debbie unbeirrt fort, »ich habe es von Anfang an gesagt: Ich fände es nicht richtig, das Geld Ihrer Mutter in Mollys Namen anzunehmen. Aber andererseits kann ich Margerys Wunsch, dass Molly gut versorgt wird, auch nicht einfach ignorieren.«

Jetzt taxierte David sie mit durchdringendem Blick;

er schien förmlich an ihren Lippen zu hängen. Auch ich hielt die Spannung kaum noch aus. Debbie hatte ihre Pläne noch niemandem anvertraut, weil sie zuerst mit David reden wollte, und so tappte ich genauso im Dunkeln wie alle anderen. Ihre Nervosität legte die Vermutung nahe, dass es noch mehr zu sagen gab – dass ihre Bereitschaft, Margerys Nachlass abzulehnen, an Bedingungen geknüpft war, die David vermutlich nicht gefallen würden.

»Die Lage hier im Café ist in letzter Zeit … schwierig«, erklärte Debbie ruhig. »Wir stolpern übereinander – die Wohnung ist schlicht zu klein. Einfach ausgedrückt: Katzen brauchen Platz, und hier gibt es nicht genug Platz für uns alle. Ich muss mich um das Wohl all meiner Katzen kümmern, nicht nur um Molly.«

Während ich ihr zuhörte, überkam mich eine kalte Angst. Noch nie zuvor hatte ich Debbie so nüchtern über uns reden hören. Ich hatte immer geglaubt, solange sie im Herzen einen Platz für uns hatte, würde sie auch in ihrem Zuhause einen Platz für uns finden. Warum sonst hatte sie nicht nur mich und die Kätzchen, sondern auch Jasper und Ming aufgenommen? Und doch redete sie jetzt über uns, als wären wir nur das Objekt logischer Überlegungen, und deutete an, dass wir für den verfügbaren Platz zu viele waren.

»Margery hat sich hingebungsvoll um Molly gekümmert. Sie wollte, dass Molly an einem Ort lebt, wo sie gut versorgt wird. Aber so, wie die Dinge in letzter Zeit standen, war das schlicht nicht möglich.«

Eine schreckliche Vorahnung erfasste mich. Sollte ich aus dem Café vertrieben werden, um Platz für die anderen zu schaffen? Dachte Debbie, dass es das war, was Margery gewollt hätte? Panisch blickte ich zu David. Er sah ebenso entsetzt aus, wie ich mich fühlte; fürchtete er genau wie ich, dass Debbie ihn bitten würde, mich aufzunehmen?

Debbie hielt einen Moment inne, und ich konnte sehen, dass die Hand, in der sie das Dokument hielt, zitterte. »Ich habe einen Brief an den Anwalt geschrieben, in dem ich erkläre, wie ich weiter verfahren möchte. Aber ich wollte ihn erst Ihnen zeigen, bevor ich ihn abschicke«, sagte sie ruhig.

David nahm das Schriftstück und las es aufmerksam. Ich versuchte, an seinem Gesichtsausdruck etwas – *irgendetwas* – auszumachen, was mir verriet, was in dem Brief stand, aber seine Miene blieb frustrierenderweise völlig undurchschaubar.

»Das hatte ich nicht erwartet«, sagte er schließlich und zog die Stirn kraus.

»Ich habe lange und gründlich darüber nachgedacht, David. Margery wollte, dass Molly gut versorgt wird, und ich glaube, meine Lösung wird uns das ermöglichen.«

David knurrte und kniff sich in den Nasenrücken. Zum ersten Mal in meinem Leben musste ich darauf hoffen, dass David sich als mein Verbündeter erweisen würde. Ich wünschte, er würde Protest einlegen und Debbie sagen, dass es absolut nicht infrage kam, dass er sich um mich kümmerte – dass mit einem solchen

Arrangement keiner von uns glücklich wäre. Aber er sah aus, als wäre er tief in Gedanken versunken.

»Alles in allem … wäre das wohl fair«, sagte er schließlich.

»Gut, dann bringe ich den Brief gleich morgen früh zur Post«, antwortete Debbie und lächelte erleichtert.

Sie geleitete David zur Tür. Bevor er ging, wandte er sich noch einmal zu ihr um. »Meiner Mutter lag sehr viel an Ihnen – und an Molly«, sagte er, den Blick verlegen auf den Boden gesenkt. »Danke, dass Sie sich die Zeit genommen haben, sie zu besuchen. Das hat ihr viel bedeutet.«

Debbie sah einen Moment völlig verblüfft aus, und dann bröckelte ihre Fassade. »Oh, David, komm her«, sagte sie und umarmte ihn ungestüm.

David war sein Unbehagen deutlich anzumerken, aber er ließ die Umarmung über sich ergehen und klopfte Debbie sogar leicht auf den Rücken.

Mit einem letzten höflichen Nicken zum Abschied ging er. Debbie schloss die Tür hinter ihm ab, strich sich den Pony aus der Stirn und stieß ein erleichtertes Seufzen aus. Als sie erschöpft die Treppe hinaufstapfte, blickte ich ihr bestürzt nach und fragte mich, mit was, zum Teufel, David sich gerade einverstanden erklärt hatte.

25

Auf unserem Abendspaziergang erzählte ich Jasper von dem Gespräch, das ich mitangehört hatte. Der Mond kam immer wieder hinter den dahintreibenden Wolken zum Vorschein und verschwand wieder, während Jasper neben mir den mit Schneematsch bedeckten Bürgersteig entlanglief, die Ohren aufmerksam gespitzt.

»Hat Debbie irgendwas *Konkretes* darüber gesagt, dass sie dich weggeben will?«, fragte er, als ich meinen Bericht beendet hatte.

»Nein, nichts Konkretes«, gab ich zu. »Aber sie hat gesagt, dass es nicht genug Platz für uns alle gibt und dass Margery das nicht für mich gewollt hätte. Was sollte sie sonst damit meinen?«

Wir machten unter der Ulme am Marktplatz halt, um uns die Weihnachtsdekoration der Stadt anzuschauen. Bunte Lichterketten waren zwischen den Laternenpfählen aufgehängt worden, und auch an dem schönen Weihnachtsbaum vor dem Rathaus funkelten Lichter.

Nach reiflicher, stiller Überlegung warf Jasper mir

einen Seitenblick zu und meinte: »Nun, wenn Debbie findet, dass nicht alle Katzen bei ihr Platz haben, dann gibt sie vielleicht Ming weg.«

»Nein, das kann es nicht sein«, widersprach ich niedergeschlagen. »Wenn Debbie beschlossen hätte, Ming wegzugeben, müsste sie das nicht zuerst mit David besprechen. Ming hat nichts mit Margerys Nachlass zu tun.«

»Hmm«, machte Jasper, nicht überzeugt.

Frust wallte in mir auf, als ich mehr und mehr zu der Überzeugung gelangte, dass Jasper wohl der Meinung war, ich würde überreagieren. Jaspers Gelassenheit war eines der Dinge, die ich an ihm liebte – sie hielt mich auf dem Boden der Tatsachen, wenn die Sorge mit mir durchzugehen drohte –, aber manchmal brachte sie mich auch zur Weißglut. Er war nie jemandes Haustier gewesen und hatte somit auch nie die intensive Zuneigung zu einem Menschen erlebt, die ich für Margery empfunden hatte und jetzt für Debbie empfand. Wie könnte Jasper, der sein ganzes Leben auf der Straße verbracht hatte, verstehen, wie es sich anfühlte, auf einen Schlag sein Zuhause und seine Besitzerin zu verlieren, oder wie beängstigend der Gedanke war, das alles noch einmal durchmachen zu müssen?

Ich stand auf und trottete trübsinnig davon, denn ich konnte seine wohlüberlegten Versuche, mir meine Sorge auszureden, nicht länger ertragen. Schallendes Gelächter drang aus einem Pub zu meiner Linken, und ich wich dem Geräusch instinktiv aus, wobei ich beinahe auf einer unsichtbaren Eisfläche ausgerutscht wäre. Als ich um die Ecke des Marktplatzes bog, begann ich, schneller zu laufen; ich floh nicht nur vor Jaspers Skepsis, sondern auch vor meiner eigenen Enttäuschung, dass ich wieder einmal die Einzige war, die die Gefahr sah, die unserer Familie drohte. Ich rannte zurück zu unserer Straße und achtete kaum auf die Autos, die an mir vorbeibrausten.

Ming schlummerte tief und fest auf ihrer Plattform, aber Abby und Bella hoben schläfrig den Kopf, als ich durch die Katzenklappe ins dunkle Café schlüpfte. Auch oben war es vollkommen still, Debbie und Sophie waren bereits ins Bett gegangen. Im Wohnzimmer schlief Eddie friedlich in der Schuhschachtel, sein Schwanz hing über den Rand des Kartons. Ich sprang aufs Sofa und ließ meinen Blick auf seiner Brust ruhen, die sich gleichmäßig hob und senkte, fand ein wenig Trost in der Tatsache, dass ich, auch wenn ich nicht wusste, was die Zukunft für uns bereithielt, zumindest die Gewissheit hatte, dass meine Kleinen wohlauf und in Sicherheit waren. Als der Schlaf mich übermannte, durchströmte mich eine tiefe Erleichterung, meine Sorgen verflogen, und ich versank in der Dunkelheit.

Am nächsten Morgen frühstückte ich gerade mit den Kätzchen, da hörte ich Debbie am Telefon: »Hi, Lind, ich bin's. Wie geht's dir?«

Ich schluckte und trat vom Napf zurück, sodass Eddie und Maisie gierig die letzten Brocken Trockenfutter verputzen konnten.

Im Wohnzimmer stand Debbie am Fenster, das Telefon ans Ohr gepresst. »Hör mal, Linda, wir müssen reden. Wenn du heute Abend nichts vorhast, warum kommst du nicht zum Essen vorbei?« Sie wickelte sich das Telefonkabel nervös um den Finger.

Ich konnte mir Lindas Gesicht, während sie über das Angebot nachdachte, nur zu gut vorstellen: die Lippen geschürzt, die Zähne zusammengebissen – sicher sah man ihr an, dass sie nach der Demütigung bei ihrer letzten Begegnung immer noch gekränkt war. Doch nach kurzem Schweigen flötete sie ihr Einverständnis.

Mein Herz machte einen Satz. Bestimmt würde Debbie ihrer Schwester erzählen, was sie mit David ausgemacht hatte, aber ich musste noch bis heute Abend warten, bevor ich endlich erfahren würde, wozu sie sich entschieden hatte.

Da ich bis dahin noch einen ganzen Tag vor mir hatte, schlich ich die Treppe hinunter und ging nach draußen. Bis Weihnachten war es nur noch eine Woche, und als ich die Kopfsteinstraßen entlanglief, wurde ich von allen Seiten von gestresst aussehenden, mit Einkaufstaschen beladenen Menschen bedrängt. Ich hatte nicht einmal das Ende unserer Straße erreicht, als es plötzlich anfing zu hageln; eiskalte Hagelkörner prasselten auf mich herunter, was trotz meines dicken Fells ganz schön wehtat.

So schnell ich konnte, rannte ich zurück zum Café und durch die Katzenklappe. Drinnen tollten die Kätzchen noch übermütiger herum als sonst, sie jagten einander kreuz und quer über die Holzplanken, dass die Gäste vor Lachen kreischten – offenbar hatten sie sich von der aufregenden Festtagsstimmung anstecken lassen. Aber in meiner unruhigen Verfassung konnte ich das ausgelassene Treiben nicht ertragen, also zog ich den Kopf ein und schlich zwischen den Tischen hindurch zur Treppe. Auf dem Sofa im Wohnzimmer fand ich endlich etwas Ruhe und verbrachte den Rest des Tages mit Schlafen und Putzen. Dabei beobachtete ich, wie sich das Licht draußen vor dem Fenster veränderte, während die Stunden quälend langsam dahinzogen.

Es war schon eine Weile dunkel, als Debbie endlich die Treppe heraufkam. Sie gönnte sich ein paar Minuten Erholung, setzte sich auf einen Stuhl und rieb sich die Knie, bevor sie sich in der Küche ans Werk machte. Ich tigerte ruhelos im Wohnzimmer hin und her; einerseits konnte ich es kaum erwarten, dass Linda endlich kam, andererseits graute mir davor.

Etwa zwanzig Minuten später bimmelte die Glocke über der Eingangstür des Cafés, und mein Herz machte einen Satz.

»Hi, Debs, ich bin's!«, rief Linda.

Ich roch sie, bevor ich sie sah, der süßliche Geruch ihres Parfüms strömte die Treppe nach oben und kitzelte mich in der Nase. Mein ganzer Körper verspannte sich, als Beau mit heraushängender Zunge um das Geländer geschossen kam. Mit irrem Blick raste er an Linda vorbei ins Wohnzimmer und rieb fröhlich seine feuchte Schnauze am Sofapolster. Ich warf ihm einen vernichtenden Blick zu und stolzierte aus dem Zimmer, weil ich die Unterhaltung der Schwestern auf keinen Fall verpassen wollte.

Debbie kam aus der Küche, offensichtlich entschlossen, gute Laune zu verbreiten. »Ich decke gerade den Tisch«, sagte sie heiter, nahm Linda den Mantel ab und hängte ihn an die Garderobe.

»Großartig«, antwortete Linda mit einem ebenso steifen Lächeln.

Als sie das Essen zum Tisch trugen, lief ich ihnen in diskretem Abstand nach und warf einen Seitenblick auf Beau, der sich auf dem Sofa breitgemacht hatte. Seine Knopfaugen verfolgten jeden meiner Schritte, und aus irgendeinem Grund funkelten sie triumphierend, aber ich ignorierte ihn, so gut es ging, und stieg in meine Schuhschachtel. Meine Aufmerksamkeit war auf die andere Seite des Zimmers gerichtet, wo die Schwestern sich inzwischen an den Tisch gesetzt und angefangen hatten zu essen.

Anfangs wussten sie offenbar nicht, was sie sagen sollten, und als sie schließlich redeten, blieb es bei unbehaglichem Small Talk.

»Das Café sieht bezaubernd aus. Sehr weihnachtlich«, begann Linda höflich.

»Danke«, antwortete Debbie.

Eine Pause, und dann: »Wo ist Sophie heute Abend?«

»Sie kauft mit Freunden Weihnachtsgeschenke ein. Wahrscheinlich holen sie sich unterwegs noch einen Burger.«

Ich nahm das Klappern des Bestecks und das leise

Klimpern von Lindas Armreifen, wann immer sie ihr Glas an die Lippen hob, überdeutlich wahr.

»Also, wo hast du in letzter Zeit gewohnt?«, fragte Debbie, und ihrem leicht angespannten Ton war anzuhören, dass sie genau wusste, dass sie sich auf gefährliches Terrain begab.

»Bei Freunden«, antwortete Linda leichthin.

»Bei irgendwem, den ich kenne?«, hakte Debbie nach.

Lindas Gesicht blieb ausdruckslos, aber ich sah, wie sich ihr Kiefer verspannte. »Bei einer alten Freundin vom College.« Sie trank einen Schluck Wein, zögerte und fügte dann hinzu: »Aber jetzt, wo Weihnachten vor der Tür steht, fürchte ich, dass ich ihre Gastfreundschaft überstrapaziere.« Sie hielt den Blick starr auf ihr Weinglas gerichtet und stellte es auf den Tisch zurück. »Das wird im Moment anscheinend zur Gewohnheit für mich.«

Die Bemerkung schien das Stichwort zu sein, auf das Debbie gewartet hatte. Sie senkte ihre Gabel und musterte ihre Schwester mit eindringlichem Blick.

»Linda, ich will dich wirklich nicht bedrängen, aber … was ist los? Hast du mit Ray geredet?«

Linda schob ihr Essen nervös auf ihrem Teller hin und her. »Ich hab von seinem Anwalt gehört«, murmelte sie mit brüchiger Stimme.

»Seid ihr schon an dem Punkt angekommen?«

Linda griff nach ihrem Glas. »Ja. Sieht so aus, als würde ich Weihnachten als frisch geschiedene Obdachlose verbringen«, sagte sie und trank einen großen Schluck Wein.

Debbie beugte sich zu ihr vor. »Hör zu, Linda, ich hab mich vor ein paar Tagen mit David getroffen, um mit ihm über Margerys Nachlass zu reden.«

Linda machte ein gequältes Gesicht. »Debs, lass uns das nicht schon wieder durchkauen«, bat sie. »Du hattest recht – es geht mich nichts an, was du mit dem Geld machst. Ich will nicht mehr darüber reden.«

Debbie lächelte nachsichtig. »Linda, hör mir erst mal zu. Ich wollte dir erzählen, dass ich dem Anwalt geschrieben habe, dass ich die Erbschaft ablehne.«

Wenn Linda enttäuscht war, ließ sie es sich nicht anmerken. Ihr Gesicht nahm einen Ausdruck großmütiger Urteilsfreiheit an. »Ich bin sicher, du hast die richtige Entscheidung getroffen, Debs. Du musst mir nichts erklären.« Sie legte ihr Besteck weg und holte tief Luft. »Ich hab darüber nachgedacht, was du letzten Samstag gesagt hast, und … du hast recht. Ich hab mich total in meine Ideen für das Café und eine eigene Marke verrannt und … bin zu weit gegangen. Das weiß ich jetzt.«

Debbie hatte zu einer Antwort angesetzt, aber Linda ignorierte sie und heftete ihren Blick auf einen Punkt über Debbies Schulter.

»Es hat echt wehgetan, als du meintest, ich wäre nur neidisch auf deinen Erfolg, aber vielleicht hattest du recht. Ich war doch ein wenig … überrascht, dass du es so schnell geschafft hast, dein Leben umzukrempeln, und mit dem *Mollys* so tolle Arbeit geleistet hast. Ich schätze, ich dachte, wenn ich ins Geschäft einsteige, würde vielleicht etwas von dem, was du geleistet hast, auf mich abfärben.« Endlich begegnete sie Debbies Blick, und auf ihren Lippen erschien ein reumütiges Lächeln. »Das klingt echt jämmerlich.«

»Oh, Linda, das klingt überhaupt nicht jämmerlich«, widersprach Debbie entschieden und beugte sich noch näher zu ihrer Schwester vor. »Mir war nicht klar, wie ernst die Dinge für dich stehen. Ich dachte, du und Ray hättet einfach eine Auseinandersetzung, die ihr früher oder später klären würdet.«

Bei diesen Worten ließ Linda niedergeschlagen den Kopf hängen.

»Hör zu, Linda«, sagte Debbie hastig, »ich hab dich nicht hergebeten, weil ich eine Entschuldigung hören will. Ich möchte dir einen Vorschlag machen.«

Ihre Schwester schaute mit fragendem Blick auf, und meine Ohren zuckten vor angespannter Erwartung.

»Dass ich Margerys Nachlass abgelehnt habe, ist nur ein Teil der Geschichte«, fuhr Debbie fort. »Ich habe unter einer Bedingung zugestimmt: dass ich Margerys Haus in Oxford ein Jahr nutzen kann.«

Linda sah sie verständnislos an. »Aber … ich verstehe nicht ganz, Debs«, stammelte sie. »Warum solltest du nach Oxford ziehen? Was ist mit dem Café?«

Mein Herz wurde schwer. Die Möglichkeit, dass Debbie in Margerys altes Haus ziehen und Linda die Wohnung überlassen könnte, war mir überhaupt nicht in den Sinn gekommen. Schon allein der Gedanke war entsetzlich. Die Vorstellung, ein Jahr mit Linda und Beau zusammenleben zu müssen, das war fast so schlimm wie bei David einzuziehen.

Lindas bestürzter Gesichtsausdruck ließ vermuten, dass sie meine Verwirrung teilte, doch Debbie legte ihrer Schwester beruhigend die Hand auf den Arm. »Ich hab nicht vor, selbst dort zu wohnen, Linda«, sagte sie lachend. »Ich hatte an dich gedacht!«

Linda blieb vor Überraschung der Mund offen stehen.

»Nur ein Jahr lang, und das Haus wird immer noch David gehören«, erklärte Debbie schnell, »aber er hat zugestimmt, es mir – *uns* – für einen geringen Betrag zu vermieten. Es steht schon eine ganze Weile leer, und ich glaube, er ist selbst interessiert daran, dass jemand dort wohnt und alles im Auge behält.«

Die Verwirrung in Lindas Gesicht war verschwunden, aber während sie Debbie zuhörte, sank sie in sich zusammen.

»Ich dachte, ich könnte dir deinen eigenen Stützpunkt geben, während du die Sache mit Ray klärst«, fuhr Debbie fort, als sie spürte, dass Linda Beruhigung nötig hatte. »Natürlich nur, wenn du willst.«

»Debs, das ist echt nett, aber … es fühlt sich irgendwie nicht richtig an«, sagte Linda schwermütig. »Wie du mir letztens klargemacht hast, wollte Margery mit ihrem Testament sicherstellen, dass Molly und die Kätzchen gut versorgt sind. Sie würde nicht wollen, dass ich ihr Haus während der Scheidung als Unterschlupf missbrauche.«

Debbie neigte den Kopf und sagte geduldig, als würde sie einem kleinen Kind etwas erklären: »Linda, dachtest du wirklich, ich würde dich über Weihnachten auf dem Sofa einer Freundin pennen lassen? Natürlich musst du wieder herkommen. Aber dass du wieder hier einziehst, ist auf lange Sicht keine Lösung – das wissen wir beide. Wir würden uns gegenseitig in den Wahnsinn treiben.«

Obwohl sie den Kopf immer noch gesenkt hielt, erschien ein Lächeln auf Lindas Lippen.

»Und für die Katzen wäre es auch nicht gut«, fügte Debbie hinzu. »Sie sind territorial orientierte Tiere, und auch wenn sie in einem Café leben, brauchen sie einen Ort, an den sie sich zurückziehen können – einen ruhigen und« – ihr Blick huschte zu Beau – »*hundefreien* Ort. Also, wie ich das sehe, liegt es genauso im Interesse der Katzen wie in unserem, dass ihr die nächsten paar Monate woanders unterkommt.«

Linda rieb sich irritiert die Stirn.

»Das stand alles in dem Brief, den ich dem Anwalt geschickt habe«, erklärte Debbie mit einem aufmunternden Lächeln. »Ich habe ihm mitgeteilt, dass ich überzeugt davon bin, dass dieses Arrangement auch in Margerys Sinn wäre, und dass wir dafür sorgen, dass David nicht übergangen wird. David hat den Brief gelesen und zugestimmt.«

Plötzlich brach Linda in Tränen aus und presste sich eine Hand auf den Mund, um ein Schluchzen zu unterdrücken. Debbie stand auf und beugte sich unbeholfen über den Tisch, um ihre Schwester in den Arm zu nehmen.

»Danke«, schniefte Linda, das Gesicht an Debbies Schulter vergraben.

»Sehr gern geschehen«, antwortete Debbie und strich ihr über den Rücken. »Oh, und falls dich die Pendelei nicht stört, würde ich mich freuen, wenn du weiter im Café arbeitest. Bezahlt natürlich – Schluss mit der Sklavenarbeit. Du bist echt ein Naturtalent, was den Umgang mit Kunden angeht; sie haben alle nach dir gefragt.«

Linda löste sich von ihrer Schwester, um ihr ins Gesicht zu sehen. Ihre Mascara war verlaufen und hatte schwarze Spuren auf ihren Wangen hinterlassen. »Das würde ich sehr gern, danke«, sagte sie, und erneut füllten sich ihre Augen mit Tränen.

Als Sophie nach Hause kam, hatten Debbie und Linda schon fast die zweite Flasche Wein geleert. Sie saßen auf dem Sofa und lachten über eine gemeinsame Erinnerung aus ihrer Schulzeit, während Beau schmollend auf dem Boden vor ihnen hockte.

»Hi, Linda«, sagte Sophie und betrat zögernd das Wohnzimmer.

»Komm her, Soph«, rief Linda und drückte ihre Nichte mit einem Arm überschwänglich an sich.

Sophie sah Debbie über Lindas Schulter fragend an, aber die Augen ihrer Mutter waren genauso glasig und unfokussiert wie die ihrer Tante.

»Linda und ich haben eine Enschei… eine Enschei…«, lallte Debbie. »Wir haben ein paar Sachen geklärt. Sie wird über Weihnachten bei uns bleiben, aber …«

»Deine Mum«, fiel Linda ihr ins Wort, packte Sophie an den Armen und sah sie mit aufrichtigem, wenn auch ein bisschen verschwommenem Blick an, »ist ein Engel!«

Sophie machte große Augen, und ihre Lippen verzogen sich zu einem höhnischen Grinsen. »Okay, Tante Linda«, murmelte sie, »wenn du es sagst.«

26

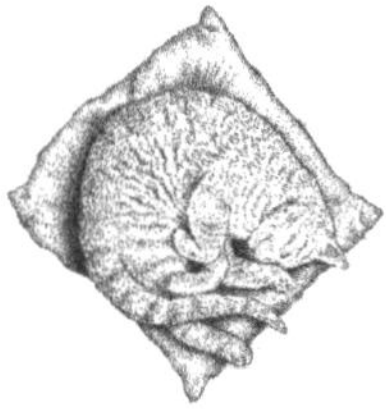

Erst kurz nach Mitternacht beschlossen Debbie und Linda, dass es Zeit war, ins Bett zu gehen. Beau sah schläfrig vom Teppich aus zu, wie Linda die Weingläser abräumte und Debbie das Schlafsofa auszog.

Als Linda mit einem Armvoll Kissen aus dem Flur zurückkam, stolperte sie über einen Schuh und streckte einen Arm zur Seite aus, um das Gleichgewicht wiederzufinden, wobei sie einige Jacken von der Garderobe fegte. Debbie hörte ihre Schwester erschrocken aufschreien, gab den Versuch, die Bettdecke in den Bezug zu stopfen, sofort auf und taumelte zur Tür. Sie lehnte sich an den Türrahmen und beobachtete kichernd, wie Linda sich unbeholfen abmühte, die Jacken wieder aufzuhängen.

»Lass sie einfach liegen, darum kümmern wir uns morgen«, sagte Debbie und senkte die Stimme zu einem theatralischen Flüstern.

Als sie Lindas Bett unordentlich hergerichtet hatten, wankte Debbie die Treppe hinauf, und ich folgte ihr. Sie zog sich aus, warf die Klamotten quer durch ihr Zimmer in Richtung Wäschekorb und ließ sich mit dem Gesicht nach unten aufs Bett fallen. Als ich neben ihr hochsprang, murmelte sie irgendetwas Unverständliches und strich mir übers Fell, aber kurz darauf erschlaffte ihre Hand, und sie schlief ein.

Durch eine Lücke im Vorhang fiel ein Streifen Mondlicht auf die Bettdecke. Ich lag noch eine Weile wach, starrte gedankenverloren darauf und grübelte über all die Dinge nach, die heute Abend enthüllt worden waren. Jetzt, da ich wusste, dass Linda umziehen würde, nicht ich, kam ich mir etwas dumm vor. Rückblickend wurde mir klar, dass der Gedanke, Debbie könnte mich weggeben, völlig verrückt war; wir hatten so viel zusammen durchgemacht. Ich schmiegte mich noch näher an Debbie, ließ mein Kinn auf ihren ausgestreckten Fingern ruhen und schnurrte vor schläfriger Zufriedenheit.

Als am nächsten Morgen der Wecker klingelte, setzte sich Debbie kerzengerade im Bett auf und blickte sich hektisch um, ehe sie ihn mit einem Schlag zum Schweigen brachte. Ich maunzte sie an, doch sie sank mit einem schwachen Stöhnen zurück auf die Kissen und schirmte ihre Augen gegen die grelle Sonne mit dem Arm ab. Sie war gerade weggedämmert, als das unnachgiebige Piepsen erneut losging, und mit wütendem Gezappel tauchte sie erneut unter ihrer Decke auf.

»Ich weiß!«, schrie sie, als würde sie mit einem unsichtbaren Widersacher streiten. »Ich hab dich schon beim ersten Mal gehört.«

Sie packte den Wecker und stellte ihn ab, dann wälzte sie sich aus dem Bett.

Die Kätzchen liefen im Flur herum und warteten mit erwartungsvoll hochgerecktem Schwanz auf ihr Frühstück.

»Oh, schon gut, ihr Katzen«, murmelte Debbie und bahnte sich vorsichtig einen Weg zwischen ihnen und den Jacken hindurch, die immer noch auf dem Boden verteilt lagen. Sie leerte gerade mit einem Ausdruck leichter Übelkeit eine Dose Katzenfutter aus, als die Wohnzimmertür aufging.

»Morgen«, krächzte Linda durch den Flur. Der makellose babyrosafarbene Kaschmirpullover, den sie trug, wirkte im direkten Vergleich zu ihrer bleichen, mit fleckigem Make-up bedeckten Haut und ihren wild abstehenden Haaren irgendwie fehl am Platz.

»Schönes Oberteil, Linda. Ist der aus Beaus Transportbox?«, fragte Debbie heiser, als sie die verräterischen Falten sah, an denen man unschwer erkennen konnte, dass der Pulli wochenlang ordentlich zusammengefaltet herumgelegen hatte.

Linda nahm den Wasserkocher und schob sich an Debbie vorbei zur Spüle.

»Vielleicht«, antwortete sie betont gelassen und lief genauso rosarot an wie ihr Oberteil.

Mithilfe einiger Tassen starken Kaffees und einiger Kopfschmerztabletten ließen die Nachwirkungen der gestrigen Sauforgie langsam nach, und Linda ging zurück an die Arbeit, sobald sie ihre Sachen bei ihrer Freundin abgeholt hatte. Im Café war viel los. Linda mimte die Party-Gastgeberin, fragte alle nach ihren Plänen für Weihnachten und unterhielt sich mit ihnen, als wären sie alte Freunde. Die Begeisterung, mit der sie Mings Glückskekse anpries, war so ansteckend wie eh und je, und schon bald waren die Tische mit den markanten roten Verpackungsfolien und den mit schönen Sprüchen bedruckten Papierstreifen übersät.

»Weißt du, was, Debs«, sagte Linda voller Stolz, während sie in der Tupperdose hinter dem Tresen herumwühlte, in der sie die Papierstreifen aufbewahrte, »ich muss bald noch ein paar Mottos ausdrucken. Wir haben schon fast keine mehr.«

Um zu beweisen, dass sie Ming nicht mehr bevorzugt behandelte, fügte sie der Spezialitätentafel spontan noch einen »*Molly & Chandon-Champagnertee*« hinzu und überzeugte einige Gäste, ihn zu bestellen, indem sie mit einem strahlenden Lächeln sagte: »Wenn Sie sich nicht mal an Weihnachten etwas gönnen, wann dann?«

Als das Café zumachte, waren Debbie und Linda völlig erschöpft. Dunkle Schatten lagen unter Lindas Augen, als sie die Tische abwischte, und aus der Küche drang in regelmäßigen Abständen ein lautes Gähnen von Debbie. Sobald sie ihre Aufgaben erledigt hatte, sank Linda auf einen Stuhl am Tresen und ließ den Blick auf Ming ruhen, die sich auf ihrer Plattform gemächlich putzte.

»Fragst du dich je, was Ming denkt?«, fragte sie, als Debbie aus der Küche kam.

»Ich hatte nicht viel Zeit, darüber nachzudenken«,

antwortete Debbie geistesabwesend, während sie in dem Regal unter der Kasse nach irgendetwas suchte. »Warum?«

»Ach, nur so«, sagte Linda und unterdrückte ein Gähnen. »Es kommt mir nur vor, als wäre Ming im Gegensatz zu den anderen Katzen die meiste Zeit … in ihrer eigenen Welt. Aber ich weiß nicht viel über Katzen, von daher ist das wahrscheinlich keine große Sache«, fügte sie selbstkritisch hinzu.

Hinter dem Tresen richtete sich Debbie auf und blickte zu Ming hinüber. »Nun, sie hat sich noch nicht vollständig in die Kolonie integriert«, sagte sie, aber in ihrer Stimme lag ein Anflug von Sorge.

Ming putzte sich mit geschlossenen Augen das Gesicht, leckte die Innenseite ihrer schlanken Pfote und strich damit über ihre Schnurrhaare. Sie schien den prüfenden Blick der Schwestern überhaupt nicht wahrzunehmen, oder es war ihr schlicht egal. Nach reiflicher Überlegung zog Debbie ihre Plastikhandschuhe aus und ging um den Tresen herum.

»Ming?«, rief sie zögerlich.

Ming putzte sich unbeirrt weiter. Sorgsam darauf bedacht, nicht in ihr Blickfeld zu geraten, trat Debbie näher an den Katzenbaum heran, hielt die Hand dicht über Mings Rücken und schnipste mit den Fingern. Keine Reaktion: Ming erschrak nicht, nicht einmal ihre Ohren zuckten.

»O mein Gott«, sagte Debbie und warf ihrer Schwester einen bestürzten Blick zu. »Linda, du hast recht. Ich glaube, Ming ist taub!«

Mir wurde vor Erschütterung ganz übel, und ich bekam ein schlechtes Gewissen. Ich spielte all meine Begegnungen mit Ming noch einmal in Gedanken durch und versuchte fieberhaft, mich zu erinnern, ob ich Ming je auf etwas – *irgendetwas* – hatte reagieren sehen, was sie gehört hatte. Mir fiel nichts ein. Ich erinnerte mich noch genau an unser erstes Zusammentreffen, als sie meinen Versuch, ihr Eddie vorzustellen, einfach ignoriert hatte. Sie hatte vom Sessel aus auf uns heruntergeblickt, und ich hatte verächtliche Arroganz in ihren Gesichtsausdruck hineingelesen und ihr Schweigen als unhöflich abgetan. Es war mir nie in den Sinn gekommen, dass es eine andere Erklärung geben könnte; dass sie mir nicht geantwortet hatte, weil sie mich nicht hören konnte.

Am nächsten Morgen rief Debbie gleich als Erstes beim Tierarzt an, und nach dem Mittagessen nahm sie ihre Schürze ab und holte einen Transportkorb von oben. Ming blieb wie immer ruhig, als Debbie sie in den Katzenkorb hob, nicht die geringste Gefühlsregung schlich sich in ihre strahlend blauen Augen, während sie gleichmütig durch die Gittertür starrte.

Als sie aufbrachen, blickte ich ihnen besorgt nach. Ming in der Transportbox hocken zu sehen, das weckte schmerzhafte Erinnerungen an das letzte Mal, dass ich Margery besucht hatte. Als ich zurückgekommen war, saß Ming auf meinem Fensterkissen, als hätte sie es in meiner Abwesenheit in Besitz genommen. Ich erschauderte bei dem Gedanken daran, wie eifersüchtig und wütend es mich gemacht hatte, Ming und die anderen Katzen so entspannt zusammen im Café zu sehen; ich war so sicher gewesen – so vollkommen überzeugt –, dass sich Ming mit Jasper und den Kätzchen unterhalten hatte, während ich weg war. Wie lächerlich und gehässig meine Verdächtigungen erscheinen würden, wenn sich herausstellte, dass Ming taub war …

Während ich auf Debbies und Mings Rückkehr wartete, wanderte mein Blick immer wieder zu der leeren Plattform oben auf dem Katzenbaum, und ich fand einfach keine Ruhe. Je länger sich der Nachmittag hinzog, desto mehr ging mir das Geplauder der Gäste auf die Nerven, und das ständige Zischen und Blubbern der Kaffeemaschine bereitete mir Kopfschmerzen. Weil ich dringend frische Luft brauchte, schlüpfte ich durch die Katzenklappe nach draußen, blieb eine Weile auf dem Gehweg stehen und genoss den kühlen Wind in meinem Fell. Der Schnee der letzten Woche war größtenteils geschmolzen, nur an ein paar Stellen waren matschige Pfützen zurückgeblieben. Ein Müllwagen bog in unsere Straße ein und rumpelte langsam auf mich zu, also eilte ich über den Bürgersteig und huschte in die Einfahrt von Jos Haushaltswarenladen. Während ich darauf wartete, dass der Müllwagen vorbeifuhr, warf ich einen Blick durch die Tür. Im Glas zogen so viele Spiegelbilder von Passanten vorüber, dass ich nicht ganz sicher war, aber ich glaubte, eine Schildpattkatze durch die Gänge im Innern streifen zu sehen.

Die Müllabfuhr hielt vor dem Haushaltswarenladen, und zwei Männer in leuchtend orangefarbenen Jacken liefen auf die Mülltonnen am Bordstein zu. Um dem ohrenbetäubenden Dröhnen des Lasters möglichst schnell zu entgehen, versuchte ich mein Glück an der Ladentür und stieß leicht mit der Schnauze dagegen. Sie schwang ohne Weiteres auf, und ich schlüpfte erleichtert in den Laden hinein.

Ich war noch nie in Jos Geschäft gewesen. Als Erstes fiel mir der muffige Geruch auf und die Tatsache, dass der Raum zwar ähnlich groß war wie das Café, das Gerümpel, das jede Oberfläche bedeckte, ihn jedoch um einiges kleiner erscheinen ließ. Ich ging ein paar vorsichtige Schritte über das abgetretene Linoleum, vorbei am Ladentisch zu meiner Rechten, wo Jo gerade telefonierte und sich über eine unbezahlte Rechnung beschwerte. Bernard schlief zu ihren Füßen, wie ich an seinem japsenden Schnarchen erkannte. Ich lief langsam den Hauptgang entlang, vorbei an Regalen, die mit Kisten voller Schrauben und Haken vollgestellt waren. Im hinteren Teil des Ladens, neben einem Gitterständer voller Geschirrhandtücher und Staubwedel, spürte ich eine Bewegung und wirbelte herum. Vor mir, so nah, dass wir fast mit den Nasen zusammenstießen, stand Purdy.

»Was machst du denn hier?«, fragte sie in leicht vorwurfsvollem Ton.

»Ich dachte, ich hätte durchs Fenster eine Katze gesehen«, sagte ich überflüssigerweise.

In diesem Moment öffnete sich die Tür, und ein

Mann schaute herein. »Haben Sie Allzweckreiniger?«, fragte er schroff. Jo nickte und deutete auf ein Regal weiter hinten. Als der Mann mit grimmigem Gesicht auf uns zukam, flohen Purdy und ich instinktiv den Gang hinunter und schlüpften durch die Tür, ehe sie wieder zuging.

Draußen hatte es angefangen zu regnen, was die allgemeine Hektik, mit der die Leute an uns vorbeieilten, noch verstärkte. Purdy und ich standen uns vor Jos Haushaltswarenladen gegenüber.

»Kommst du oft hierher?«, fragte ich.

»Ja, ziemlich. Warum?«

Aus irgendeinem Grund, den ich nicht benennen konnte, versetzte es mir einen Stich, dass Purdy ihre Zeit lieber im Haushaltswarenladen verbrachte als zu Hause. Doch etwas an ihrem Verhalten sagte mir, dass ich vorsichtig an die Sache herangehen sollte; sie schien meinen Blick zu meiden, und sie hatte einen ungeduldigen, trotzigen Ausdruck im Gesicht.

»Ich weiß, es war nicht leicht in letzter Zeit, mit Ming, Linda und Beau«, sagte ich, denn ich spürte, dass sie Ermutigung brauchte.

»Das hat nichts mit ihnen zu tun«, wiegelte Purdy ab. »Ich komme einfach her, um … bestimmten Sachen zu entgehen.«

»Oh?«, sagte ich in die Stille hinein, die sich zwischen uns ausbreitete. Ich spürte, wie Besorgnis in mir aufstieg.

Ihre wachsamen grünen Augen hielten meinen Blick

einen Moment fest, dann sagte sie: »Ich bin einfach nicht besonders gern im Café. Womöglich war ich das nie.«

»Ich hatte keine Ahnung …«, erwiderte ich, um Zeit zu schinden, während ich ihre Worte zu begreifen versuchte.

Vielleicht spürte Purdy meinen inneren Aufruhr, denn sie begann zu erklären: »Ich mag es nicht, auf dem Präsentierteller zu sitzen, während Wildfremde um mich herumschwänzeln. Das ist einfach nicht mein Ding. Und manchmal sind es mir einfach zu viele …« Sie verstummte und starrte zu Boden, unsicher, ob sie weitersprechen sollte.

»Sag schon«, ermunterte ich sie.

»Zu viele … Katzen«, sagte sie und warf mir einen nervösen Blick zu.

Der Regen prasselte immer heftiger herab, und überall um uns herum spannten die Leute ihre Schirme auf und beschleunigten ihre Schritte.

»Tut mir leid«, sagte ich leise, und plötzlich überkamen mich Schuldgefühle. »Ich hatte keine Ahnung, dass du so unglücklich bist.«

»Ich bin nicht unglücklich«, widersprach Purdy. Die Wassertropfen glitzerten auf ihren Schnurrhaaren wie kleine Kristalle. »Ich bin nur … nicht so glücklich, wie ich sein könnte, schätze ich.«

Ich wusste, dass unsere Unterhaltung bald vom Wetter abgebrochen werden würde, aber ich wollte unbedingt noch etwas sagen, das Purdy zeigte, dass ich, auch wenn mich ihre Worte traurig machten, dankbar für ihre Ehrlichkeit war. Aber stattdessen hörte ich mich sagen: »Bitte lauf nicht weg.«

Die Enttäuschung in ihrem Gesicht zeigte mir, dass ich meine Antwort katastrophal schlecht gewählt hatte. Purdy hatte den Mut aufgebracht, mir zu erzählen, wie sie sich fühlte, aber anstatt ihr zuzuhören, war ich in Panik geraten. Anstatt sie zu beruhigen, hatte ich nur meiner eigenen Angst Gehör verschafft und sie um Beruhigung angefleht.

»Natürlich laufe ich nicht weg«, erwiderte sie ärgerlich. Ihr Schwanz peitschte hin und her, und sie blickte ungeduldig über die Schulter und machte keinen Hehl daraus, dass sie verschwinden wollte.

Ich öffnete den Mund, um den Schaden zu beheben, den ich mit meinen unüberlegten Worten angerichtet hatte, aber es war schon zu spät. Ein Auto war zu nahe am Bordstein vorbeigefahren und hatte die Passanten mit dreckigem Schmelzwasser vollgespritzt, und in dem Tumult wandte sich Purdy ab und trottete davon. Sekunden später war sie über eine Mauer geklettert und verschwunden, und ich stand allein auf dem Gehweg, während der kalte Regen weiter unbarmherzig auf mich niederprasselte und unzählige Leute auf Weihnachts-Shoppingtour an mir vorbeihasteten.

27

Als ich ins Café zurückkam, ignorierte ich die Annäherungsversuche der Gäste, so gut es ging, und lief schnurstracks zu meinem Kissen. Ich wandte dem Raum den Rücken zu und starrte aus dem Fenster, wobei ich mich innerlich dafür verfluchte, wie ich mit Purdy umgegangen war. In meiner Aufregung hatte sich Purdys Misere in meinem Kopf mit Mings Zustand verbunden. Ich war sicher, dass ich für beides verantwortlich war – dass ich zu sehr mit mir selbst beschäftigt gewesen war, um zu sehen, was die beiden durchmachen mussten. Wenn das Leben im Café Purdy unglücklich machte, dann hätte ich als ihre Mutter das doch bemerken müssen. Und als Matriarchin unserer Gruppe hätte ich Mings merkwürdiges Verhalten nicht so schnell verurteilen dürfen. Doch da Purdy und Ming im Moment beide nicht da waren, blieb mir nichts anderes übrig, als auf die nasse Straße hinauszustarren und auf ihre Rückkehr zu warten.

Der Rest des Tages zog sich quälend langsam hin, und erst, nachdem das Café geschlossen hatte, brachte Debbie Ming nach Hause.

»Ich bin wieder da!«, rief Debbie und hockte sich hin, um den Transportkorb zu öffnen.

Ming kroch vorsichtig heraus, sah sich um, schnüffelte unsicher in der Luft und rannte dann zum Katzenbaum.

Linda kam mit fragendem Gesichtsausdruck aus der Küche.

»Wir mussten in die Tierklinik, um sie durchchecken zu lassen«, erklärte Debbie, während sie auf den erstbesten Stuhl zusteuerte und sich setzte.

»Und?«, hakte Linda nach, nahm ihre Schürze ab und hängte sie an den Kleiderhaken.

»Sie ist taub«, antwortete Debbie traurig. »Höchstwahrscheinlich schon seit ihrer Geburt. Vermutlich ein Geburtsfehler.«

Mir stockte der Atem.

»Arme Ming«, seufzte Linda und schürzte besorgt die Lippen.

Sichtlich erleichtert, wieder auf ihrer Plattform zu sein, hatte Ming angefangen, sich zu putzen, und bekam von der bedrückten Stimmung um sie herum nichts mit.

»Denkst du, es ist okay für sie, dass sie im Café bleibt? Ich meine, ist es grausam, ihr das zuzumuten, wenn sie nichts hören kann?«, fragte Linda und sah Ming mit bekümmertem Blick an.

»Das sollten wir uns überlegen«, erwiderte Debbie. »Vielleicht wäre sie woanders glücklicher – irgendwo, wo … nicht ganz so viel los ist.«

Linda ging zum Katzenbaum und legte Ming eine

Hand auf den Rücken. Überrascht drehte sich Ming zu ihr um, und als Linda ihr zärtlich den Rücken von den Schultern bis zum Schwanz streichelte, blinzelte sie vor Wohlbehagen.

»Also, wenn du denkst, das wäre besser für sie, würde ich sie gern mitnehmen, wenn ich in Margerys Haus ziehe«, sagte Linda zaghaft, während Mings lautes Schnurren den Raum erfüllte. »Ich sollte die Verantwortung übernehmen, immerhin habe ich sie hierhergeholt.«

Von ihrem Stuhl an der Tür aus musterte Debbie ihre Schwester eingehend. »Danke, Linda, ich werde dran denken«, sagte sie mit einem Lächeln.

Später, als Debbie und Linda nach oben gegangen waren, starrte ich Ming durch das schwach beleuchtete Café nachdenklich an. Sie hatte sich ordentlich zusammengerollt, der perfekte Bogen, den ihr Körper bildete, wurde nur von der unförmigen Schwellung ihres linken Ohrs unterbrochen. Wieder einmal fiel mir ihre mühelose Eleganz ins Auge, gefolgt von der unangenehmen Erkenntnis, dass Mings Schönheit einen Großteil dazu beigetragen hatte, dass ich ihr so schnell misstraut hatte. Die Bewunderung, die sie im Café eingeheimst hatte, hatte meine Eifersucht entfacht, und ich hatte überhaupt nicht darüber nachgedacht, wie sich das Leben im Café für sie anfühlen musste. Sie war eine Außenseiterin, die völlig unerwartet in eine Katzenkolonie gebracht worden war, wo Privatsphäre und Alleinsein keine Option waren. Mit einer solchen Situation klarzukommen, das würde jeder Katze schwerfallen, und sie konnte zudem nichts hören. Eine Woge von Mitgefühl wallte in mir auf. Ich war von Anfang an der festen Überzeugung gewesen, Mings Zurückhaltung wäre ein Zeichen von Verachtung. Jetzt musste ich mir eingestehen, dass ich diejenige war, die sie vorschnell verachtet hatte.

Mings Pfoten und Schnurrhaare zuckten im Schlaf, dann wurde sie plötzlich wach. Ihre großen Augen öffneten sich schlagartig, und ihr Blick huschte panisch hin und her, bis er schließlich auf mir verharrte. Ihr Traum hatte sie offensichtlich verwirrt und verunsichert, aber ich hielt ihren Blick fest. Und dann, zum ersten Mal, seit Ming zu uns gekommen war, blinzelte ich ihr als Zeichen der Freundschaft zu. Sie neigte fragend den Kopf, blinzelte dann aber zurück, wobei ihre strahlend blauen Augen einen Moment hinter schokobraunen Lidern verschwanden.

Mich durchflutete eine bittersüße Euphorie. Unsere wortlose Konversation – dieses simple Zeichen friedlicher Übereinkunft, das wir ausgetauscht hatten – war so banal und doch so bedeutsam. Aber meine Freude war von Reue getrübt, weil ich so lange gebraucht hatte, um Ming dieses Zeichen zu geben, das für uns Katzen das Natürlichste der Welt war, und dass ich nur nach Beweisen gesucht hatte, die meine Vorurteile bestätigten, anstatt Ming einen Vertrauensvorschuss zu geben.

Ming musterte mich eine ganze Weile, ihr Blick so ruhig und intensiv wie immer, doch diesmal sah ich, was wirklich dahintersteckte: Verwunderung über diese rätselhafte, geräuschlose Welt, und nicht etwa Verachtung. Mit ruhigem, zufriedenem Gesichtsausdruck senkte sie den Kopf und leckte ein paarmal über ihre Schwanzspitze, bevor sie sie ordentlich unter ihr Kinn drapierte. Dann schloss sie die Augen und schlief rasch wieder ein, kehrte in die Welt ihrer Träume zurück – vielleicht die einzige Welt, die sie je vollkommen verstehen würde.

Mich holte der Schlaf nicht so schnell ein, doch nachdem ich mich eine Stunde lang abwechselnd halbherzig geputzt und auf meinem Kissen hin und her gedreht hatte, schlief ich endlich ein und versank fast umgehend in Träumen. Ich war zurück auf der regennassen Straße vor dem Haushaltswarenladen und sah zu, wie Purdy über die Mauer verschwand. Ich rief nach ihr, aber meine Stimme wurde vom Dröhnen des Müllwagens übertönt, und als ich mich zum Café umwandte, sah ich Ming auf der Türschwelle kauern; sie starrte mich zwischen den Beinen der vorbeihastenden Passanten traurig an.

Als die schwache Dezembersonne sich über die Dächer erhob, war ich bereits mehrere Stunden wach und grübelte betrübt darüber nach, wie unrecht ich sowohl Purdy als auch Ming getan hatte. Aber ich war zu einer Entscheidung gelangt: Ich war fest entschlossen, meine Fehler wiedergutzumachen. Linda mochte sich bereit erklärt haben, Ming bei ihrem Umzug mitzunehmen, aber ich würde alles in meiner Macht Stehende tun, damit Ming sich, solange sie noch bei uns war, willkommen fühlte. Bei Purdy würde ich mich für mein Verhalten entschuldigen und ihr sagen, dass ich sie unterstützte, was immer sie auch vorhatte.

Jetzt musste ich nur noch warten, bis sie nach Hause kam.

»Aber wir dachten, du kannst Ming nicht leiden«, sagte Abby sichtlich verwirrt. Etwas später am Morgen hatte ich die Kätzchen unten an der Treppe abgefangen, und jetzt standen sie alle um mich herum und hörten aufmerksam zu.

»Wir dachten, du willst nicht, dass wir mit ihr reden«, fügte Bella, im Bemühen zu helfen, hinzu.

Ich sah von einem verwunderten Gesicht zum anderen und war mir dabei nur allzu bewusst, wie heuchlerisch es war, die Kätzchen zu bitten, netter zu Ming zu sein, obwohl ich bisher immer geschmollt hatte, wenn sie ihr zu nahe kamen.

»Ich hab nie gesagt, dass ich sie nicht mag«, protestierte ich wenig überzeugend. Hätten Katzen Augenbrauen, hätte Bella ihre überrascht hochgezogen.

»Aber du hast doch …«, setzte sie an, unterbrach sich aber, als sie meinen ärgerlich hin und her peitschenden Schwanz bemerkte.

»Das war, bevor ich wusste, dass sie taub ist«, erwiderte ich barsch, obwohl ich wusste, dass diese Erklärung bestenfalls dürftig war. »Ich wusste nicht, dass sie deshalb so … reserviert wirkt.«

Mir stieg die Hitze ins Gesicht, als die Kätzchen mich alle völlig verständnislos anstarrten.

»Ich dachte, sie wäre einfach schüchtern«, merkte Eddie zaghaft an.

»Ich auch«, pflichtete Maisie ihm bei.

Ihre gutmütige Einschätzung verstärkte mein schlechtes Gewissen noch, denn dies bewies, dass ich die Einzige war, die Mings Schweigen fälschlicherweise als Hochnäsigkeit interpretiert hatte. Aber ich war auch dankbar, dass sie so bereitwillig das taten, worum ich sie bat, und dass sie mir, selbst wenn sie mein Verhalten missbilligten, keine Vorwürfe machten.

»Habt ihr Purdy heute Morgen schon gesehen?«, fragte ich, als die Kätzchen sich im Café verteilten.

»Noch nicht«, antwortete Eddie, und niemand widersprach ihm.

Ich ließ den Kätzchen ihre Ruhe und schlüpfte durch die Katzenklappe, denn mich beschlich der leise Verdacht, dass Purdy die Nacht in Jos Haushaltswarenladen verbracht hatte. Es war ein kalter, stürmischer Tag, und am Himmel türmten sich regenschwere Wolken. Ich war gerade erst ein paar Schritte gelaufen, als die Tür des Haushaltswarenladens aufschwang und Jo mit Bernard herauskam.

Ich blieb wie angewurzelt stehen, so sehr überraschte mich der Anblick, der sich mir bot: Anstatt Bernard an der Leine neben sich herzuführen, trug Jo ihn wie ein Baby auf dem Arm, und er stützte sein Kinn auf ihre Schulter. Unbeholfen umschlungen, wie die beiden waren, gaben sie ein ziemlich komisches Paar ab, aber Jos Gesicht war von Sorge überschattet. Sie blieb einen Moment stehen und verlagerte Bernards

Gewicht von einem Arm auf den anderen, während sie die Ladentür hinter sich abschloss. Dann schleppte sie Bernard zu ihrem Van, öffnete ungelenk die hintere Tür und legte ihn vorsichtig auf die Rückbank. Ich erhaschte einen kurzen Blick auf seinen resignierten Gesichtsausdruck, bevor Jo die Tür zuschlug und zum Fahrersitz eilte. Wenige Sekunden später war der Van um die nächste Ecke davongebraust.

Ich rannte zur Ladentür und spähte durch das Glas, aber im Innern war es stockdunkel. Ein unruhiges Gefühl ergriff mich, aber ich kämpfte dagegen an und lief wieder zurück zum Café, wo ich Jasper am Eingang zur Gasse sitzen sah. Nach allem, was in den letzten vierundzwanzig Stunden passiert war, kamen mir fast die Tränen, so erleichtert war ich, ihn zu sehen. Er schien meine Sorge zu spüren, und als wir uns zusammen auf den Weg durch die Gasse machten, fielen wir fast sofort in Gleichschritt.

»Also …?«, ermunterte er mich zu erzählen, als wir zwischen den Tannen zum Kirchhof hindurchliefen. Ich atmete tief durch; ich hatte ihm so viel zu sagen, dass ich nicht wusste, wo ich anfangen sollte.

»Nun, du hattest recht. Debbie hatte wirklich nicht vor, mich wegzugeben. Linda wird in Margerys Haus ziehen – das ist alles.« Ich wappnete mich für eine Antwort nach dem Motto »ich hab's dir doch gesagt«, aber Jasper blinzelte nur beifällig.

Ermutigt von seiner Reaktion fuhr ich fort: »Und Ming ist taub. Deshalb hat sie nie mit uns geredet.«

Bei diesen Worten trat ein leicht überraschter Ausdruck in seine Augen. Ich wartete, dass er etwas dazu sagte, aber er bewahrte sein diplomatisches Schweigen.

»Sag schon«, forderte ich ihn auf und machte vor den Grabsteinen halt.

»Was soll ich sagen?«, fragte er.

»Na, ›ich hab's dir doch gesagt‹«, stieß ich zwischen zusammengebissenen Zähnen hervor.

»Ich hab nie die Vermutung geäußert, dass sie taub ist«, erwiderte er großmütig.

»Nein, aber du dachtest, ich hätte sie falsch eingeschätzt, und damit hattest du völlig recht.«

Jasper wandte den Blick ab, scheinbar abgelenkt von zwei Elstern, die sich in einem nahegelegenen Baum laut krächzend stritten, aber ich vermutete, dass er mir die Schande ersparen wollte, ihm in die Augen sehen zu müssen, während ich gestand, dass ich mich auf ganzer Linie geirrt hatte.

»Und du hattest auch recht damit, dass Debbie nicht vorhatte, mich wegzugeben«, murrte ich.

»Was getan ist, ist getan«, meinte er nur und wandte sich wieder dem matschigen Rasen vor uns zu. »Ich bin sicher, Ming wird dir verzeihen.«

»Ich weiß nicht, ob sie noch lang genug bei uns bleiben wird, um mir zu verzeihen«, entgegnete ich grimmig. »Linda will sie mitnehmen, wenn sie umzieht.«

Da zeigte Jasper eine Reaktion: Seine Ohren zuckten, und seine Augen wurden ein klein wenig schmaler. Ich war nicht sicher, ob er überrascht über Lindas Angebot war oder enttäuscht, dass Ming uns womöglich verlassen würde.

»Da ist noch etwas«, sagte ich und warf ihm einen nervösen Blick zu. »Ich mache mir Sorgen um Purdy.« Einen kurzen Moment sah ich die Andeutung eines »Was ist jetzt schon wieder?« in seinen Augen aufflackern.

»Warum das?«, fragte er vorsichtig.

»Sie hat mir gesagt, dass sie nicht gern im Café lebt. Ich fürchte, sie könnte weglaufen«, erklärte ich. »Um genau zu sein«, fuhr ich fort und versuchte, meine aufkommende Wut hinunterzuschlucken, »war sie seit gestern nicht zu Hause.«

Jasper musterte mich ruhig mit seinen bernsteinfarbenen Augen. Ich konnte mir genau vorstellen, was er dachte: Gerade war eine meiner Sorgen ausgeräumt, da hatte mich schon die Nächste im Griff.

»Purdy ist abenteuerlustig. Das wussten wir doch schon immer.«

»Ich weiß!«, brauste ich auf – seine unerschütterliche Ruhe machte mich wahnsinnig. »Aber ich glaube, es ist mehr als das.« Mit einem Mal wallte meine ganze Frustration in mir auf. »Sollen wir etwa einfach abwarten, bis sie eines Tages beschließt, dass sie lieber auf der Straße lebt als im Café? Wenn sie nicht schon …«

Ich wandte den Blick ab. Meine Augen brannten, und Verzweiflung überkam mich, als ich mehr und mehr zu der Überzeugung gelangte, dass es womöglich schon zu spät war, Purdy umzustimmen, und ich genau wie bei Margery meine letzte Chance verpasst hatte, ihr Lebewohl zu sagen.

»Sie ist zur Hälfte eine Straßenkatze, schon vergessen?«, sagte Jasper und plusterte sich leicht auf.

»Na und?«, fauchte ich, mein Schwanz peitschte ärgerlich hin und her.

»Und«, erwiderte er mit einer Gelassenheit, die mich wütend machte, »sie ist erwachsen. Wenn sie nicht mehr im Café leben will, dann können wir daran wahrscheinlich nichts ändern.«

28

Mir hätte kaum weniger festlich zumute sein können, als ich mich durch die Katzenklappe schob und von Weihnachtsmusik und dem Duft frisch gebackener Mince Pies empfangen wurde. Betrübt bahnte ich mir einen Weg zwischen den Mänteln und Einkaufstaschen der Gäste hindurch, nahm meinen üblichen Platz am Fenster ein und ließ meinen Blick durch das Café schweifen, in der schwachen Hoffnung, Purdy könnte während meiner Abwesenheit vielleicht doch zurückgekommen sein.

Es war der letzte Werktag vor Weihnachten, und das Café war brechend voll. Debbie und Linda eilten mit glitzernden Weihnachtsansteckern an ihren Schürzen zwischen den Tischen hin und her, und manche der Gäste hatten sogar Geschenke für uns Katzen mitgebracht; kleine, in Geschenkpapier eingewickelte Päckchen, die Debbie allesamt unter den Baum legte. Sie rochen verlockend nach Katzenminze und anderen Leckerlis, und als ich mich umschaute, sah ich, wie Eddie darum herumschlich und sie gierig beschnüffelte. Mir gegenüber saß Ming auf ihrer Plattform, während Maisie in ihrer Höhle darunter friedlich schlief, und Abby und Bella spielten am Kamin mit einem jungen Mädchen, das eine Spielzeug-Angel über die Rückenlehne eines der Sessel baumeln ließ. Aber von Purdy fehlte jede Spur.

Erst seit meinem Gespräch mit Jasper machte ich mir ernsthaft Sorgen, dass Purdy trotz ihres Versprechens bereits abgehauen sein könnte. Aus heiterem Himmel stieg eine Erinnerung aus der Zeit kurz nach Eddies Verschwinden in mir auf. Ich hatte Purdy gefragt, ob sie wusste, wo er steckte, und sie hatte geantwortet: »Vielleicht war es einfach der richtige Zeitpunkt für ihn zu gehen.« Ich hatte ihre Vermutung als naiv abgetan, weil ich sicher war, dass Eddie nicht so tickte. In diesem Fall hatte sich mein Gespür als richtig erwiesen. Aber ich war nicht einmal auf die Idee gekommen, dass vielleicht mehr hinter Purdys Bemerkung steckte, als ich angenommen hatte. Hatte sie mir womöglich sagen wollen, dass es für sie selbst bald an der Zeit sein würde zu gehen?

Jasper hatte vollkommen recht; ich hatte immer gewusst, dass Purdy abenteuerlustiger war als ihre Geschwister, aber ich hatte mir nie Gedanken darüber gemacht, was das für sie bedeutete, wenn sie erwachsen wurde. Mir war überhaupt nicht in den Sinn gekommen, dass sich eines der Kätzchen ein anderes Leben wünschen könnte, als es in seiner Kindheit gehabt hatte, oder Ambitionen hegte, die über ausgiebige Nickerchen im Katzencafé hinausgingen. Vielleicht, erkannte ich schuldbewusst, war ich endlich zum Kern des Problems vorgedrungen: Ich hielt Purdy und ihre Geschwister immer noch für kleine Kätzchen, obwohl sie längst über dieses Stadium hinausgewachsen waren, und hatte mir kaum Gedanken über ihre geänderten Bedürfnisse gemacht, die mit dem Erwachsenwerden einhergingen. Ich hatte nie meine Annahme infrage gestellt, dass das, was mich glücklich machte, auch sie glücklich machen würde, und dass es ihr größter Wunsch war, zusammen mit ihren Geschwistern bei mir zu bleiben.

Mein Blick fiel auf Maisie, die sich aus ihrem Unterschlupf herausgewagt hatte, auf dem höchsten Punkt der kuppelförmigen Überdachung saß und zaghaft zu Ming hinaufsah. Als Ming ihren Blick wie üblich mit undurchschaubarer Gelassenheit erwiderte, sprang Maisie auf die Plattform, blieb jedoch nervös am Rand sitzen. Sie rührte sich nicht, als Ming einen Schritt näher kam und sich herunterbeugte, sodass ihre Nase fast Maisies Fell berührte. Ming schnüffelte ein paarmal vornehm, dann leckte sie Maisie kurz über den Kopf. Maisie sah auf, und als sich ihre Blicke trafen, blinzelte Ming die kleine Maisie freundlich an. Dann, mit einem Ausdruck wohltuender Ruhe im Gesicht, kehrte sie zu ihrem Platz in der Mitte der Plattform zurück und nahm wieder ihre meditative Pose ein.

Die Schuldgefühle, die sich in mir angestaut hatten, seit ich erfahren hatte, dass Ming taub war, drohten, mich zu überwältigen. Während ich beobachtete, wie Maisie auf Ming zuging und Ming so nett reagierte, bildete sich plötzlich ein dicker Kloß in meinem

Hals. Es ließ sich nicht leugnen, dass meine Abneigung gegen Ming und das Bestreben der Kätzchen, mich nicht zu verärgern, der Hauptgrund dafür waren, dass Ming sich nicht in das Café hatte integrieren können. Meine Feindseligkeit war das Problem gewesen, nicht ihre Zurückhaltung. Ich war erschöpft, und ich spürte, wie ich in Selbstmitleid versank, hatte aber nicht die Kraft, dagegen anzukämpfen. Angestrengt bemüht, das Geplauder und Gelächter um mich herum auszublenden, wandte ich dem Café den Rücken zu, legte mich hin und versuchte zu schlafen.

Ich wurde von einem rhythmischen Scharren geweckt. Ich blinzelte verschlafen und hob den Kopf; draußen war es noch dunkel, und das hell erleuchtete Innere des Cafés spiegelte sich im Fensterglas. Hinter mir kämpfte sich Debbie mit einem Besen durch das leere Café, während Linda die Kasse auffüllte. Sie besprachen, was sie fürs Weihnachtsessen noch einkaufen mussten.

»Ich gehe morgen zum Supermarkt, Debs«, sagte Linda, »ich komme auf dem Weg vom Bioladen sowieso daran vorbei.«

»Danke, Lind«, antwortete Debbie erleichtert, »ich würde sterben, wenn ich an Heiligabend auch nur in die Nähe des Supermarkts müsste.«

Während Debbie unter den Sesseln fegte, hielt sie plötzlich inne und zog den Besenstiel an ihre Brust. »Linda, ich hoffe, du bist jetzt nicht enttäuscht«, setzte sie an, »aber ich habe beschlossen, Ming im Café zu behalten. Sie scheint sich allmählich einzugewöhnen, und ich glaube, die ganze Aufregung beim Umzug würde ihr nicht guttun.«

Linda folgte Debbies Blick zum Kamin, wo Ming saß und glückselig in die lodernde Glut starrte. Eddie lag auf dem Rücken ausgestreckt neben ihr, sodass ihm das Feuer den Bauch wärmte, und schlief tief und fest.

»Weißt du, was, Debs? Ich bin froh, dass du das sagst«, pflichtete Linda ihrer Schwester bei. »Ich hatte den gleichen Gedanken.«

Sie nahm ihre Schürze ab und ging nach oben, und Debbie wollte gerade abschließen, als jemand leise ans Fenster klopfte.

»Hi, Jo.« Debbie öffnete die Tür und fand ihre Freundin blass und zitternd auf der Türschwelle vor. »Ist alles okay?«, erkundigte sie sich besorgt.

»Es geht um Bernard.« Jos Stimme klang belegt, und Debbie machte instinktiv einen Schritt auf sie zu.

»Was ist passiert?«, fragte sie in einem Ton, der die Vermutung nahelegte, dass sie die Antwort bereits wusste.

»Ich musste ihn heute Morgen zum Tierarzt bringen. Er ist … weg«, antwortete Jo mit brüchiger Stimme.

Mitgefühl überschattete Debbies Gesicht. »Oh, der arme Bernard. Es tut mir so leid«, murmelte sie und schloss Jo fest in die Arme. »Komm, ich hol dir erst mal eine Tasse Tee«, sagte sie und führte Jo zum Kamin.

Jo ließ sich auf einen Sessel sinken, während Debbie das Feuer im Ofen anfachte, sodass Funken durch das

Gitter stoben. Als sie in die Küche ging, um den Tee zu holen, blieb Jo reglos sitzen und starrte gedankenverloren in die tanzenden Flammen. Sie erwachte erst aus ihrer Trance, als die Katzenklappe aufschwang, aber ihr Gesicht erhellte sich sofort – und mein Herz machte einen Sprung –, als Purdy hereinkam und auf die Treppe zulief.

»Hallo, Purdy«, rief sie liebevoll.

Als sie Jos Stimme hörte, wechselte Purdy umgehend die Richtung und kam mit hoch aufgerichtetem Schwanz auf sie zu. Als sie am Fenster vorbeikam, warf sie mir einen betretenen Blick zu, schmiegte sich aber gleich darauf an Jos Beine und schnurrte laut, als Jo ihr die Schwanzwurzel rieb.

»Also, was ist passiert?«, fragte Debbie, stellte zwei Tassen Tee hin und setzte sich in den anderen Sessel. Jo lehnte sich zurück, und Purdy nahm die Einladung sofort an, sprang auf ihren Schoß und drehte sich sichtlich zufrieden ein paarmal um die eigene Achse. Das Feuer im Ofen prasselte und tauchte ihre Gesichter in einen orangeroten Schein.

»Beim Aufwachen heute früh hatte Bernard Probleme, auf die Beine zu kommen. Ich konnte gleich sehen, dass irgendetwas Ernstes passiert war, also hab ich ihn direkt zur Tierärztin gebracht, und die meinte, er hätte wahrscheinlich einen Schlaganfall gehabt, und es gäbe nichts, was sie noch tun könnte …« Jo nahm einen tiefen, zittrigen Atemzug und vergrub das Gesicht in den Händen, sodass ihr die dunklen Locken vors Gesicht fielen.

»Es tut mir so leid«, sagte Debbie voller Mitgefühl. »Er war so ein süßer alter Junge. Und dann auch noch so kurz vor Weihnachten …«

Jo nickte, und ihre Schultern fingen an zu beben. Debbie nippte taktvoll schweigend ihren Tee.

Schließlich wischte sich Jo mit einem Taschentuch die Augen trocken und nahm ihre Tasse. »Er war fünfzehn Jahre bei mir. Das ist länger, als meine Ehe gehalten hat.« Sie lächelte mit tränenfeuchten Augen und streichelte Purdy mit ihrer freien Hand über den Kopf. Eine Weile schlürften die beiden Frauen wortlos ihren Tee, dann fuhr Jo fort: »Hör mal, Debs, da ist noch etwas, was ich dir erzählen muss.« Sie beugte sich zur Seite und stellte mit zittrigen Fingern ihre Tasse ab. »Das wollte ich dir schon länger sagen.« In ihrer Stimme schwang ein schwermütiger Unterton mit.

»Was ist denn los, Jo?«, fragte Debbie. »Du machst mich ganz nervös.«

»Na ja, die Sache ist die … ich hab den Mietvertrag für den Laden gekündigt.«

Ihre Tasse fest umklammert, blinzelte Debbie sie verständnislos an. »Den Laden? Ab wann?«

»Nächsten Monat«, antwortete Jo.

Debbies Mund öffnete sich, und ihre Stirn legte sich in Falten, doch bevor sie etwas erwidern konnte, fuhr Jo fort: »Das Geschäft läuft schon eine Weile schlecht, Debs, ich mache seit Monaten Verluste. Also werfe ich lieber das Handtuch, bevor sich noch mehr Schulden anhäufen. Es ist besser, jetzt aufzuhören, solange ich mich noch über Wasser halten kann.« Sie redete wie ein Wasserfall, als hätte sie die Worte eingeübt und wollte das Ganze so schnell wie möglich hinter sich bringen.

Jo zuzuhören gab Debbie Zeit, die Fassung wiederzuerlangen, und als Jo eine Pause einlegte, um Luft zu holen, war der entsetzte Gesichtsausdruck ihrer Freundin mitfühlendem Verständnis gewichen. »Das kann ich gut verstehen, Jo, wirklich«, sagte Debbie leise. »Ich hatte keine Ahnung, dass es so schlimm ist. Ich meine, ich wusste, dass der Laden nicht gut läuft …«

»Du musstest auch nicht genau wissen, wie schlecht es um ihn steht, Debs«, unterbrach Jo sie vehement. »Ich sage mir schon seit über einem Jahr, dass wieder bessere Zeiten kommen werden, aber irgendwann ist mir klar geworden, dass ich mir nur etwas vormache, und …« Sie verfiel in ratloses Schweigen.

Eine Weile saßen sie in nachdenklicher Stille zusammen, nichts war zu hören außer dem Prasseln des Feuers und Purdys schläfrigem Schnurren. Debbie blickte ihre Freundin entschlossen an. »Wenn du einen Job brauchst, um über die Runden zu kommen, kannst du gern hier arbeiten«, sagte sie, und ihre Augen glitzerten hoffnungsvoll.

»Das ist echt nett von dir«, antwortete Jo, »aber, na ja, die Wohnung hab ich auch gekündigt. Die gehört zum Mietvertrag.«

Debbie stieß ein entsetztes Keuchen aus. »Aber wo willst du denn hin? Du kannst doch nicht auf einen Schlag deine Arbeit und dein Zuhause aufgeben.«

Jo holte tief Luft. »Keine Sorge, Debs, das ist alles schon geklärt. Ich gehe zurück auf die Farm. Dad braucht jemanden, der die Leitung übernimmt, und dort wird sich meine finanzielle Lage hoffentlich stabilisieren.«

Debbie starrte bedrückt auf ihren rasch abkühlenden Tee hinunter.

»Warum hast du mir das nicht schon früher gesagt? Du planst das doch sicher schon eine ganze Weile.« Sie klang verletzt.

»Tut mir leid«, erwiderte Jo mit schuldbewusstem Gesicht. »Ich wollte nichts sagen, bis ich mir absolut sicher war. Ich wusste, dass du versuchen würdest, es mir auszureden. Und außerdem hattest du in letzter Zeit schon genug um die Ohren, da wollte ich nicht, dass du dir auch noch Sorgen um meinen Lebensunterhalt machen musst.«

Debbie blickte zerknirscht drein. »Tut mir echt leid, Jo. Ich weiß, ich hab dich ständig mit meinen Problemen belabert.«

Aber Jo hob eine Hand, um sie zu beruhigen. »Debbie, bitte tu das nicht. Ich musste einfach allein damit fertigwerden, das ist alles.«

Debbie sah plötzlich völlig erschöpft aus, als wäre ihr gerade erst klar geworden, dass sie ihre Freundin nicht umstimmen konnte. »Ich weiß, das ist die sinnvollste Lösung. Aber es ist einfach eine seltsame Vorstellung, dass du bald …«

»… nicht mehr nebenan wohnst«, beendete Jo ihren Satz.

Plötzlich stiegen Debbie Tränen in die Augen, und sie wandte den Kopf zur Seite.

»Es ist nur eine Stunde Fahrt, Debs – ich werde dich ganz oft besuchen«, sagte Jo und rang sich ein Lächeln ab, obwohl ich sehen konnte, dass sie auch den Tränen nahe war.

»Aber es wird trotzdem nicht dasselbe sein, oder?« Debbie schniefte und wischte sich die Nase hastig mit dem Handrücken ab.

Jo schüttelte den Kopf. »Nein. Ich weiß.«

Das Schluchzen der beiden betonte die traurige Stille, bis Debbie schließlich, ein zerknülltes Taschentuch vor der Nase, sagte: »Tja, es ist noch nicht zu spät, Linda als Untermieterin bei dir einziehen zu lassen.« Sie sah Jo an und zuckte leicht die Schultern.

Jo prustete los, und plötzlich fühlte sich der Raum viel leichter an, als sei ihnen beiden eine Last von den Schultern genommen worden, und sie wussten, dass sie das Schlimmste überstanden hatten.

»Ich werde oft nach Stourton zurückkommen, Debs, das wirst du schon sehen«, sagte Jo und blinzelte die Tränen weg. »Unseren Take-away-Abend lassen wir uns nicht nehmen. Und außerdem«, fügte sie hinzu und umfasste mit beiden Händen zärtlich Purdys Gesicht, »würde ich es nicht lange ohne die Katzen aushalten. Jetzt, da Bernard nicht mehr da ist, muss ich mir meine Schmuseeinheiten doch woanders holen, oder?«

Da kam mir plötzlich ein Gedanke; eine Idee, die so offensichtlich war, dass ich kaum glauben konnte, dass ich nicht schon vorher daran gedacht hatte. Ich setzte mich auf meinem Kissen auf und fixierte Debbie mit eindringlichem Blick. Sie sah Jo über den Rand ihrer Tasse hinweg aufmerksam an, und im flackernden Feuerschein konnte ich den zarten Hauch eines Lächelns auf ihren Lippen erkennen.

Ich hoffte und betete, dass sie das Gleiche dachte wie ich.

29

Am Weihnachtsmorgen stand ich noch vor Sonnenaufgang auf und schlich mich hinaus, bevor die anderen aufwachten. Der Himmel hellte sich langsam auf, während ich eine Runde über den menschenleeren Kirchhof drehte, und als ich den Marktplatz erreichte, lugte die orangerote Sonne schon über die Skyline der Stadt und ließ erkennen, dass die Dächer von glitzerndem Frost überzogen waren. Ich setzte mich unter die Ulme und nahm mir einen Moment Zeit, die friedvolle Szenerie zu genießen, denn ich wusste, dass mir ein hektischer Tag bevorstand. Und tatsächlich, als ich nach Hause zurückkam, war unsere bunt gemischte Hausgemeinschaft bereits zum Leben erwacht.

Ein Blick in die Küche verriet mir, dass die Kätzchen, Jasper und Ming gerade gierig aus ihren Näpfen fraßen, während Debbie, Linda und Sophie sich in ihren Schlafanzügen im Wohnzimmer versammelt hatten und Geschenke austauschten. Ich schritt mit hocherhobenem Schwanz auf sie zu, blieb jedoch stehen, als ich Beau zu Lindas Füßen hocken sah. Er trug ein grottenhässliches grünes Elfenkostüm, komplett mit Halskrause, falscher Gürtelschnalle und Zipfelmütze. Sein Gesicht war der Inbegriff tief betrübten Entsetzens, und als er merkte, dass ich ihn ansah, ließ er den Kopf kläglich auf die Pfoten sinken, wobei die kleine Glocke an der Spitze seiner Mütze leise klimperte.

Sophie saß vor der Couch auf dem Boden und las sichtlich erfreut die Bedienungsanleitung irgendeines neuen Geräts, das Linda ihr geschenkt hatte. Mit einem strahlenden Lächeln stand Linda vom Sofa auf und griff nach einer edel anmutenden Geschenkbox.

»Nun, ich weiß, dass wir uns darauf geeinigt haben, uns nur Kleinigkeiten zu schenken«, sagte sie in hochtrabendem Ton, »aber als ich die hier gesehen hab, musste ich einfach zuschlagen.«

Mit leicht skeptischem Blick nahm Debbie die Schachtel entgegen und hob den Deckel an. Sie johlte vergnügt, als sie eine scheußliche, von oben bis unten mit Katzengesichtern bedruckte Schürze herauszog, auf der riesengroß »*Crazy Cat Lady*« stand.

»O wow, danke, Linda«, sagte sie. »Da fühle ich mich gleich besser, weil ich dir das besorgt hab.«

Ihre Augen glitzerten schelmisch, und sie reichte ihrer Schwester ein um einiges bescheidener verpacktes Geschenk.

Linda riss das Einwickelpapier ab und enthüllte ein Sweatshirt, auf dem ein Foto von Ming mit Weihnachtsmütze prangte. *Have a Ming-y Christmas!*, stand in glänzend goldener Schrift darauf.

»Ich weiß doch, wie sehr du Ming-Merchandising

liebst«, sagte Debbie mit einem verschmitzten Grinsen.

Linda zog den Pulli über und drehte eine kleine Pirouette. »Der ist wirklich toll!«, schwärmte sie und posierte für Sophie, die das Handy gezückt hatte, um ihre Tante zu fotografieren. »Siehst du, ich hab dir doch gesagt, dass Ming die Weihnachtsmütze tragen würde!«

»Hat sie nicht«, merkte Sophie hinter ihrem Handy trocken an. »Das Bild ist gephotoshopped.«

Als alle geduscht und sich angezogen hatten, siedelten wir nach unten ins Café um. Debbie und Linda gingen schnurstracks in die Küche, um das Mittagessen vorzubereiten, aber Sophie schlenderte zum Kamin, wo die Geschenke der Gäste immer noch unter dem Baum lagen. »Kommt her, Kätzchen«, rief sie, und meine Kleinen trotteten neugierig hinter ihr her. Kurz darauf sprangen sie wild umher und bearbeiteten das abgelegte Geschenkpapier mit ihren Krallen, während Sophie eine schier endlose Flut von Katzenminze und Leckerli-Tüten auspackte.

»Ein Laserpointer – cool!«, rief Sophie, als sie das letzte Päckchen aufmachte, holte das stiftartige Gerät aus der Verpackung und zielte damit auf die gegenüberliegende Wand, woraufhin dort wie aus dem Nichts ein roter Lichtpunkt erschien. »Maisie, sieh mal!«, versuchte sie es, aber Maisie und die anderen interessierten sich viel mehr für das zerfetzte Geschenkpapier überall auf dem Boden als für den Lichtpunkt am anderen Ende des Zimmers.

Doch Ming, die das ganze Auspackspektakel bisher gleichmütig beobachtet hatte, war fasziniert. Sie sprang leichtfüßig vom Katzenbaum herunter und schlich zur Wand, den Blick wie gebannt auf den tanzenden roten Punkt gerichtet. Nachdem sie ein paarmal heimlich, still und leise mit dem Hintern gewackelt hatte, sprang sie mit ausgestreckten Pfoten und wild peitschendem Schwanz hoch und versuchte, den eigensinnigen Punkt zu fangen.

»Coole Moves, Ming!« Sophie lachte.

Noch vor ein paar Wochen hätte ich mich hämisch gefreut, dass die sonst so elegante, reservierte Ming derart unbeholfen herumtobte, doch jetzt war ich gerührt, da sie uns endlich ihre spielerische Seite zeigte. Ich sah es als Beweis ihres Vertrauens, dass sie sich endlich traute herumzutoben.

Später am Morgen drang der köstliche Duft von gebratenem Truthahn aus der Küche und verlockte Eddie dazu, vor dem Tresen auf und ab zu laufen und hoffnungsvoll zu schnüffeln. Als John verstohlen durchs Fenster spähte, stand Sophie auf, um ihn hereinzulassen, und schloss leise die Tür hinter ihm. Er stellte eine Tüte voller Geschenke auf einem leeren Stuhl ab, dann kam er zu mir herüber und setzte sich neben mich auf die Fensterbank.

»Hier, pass gut darauf auf, ja, Molly?«, flüsterte er und richtete mit nach Seife duftenden Händen mein Halsband.

Er zwinkerte mir zu, dann stand er auf und ging zum Tresen.

»Frohe Weihnachten, Ladies!«, rief er durch die Küchentür. Debbie kam in ihrer »*Crazy Cat Lady*«-Schürze aus der dunstigen Küche und wischte sich mit dem Arm den Schweiß von der Stirn. »Hübsche Schürze«, murmelte John und beugte sich über den Tresen, um Debbie zu küssen.

»Steht ihr gut, oder?«, witzelte Linda, die in diesem Moment den Kopf durch die Küchentür streckte. »Wollen wir eine Tasse Tee trinken?«

»Jetzt schon, Linda? Die Kartoffeln sind noch nicht mal im Ofen«, erwiderte Debbie und warf einen nervösen Blick auf die Uhr.

»Ja, bitte«, meldete sich Sophie von einem der Sessel vor dem Kamin zu Wort.

»Ich setze ihn auf. Macht ihr mal fünf Minuten Pause«, sagte John und zog einen Stuhl für Debbie heran.

Als ihr klar wurde, dass sie überstimmt war, setzte sich Debbie widerwillig hin.

»Ich hole die Glückskekse«, verkündete Linda fröhlich, während John in die Küche ging.

»Glückskekse?«, wiederholte Debbie sichtlich verwirrt. »Die sind nicht gerade weihnachtlich, Lind. Wenn du Hunger hast, im Kühlschrank sind noch Mince …«

Aber Linda war John schon in die Küche gefolgt, und Debbie musste feststellen, dass sie mit der leeren Tür redete. Sie schnaubte und trommelte mit den Fingern auf den Tresen, während John und Linda das Teegeschirr holten.

Kurze Zeit später kamen sie mit einem Tablett voller Tassen und der Tupperdose zurück, in der Linda die Glückskekse aufbewahrte.

»Ich habe ein paar neue Sprüche«, erklärte Linda und kramte in der Dose herum. »Ich würde gern eure Meinung dazu hören.«

Debbie zuckte resigniert die Schultern, griff nach einer der heißen Tassen und nahm ohne viel Begeisterung das in Folie eingewickelte Päckchen entgegen, das Linda ihr reichte.

»Ich zuerst, ja?«, sagte John und wickelte seinen Glückskeks aus. »*Dem Mutigen gehört die Welt*«, las er laut vor.

Debbie nickte, wenn auch missmutig.

»Okay, jetzt ich«, sagte Linda schnell. »*Manche streben nach Glück, andere erschaffen es.*«

Debbie schwieg beharrlich.

Sophie stellte ihre Tasse auf dem Tresen ab und räusperte sich. »*Dein Herz kennt die Antwort, nach der dein Kopf schon lange sucht.*«

»Ähm, ich glaube ...«, setzte Debbie an.

»Du hast deinen noch nicht vorgelesen«, erklärte Linda beiläufig und unterbrach ihre Schwester mitten im Satz.

Mit einem tiefen Seufzen wickelte Debbie das kleine Päckchen aus, das sie auf dem Tresen abgelegt hatte. »*Wenn es einen richtigen Zeitpunkt gibt, die Liebe in deinem Herzen aufscheinen zu lassen, dann ist er heute.*« Sie sah in die erwartungsvollen Gesichter um sie herum und lächelte flüchtig, als spüre sie, dass Diplomatie geboten war. »Die sind echt gut, Linda. Aber um ehrlich zu sein, fand ich die letzte Ladung lustiger.«

Das zweischneidige Kompliment prallte einfach an Linda ab, und sie zuckte lässig die Schultern.

»Also eigentlich, Debs«, sagte John leise, »hat nicht Linda die Sprüche geschrieben. Sondern ich.«

Debbie starrte ihn verblüfft an. »Ich, also, äh …«, stammelte sie.

»Molly hat dein Weihnachtsgeschenk«, erklärte er, umfasste ihren Ellbogen und führte sie durch das Café auf mich zu.

Debbie suchte das Fensterbrett ab. »Was meinst du, ich sehe hier kein …« Plötzlich stieß sie ein überraschtes Keuchen aus und schlug sich die Hand vor den Mund.

John kniete sich vor mich und band vorsichtig die Schleife auf, mit der er den Diamantring an meinem Halsband befestigt hatte. »Gute Arbeit, Molly«, sagte er und strich mir über den Kopf. Dann wandte er sich, immer noch kniend, zu Debbie um und blickte sie mit einem Gesichtsausdruck an, der ängstlich, aber auch voller Hoffnung war. »Molly ist schon ganz gespannt auf deine Antwort, Debs. Willst du mich heiraten?«

Linda biss sich vor Nervosität auf die Fingerknöchel, und Sophie hatte ihr Handy gezückt, um das Pärchen zu filmen.

Debbie ließ ihre zitternde Hand sinken. Eine gespannte Stille legte sich über das Café.

»Ja, ich will«, flüsterte sie.

Von der anderen Zimmerseite her erklang ein lauter Freudenschrei, und John erhob sich, übers ganze

Gesicht strahlend, und steckte Debbie den Ring an den Finger.

»Ich fasse es nicht, dass ich mich gerade in einer ›*Crazy Cat Lady*‹-Schürze verlobt hab!«, rief Debbie und lächelte, mit Tränen in den Augen, als John sie an sich zog und zärtlich küsste.

»Wenigstens weiß John, worauf er sich einlässt«, merkte Linda in pragmatischem Ton an.

»Keine Sorge, ich kenne meinen Platz in der Nahrungskette«, sagte John mit einem theatralischen Seufzen, zog Debbie erneut an sich und küsste sie auf den Kopf.

Während Linda eine Flasche Sekt aus der Küche holte, klopfte es ans Fenster, und als ich mich umdrehte, sah ich Jo fieberhaft winken.

»Also, ich nehme an, Glückwünsche sind angebracht?«, fragte sie aufgeregt, als Sophie sie hereingelassen hatte.

»Wusstest du etwa auch Bescheid?«, erwiderte Debbie fassungslos.

»Ich fürchte, ja«, sagte Jo und nahm ein Glas Sekt von Linda entgegen. »Ich hab den ganzen Morgen auf Sophies Nachricht gewartet. Ich konnte doch nicht zu Dad fahren, bevor ich mit dir angestoßen hab!«

»Ich krieg langsam das Gefühl, als hättet ihr euch heimlich verbündet«, sagte Debbie und blickte abwechselnd amüsiert und ein bisschen beleidigt in die grinsenden Gesichter um sie herum.

»Weil wir genau das getan haben, Debs«, entgegnete Linda sachlich.

Eine Weile standen sie lachend und Sekt schlürfend zusammen, während sich Debbie wiederholt beschwerte, dass ihre Freunde sie im Dunkeln hatten tappen lassen, über ihren lächerlichen Aufzug jammerte und Sophie drohte, ihr auf unbestimmte Zeit Hausarrest aufzubrummen, wenn sie das Video von Johns Antrag online postete. Ich beobachtete sie vom Fenstersims aus, und Stolz erfüllte mich bei dem Gedanken daran, dass ich entscheidend dazu beigetragen hatte, diesen wundervollen Moment möglich zu machen.

Jos Glas war noch halb voll, als sie Debbies Arm ergriff. »Ich sollte jetzt los«, flüsterte sie.

Debbie wandte sich von den anderen ab und sagte mit gesenkter Stimme: »Moment, Jo, ich wollte dich noch was fragen.«

Sie setzten sich an den kleinen Tisch direkt am Fenster, nur ein paar Zentimeter von meinem Sitzplatz entfernt. Debbies Augen glänzten, aber ich war nicht sicher, ob sie emotional wurde oder ob das einfach die Nachwirkungen der zwei Gläser Sekt waren, die sie in Windeseile geleert hatte.

Sie legte die Hände an die Tischkante, beugte sich vor und sagte: »Also, ich möchte nicht, dass du dich zu irgendwas verpflichtet fühlst, aber ich hab mich gefragt ...«

Jo sah sie erwartungsvoll an, doch Debbie schien die Nerven verloren zu haben. Ihr Blick huschte nervös über die Tischdecke.

»Also, ich weiß, das ist eine etwas seltsame Frage,

da das hier doch ein Katzencafé ist und sie … nun ja, eine Katze, und ich weiß, dass dir im Moment sowieso schon eine Menge im Kopf rumschwirrt und dass du eigentlich eher ein Hundemensch bist …«

Jo wirkte verblüfft, wartete aber geduldig ab, worauf Debbie hinauswollte. »Aber ich dachte, wo du doch gerade Bernard verloren hast und den Laden aufgeben musstest und jetzt auf die Farm ziehst … und du hattest schon immer eine Schwäche für sie – oh!« Ein unerwartetes Hicksen unterbrach Debbie. Sichtlich erschrocken hielt sie sich die Hand vor den Mund und atmete tief durch.

Jo lächelte ermutigend. »Debbie, ich hab keine Ahnung, wovon du redest.«

»Was ich versuche zu sagen, Jo, ist … was hältst du davon … davon … Purdy zu adoptieren?«

Jos Gesicht nahm einen völlig verwirrten Ausdruck an. »Purdy adoptieren? Du meinst, ich könnte sie mitnehmen und bei mir wohnen lassen?«

Debbie nickte. »Ich dachte einfach – nach allem, was passiert ist, wäre es vielleicht für euch beide schön, auf der Farm zu leben. Zusammen.« Sie hickste erneut.

Einen Moment herrschte Schweigen, während Jo über Debbies Worte nachdachte. Und dann: »Debs, machst du Witze? Natürlich würde ich Purdy liebend gern mitnehmen!«, rief Jo atemlos. »Aber bist du sicher, dass du sie weggeben willst? Ich meine, das hier ist ihr Zuhause. Ihre ganze Familie lebt in diesem Café.« Jo warf mir einen Seitenblick zu, und ich war gerührt, dass sie sich solche Sorgen um mich machte.

»Ja, da bin ich mir sicher«, antwortete Debbie entschieden. »Ich glaube, sie ist dem Café entwachsen – es passt nicht mehr zu ihr. Ehrlich gesagt verbringt sie schon eine ganze Weile mehr Zeit in deinem Laden als hier.« Ihr schossen Tränen in die Augen, und ihre Wangen liefen rot an. »Und ich könnte mir kein sch-schöneres Leben für sie vorstellen als bei dir auf der Farm«, stammelte sie, und eine Träne kullerte ihr über die Wange.

Jo kamen plötzlich auch die Tränen. »Nun, wenn du denkst, es macht sie glücklich, Debs, nehme ich sie gern mit. Du weißt ja, dass ich schon immer vernarrt in sie war. Und so habe ich wenigstens einen Teil von Stourton bei mir«, sagte sie und lächelte.

»Genau!«, stimmte Debbie zu. »Und natürlich heißt das auch, dass ich dich oft besuchen kommen muss, um mich zu vergewissern, dass du dich gut um sie kümmerst.« Sie drückte Jos Hand.

Jo kramte eine Packung Taschentücher aus ihrer Tasche, und sie nahmen beide eines und wischten sich die Augen trocken. Dann warf Jo einen Blick auf die Uhr, stieß einen leisen Schreckenslaut aus und erhob sich hastig.

»Und ich dachte, du würdest mich fragen, ob ich deine Brautjungfer sein will«, witzelte sie und zog den Reißverschluss ihrer Jacke zu.

Debbies Augen leuchteten auf. »O mein Gott!«, kreischte sie, wie vom Donner gerührt. »Das hätte ich fast vergessen! Ich heirate! *Natürlich* wirst du meine

Brautjungfer sein, ja? Zusammen mit Linda und Sophie natürlich«, fügte sie mit einem besorgten Blick auf die anderen hinzu.

»Es wäre mir eine Ehre«, sagte Jo und zog Debbie in eine feste Umarmung.

»Ich hoffe, ihr mögt Taftkleider«, merkte Linda trocken an und leerte ihr Sektglas.

Auf dem Weg nach draußen ging Jo zur Katzenhängematte, wo Purdy lag, die Pfoten träge über den Rand baumeln ließ und friedlich schlief. Jo stellte sich auf Zehenspitzen, um ihr die Ohren zu kraulen. »Tschüss, Purdy. Wir sehen uns schon ganz bald wieder«, flüsterte sie. Purdy hob den Kopf und blinzelte sie verschlafen an.

Obwohl sie mit dem Rücken zu mir stand, blinzelte auch ich Jo voller Zuneigung an.

Linda hatte mehrere Tische zu einer langen Reihe zusammengeschoben, die sich vom Katzenbaum in der Mitte des Cafés bis zum Fenster erstreckte, warf ein tiefrotes Tischtuch darüber und begann mit sehr viel Liebe zum Detail Kerzen, Girlanden, schneebedeckte Tannenzapfen und Tischkonfetti darauf zu arrangieren. Mit Mings Plattform an einem Ende und meinem Kissen am anderen sah es aus, als sollten Ming und ich gemeinsam den Vorsitz führen. Ich schaute Ming über den goldenen Kandelaber hinweg an, um zu sehen, was sie von dem aufwändigen Arrangement hielt, aber ihre Augen waren geschlossen. Wie sie einer Sphinx gleich über dem rot-goldenen Dekor thronte, wirkte sie noch majestätischer als üblich. Die Erhabenheit passte perfekt zu ihr, das musste ich zugeben.

»Okay, ihr Lieben, das Essen ist fertig!«, rief Debbie und bahnte sich mit dem gigantischen Truthahn einen Weg durch das Café. John und Sophie folgten ihr mit den Beilagen, und zu guter Letzt trottete Eddie, heftig mit dem Schwanz wedelnd, herein, vom Hunger getrieben. Mit lauten Ausrufen der Bewunderung nahmen alle am Tisch Platz. Servietten wurden auseinandergefaltet, Cracker zerbrochen und Gläser wieder aufgefüllt, während John den Truthahn zerteilte. Als alle so weit waren, klopfte Debbie mit dem Messer an ihr Glas und sagte: »Ich möchte einen Toast auf Margery aussprechen. Ohne sie wären wir jetzt bestimmt nicht hier und würden alle zusammen Weihnachten feiern. Auf Margery!«

»Auf Margery«, riefen auch die anderen, und eine andächtige Stille senkte sich über das Café. Als sie mit dem Essen anfingen, durchströmte mich eine Welle der Nostalgie. Aber ich sehnte mich nicht nur nach der Vergangenheit zurück – nach der Zeit, die ich mit Margery verbracht hatte, und unserem gemeinsamen Leben –, sondern ich spürte auch eine tiefe Dankbarkeit, dass ich jetzt hier war. Mir dämmerte, dass unser zweites Weihnachtsfest im Katzencafé bereits das Letzte sein würde, das wir alle zusammen als Familie feierten.

Ich ließ den Blick schweifen und machte mir bewusst, dass all das eines Tages nur noch eine schöne Erinnerung sein würde. Jasper lag auf den warmen

Fliesen, der orangerote Feuerschein erleuchtete sein glänzendes schwarzes Fell; ganz in der Nähe spielte Maisie unterm Weihnachtsbaum mit den letzten Fetzen Geschenkpapier; und hinter den beiden lagen Abby und Bella zusammengekuschelt auf einem der Sessel und putzten sich gegenseitig, die Augen wohlig geschlossen.

Eddie tapste zwischen den Tischen umher und suchte den Boden nach heruntergefallenen Truthahnbrocken ab. Wenn ich jetzt daran dachte, dass ich noch vor wenigen Wochen felsenfest davon überzeugt gewesen war, dass er weggelaufen war und ich ihn womöglich nie wiedersehen würde, konnte ich es kaum glauben. Das Ganze entbehrte nicht einer gewissen Ironie: Während ich mir wegen Eddies Verschwinden schreckliche Vorwürfe gemacht hatte, war mir entgangen, dass ich in Wahrheit Purdy verlor.

Ich sah zu Purdy, die in ihrer Hängematte selig schlief. Sie gehen zu lassen würde mir das Herz brechen, aber ich wusste, dass es das einzig Richtige für sie war. Die Kätzchen hatten im Café eine unkonventionelle, in vielerlei Hinsicht privilegierte Kindheit genossen, aber für eine eigenständige Katze wie Purdy war dieses beengte Leben auf Dauer erdrückend. Als Teil einer Gruppe, immer umgeben von Katzen und Menschen, konnte sie ihren Drang nach Unabhängigkeit nicht ausleben, und ich wusste, dass das Farmleben sie sehr viel glücklicher machen würde als das Leben im Café. Sie würde allein herumstreunen können, und wenn sie sich nach Gesellschaft sehnte, hatte sie Jo.

Auch wenn ein Teil von mir Purdy und ihre Geschwister immer als kleine Kätzchen sehen würde, musste ich mir eingestehen, dass sie längst über dieses Stadium hinausgewachsen waren. Mein Wunsch, dass sie alle ihr Glück finden würden, war wichtiger als die sentimentale Vorstellung, ich müsste die Familie zusammenhalten. Und als ihre Mutter konnte ich nichts Besseres tun, als sie zu ermutigen, ihren eigenen Weg zu gehen.

Schließlich war auch ich vor langer Zeit, als ich Margery zum ersten Mal verloren hatte, meinem eigenen Weg gefolgt. Ich hatte hierher nach Stourton gefunden, zu Debbie und Jasper. Ich wusste, dass meine Zukunft auf immer mit Debbie und dem Katzencafé verwoben war, aber das traf nicht unbedingt auch auf meine Kinder zu. Ihre Zukunft war ein offenes Buch, eine Geschichte, die noch darauf wartete, erzählt zu werden, und es war ein Privileg, dass ich sie bis heute hatte begleiten dürfen. Was auch passierte, wo immer sie auch hingehen mochten, ich war sicher, dass sie den besten Start ins Leben gehabt hatten, den ich ihnen ermöglichen konnte. Sie lebten in Sicherheit, waren geborgen und glücklich und wurden geliebt.

Vielleicht war es das, was ich ihnen in ihr weiteres Leben mitgeben würde.

Danksagung

Einen Großteil dieses Buches habe ich spätabends oder ganz früh morgens geschrieben, und das erschien mir oft wie ein einsames Unterfangen. Doch jetzt, da ich blinzelnd ins Tageslicht hinausgetreten bin, möchte ich mich bei all den Leuten bedanken, die mir auf diesem Weg geholfen haben.

Zuallererst möchte ich die Arbeit der realen Katzencafés würdigen, die mir für dieses Buch als Inspiration gedient haben. Um eine interessante Geschichte zu erzählen, habe ich Molly, Ming und die anderen Katzen schwierigen Situationen ausgesetzt, mit denen sie im wirklichen Leben bestimmt nie konfrontiert werden würden. Die Mitarbeiter eines Katzencafés kümmern sich sehr fürsorglich um das körperliche und seelische Wohl ihrer Katzen, und ich bin sicher, sie wären entsetzt über manche der (wenn nicht sogar über alle) Geschehnisse im *Mollys*.

Ich danke meinen Agentinnen Kate Burke und Chloe Seager von Diane Banks Associates.

Vielen Dank auch an alle bei Pan Macmillan; an meine sehr sorgfältige Lektorin Victoria Hughes-Williams und den Rest des Teams: Natalie McCourt, Stuart Dwyer, Holly Sheldrake, Lloyd Jones, James Annal, Matthew Garrett und Jess Duffy. Ich weiß eure harte Arbeit hinter den Kulissen zu schätzen.

Ein riesiges Dankeschön geht an Debbie Nash, die immer ein Quell der Inspiration für meine (menschliche) Heldin war, auch wenn sie selbst eher ein Hundemensch ist.

Dank auch an meine Schwester Emma, für all dein Mitgefühl, deine Ermutigung und Unterstützung.

Und an meine Kinder Suse und Louis für eure unerschütterliche Geduld während des ganzen Schreibprozesses. Danke, Suse, dass du so eine scharfsichtige angehende Lektorin bist; deine Grammatikkenntnisse lassen mich vor Neid erblassen.

Last but not least möchte ich den größten Dank meinem Mann Phil aussprechen, der sogar mit einem gebrochenen Bein die ganze Show am Laufen gehalten hat. Ohne dich würde es dieses Buch nicht geben.

MD, 2016

Autorin

Melissa Daley lebt mit ihrem Mann und zwei Kindern in der englischen Grafschaft Hertfordshire. Für ihre Romane um Katze Molly hat sie sich von der beschaulichen Region Cotswolds inspirieren lassen sowie von ihren eigenen beiden Katzen.

Melissa Daley im Goldmann Verlag:
Glücksbringer auf Samtpfoten. Roman
Mollys Weihnachtswunder. Roman
(alle auch als E-Book erhältlich)

GOLDMANN
Lesen erleben